영상이몽

영상이몽
映像異夢

김승은 · 김희진 지음

목차

들어가는 글

김승은

2022년의 어느 여름날, 언제나처럼 엄마와 함께 영화에 관한 심도 깊은(?) 대화를 나누다가, 이런 이야기들을 그냥 흘려보내지 말고 기록으로 남겨 보자고 의견을 모으며 탄생했던 [영상이몽]이 '책'이라는 결실을 맺게 되어 감회가 새롭다. 사랑하는 영화에 대해 즐겁게 글을 써 왔던 지난 3년여간 독자분들에게 조금이나마 위로와 즐거움을 전할 수 있었기를 바라는 한편, 개인적으로도 우리가 영화를 '왜' 사랑하는지에 대해 진지하게 고찰할 수 있었던 의미 있는 시간이었다.

재밌으니까, 라는 당연한 대답을 차치하고 나름의 지론을 내세워 보자면, 사람과 세상을 아끼고 이해하는 모든 이들은 영화를 사랑할 수 밖에 없다는 것이 개인적인 생각이다. 그 예술적 정체성이 조금씩 퇴색하고 있다는 걱정이 들기는 하지만, 결국 영화의 가장 큰 의미는 나와 다른 타인의 관점과 상황 속으로 들어가 그와 공명하고 그의 서사에 감정을 투자하도록 돕는 매개체라는 데에 있을 것이다.

기억으로 남아 있는 가장 어린 시절부터 수많은 영화들을 보며 그만큼의 여러 '인생'을 살아 보았고, 그런 방식이 아니었다면 상상도 하지 못했을 다양한 일들을 간접적으로 체험할 수 있었다. 영화 속 인물들에 대해 연민과 공감을 느낄 때마다, 그리고 세상을 보는 새로운 시각이 확장될 때마다, 하나님과 나의 관계 또한 깊어짐을 느낀다. 사람과 세상을 이해하는 범위가 넓어질수록 자신의 창조물들을 향한 주님의 크고도 다정한 사랑이, 그분의 세심하고 정성스런 손길이 더욱 선명하게 인식되기 때문이다. 영화를 제작한 감독의 의도나 작품 속 세계관과는 별개로, 인간의 내면에 대해 깊이 고민하며 우리 모두가 공감할 수 있는 어떤 이상과 가치를 좇아 타인의 영혼과 교감하려는 노력들은 하나님을 향해 나아가는 믿는 자의 여정과도 궁극적으로 궤를 같이한다. 그래서 훌륭한 영화를 믿음의 눈으로 감상하고 분석하는 일은 설교를 듣거나 찬양을 올리는 것만큼이나 '예배'의 성격을 띠게 된다.

이 글을 읽게 되신 독자분들도 책에 포함된 영화들은 물론 애정하는 모든 작품 속에서 주님의 흔적을 발견할 수 있기를 기도한다. 좋아하는 영화를 통해 연약하고 불완전한 인간의 영혼을 감싸안는 하나님의 완벽한 아름다움을 경험하는 것은 언제나 황홀한 일이다.

P.S. 인생과 신앙의 둘도 없는 파트너이자 선배인 엄마께도 이 자리를 빌어 감사를 표한다. 어린 나이 때부터 다양한 영화와 문화 예술을 접할 기회를 제공하면서 나 스스로 작품들을 이해하고 분석해 자신의 것으로 만들 수 있으리라는 신뢰와 응원을 아끼지 않은 엄마가 아니었다면 지금처럼 즐겁고 풍요로운 믿음의 삶을 누릴 수 없었을 것이다.

1

일라이 (The Book of Eli)

그 '말씀' 사용법

딸 J의 시선

고등학교 재학 시절, 학생들이 직접 기사를 작성하거나 글을 투고하는 방식으로 운영되던 학교신문 "Youthink"에서 칼럼을 쓰는 기자로 활동했던 적이 있다(지금 찾아보니 더 이상 출간되지 않는 모양이라 조금 아쉽다). 그때 짧은 영화 리뷰를 써 볼 기회가 있었는데 그렇게 봤던 작품이 당시만 해도 신작이던 휴스 형제의 2010년 작 [일라이]였다. 편집부에서 건네받은 파일의 화질이 그리 좋지 않아 눈을 한껏 찡그리며 겨우겨우 영화를 봤던 일이 지금도 기억난다. 내가 썼던 글의 내용은 가물가물하지만, 어쨌든 내 인생에서 '평론'을 목적으로 본 첫 영화라는 점에서 이 작품은 내게 특별한 의미로 자리하고 있다. 인생과 신앙의 폭이 좀 더 넓고 성숙해진 뒤 이에 대한 글을 다시

써 보고 싶다는 마음을 숙제처럼 남기기도 했고 말이다.

[일라이]는 세계가 모종의 이유로 멸망한 이후 야만과 광기만 남은 암울한 디스토피아를 배경으로 삼는 "포스트 아포칼립스" 장르에 속한다. 30년 전의 세계 대전(핵전쟁으로 추측되는) 여파로 지구 인구의 대부분이 사망하고 전기와 수도 등의 공공기반시설이 파괴되며 자연 또한 황폐해진 참혹한 환경에서 주인공 일라이(덴젤 워싱턴 분)가 보내는 하루하루의 삶은 외롭고 고단하다. 관객의 눈엔 별것 아닌 잡동사니가 귀중한 통화(currency)가 되어 버린 세상에는 인육을 먹거나 재미로 사람을 죽이는 범죄자들이 득시글거리지만, 일라이는 밤마다 낡은 아이팟으로 음악을 듣고 한 권의 책을 반복해 읽으며 위험천만한 세상에서 최소한의 존엄과 인간성을 지켜 나간다. 이 인물의 비범함은 도움을 청하는 여성을 미끼로 행인을 끌어들여 살해하는 강도단과 그가 마주치는 영화의 초반부터 드러나는데, 여러 명의 괴한들에 둘러싸여서도 당황하는 기색 없이 가지고 있던 칼로 모두를 단숨에 처치할 만큼 무술에 능통한 면모가 특히 그렇다. 하지만 이후의 일라이는 다른 범죄자들이 힘없는 약자를 폭행하거나 살해하는 광경을 목격하고도 "길에서 벗어나지 말자, 내 알 바 아니니까"라는 혼잣말로 애써 외면하며 어떤 중요한 임무를 짊어진 사람 같은 태도를 보인다.

일라이의 임무가 본격적으로 윤곽을 드러내기 시작하는 것은 카네기(게리 올드먼 분)라는 인물이 지배하는 한 지역에 머물게 되면서부터다. 힘센 부하들을 앞세워 자기 구역을 통제하는 카네기는 멸망 이전 문명에 대한 큰 관심과 회귀 욕구를 가지고 있는 사람으로, 글도 읽지 못하는 부하들에게 "눈에 띄는 책은 모두 다 가져오라"는 명령을 내리면서 어떤 특별한 책을 찾고 있는 중이다. 뛰어난 무술 실력을 갖춘 데다가 멸망 전 세상을 기억하고 글도 읽을 줄 아는 일라이에게 카네기는 지대한 관심을 보이는데, 그를 자신의 휘하에 두고자 애인의 딸인 솔라라(밀라 쿠니스 분)까지 이용하려 들던 과정에서 일라이가 솔라라에게 '기도'를 가르쳐 주었다는 사실을 알게 되고 자기가 찾고 있던 특별한 책이 일라이의 수중에 있음도 눈치챈다.

일라이가 가진 책에 담긴 언어에는 사람의 마음을 사로잡고 선동할 수 있는 힘이 있다고 확신하는 카네기는 책을 자신에게 넘겨주고 함께 부귀영화를 누리자며 회유를 거듭하지만, 일라이는 지배나 조종, 통제의 목적으로 소유를 원하는 그에게 책을 건네길 거부한다. 결국 카네기가 부하들을 시켜 강제로 책을 빼앗으려 들자, 마치 무형의 힘으로부터 보호받는 듯 보이는 일라이는 유유히 위험에서 빠져나갈 뿐 아니라 카네기의 다리를 쏴 심한 부상을 입히기까지 한다. 카네기의 폭정에 지쳐 있던 솔라라 또한 자신에게 호의를 베풀어 준 일라이를 따라나서면서, 두 사람은 책을 빼앗으려 혈안이 된 카네기와 부하들에게서 벗어나 함께 "서쪽"으로 향한다.

요약된 내용에서도 쉽게 유추되듯 일라이의 '특별한 책'은 바로 성경으로, 이 사실은 영화 속에서 별다른 비밀로 작용하지 않는다. "성경"이라는 단어가 영화의 후반부에야 등장할 뿐 폭력배들과 대적하며 성경 구절을 읊는다거나 솔라라에게 기도문을 가르쳐 주는 등 일라이가 밤마다 읽는 '책'의 정체를 영화는 굳이 숨기지 않는 것이다. 그런 면에서 이 영화는 할리우드에서 탄생한 작품치고는 종교적(기독교적) 색채가 꽤 강하다고 할 수 있는데, 이 때문에 혹평을 받은 측면도 없지 않으나 평론가들 대다수로부터 비교적 우호적인 반응을 얻었다. 선과 악, 도덕과 윤리에 대한 성찰이 장르적 특성이 될 수밖에 없는 포스트 아포칼립스적 세계관 덕분이기도 하겠지만, 이 영화에는 같은 장르에 속하는 [매드 맥스] 시리즈나 코맥 매카시의 소설 [더 로드] 등과 확연히 구분되는 특성들이 실제로 존재한다. 멸망 후의 세계를 다루는 창작물 대부분이 인간 '내면'에 자리한 선과 악, 인간성의 실체를 파헤치려 드는 반면 이 영화는 인간 '외부'의 요소들에 시선을 집중하기 때문이다. 다시 말해 문명이 사라지며 한계에 몰린 인간 개인의 고뇌에 국한하기보다 모든 인간이 견뎌 내야 하는 "인생"이라는 여정 자체를 묘사한 우화(혹은 [천로역정]처럼 은유의 성격이 강한 서사시)로 이해된다고 할 수 있겠다.

한국에서 [일라이]로 번역된 이 영화의 원제 [The Book of Eli]는 "일라이의 책"으로 직역되는 제목이지만 다른 한편으론 "일라이서"라고도 해석할 수 있는데, 구약의 예언서에 선지자들의 이름이 명칭으로 사용되거나 신약의 복음서, 일부 서신서에 사도들의 이름이 그 책의 제목으로 붙여진 것을 재현한 듯 보인다. 성경에 빗댄 제목에서 나타나듯 이 작품은 관객에게 보여지는 형식적 플롯이나 장면보다 그 뒤편의 상징과 숨은 메시지에 더욱 초점을 맞추고, 중심 인물들의 이름을 포함한(문명을 동경하는 악역의 이름을 "카네기"로 짓는 등) 여러 설정 속에서 그런 이중적 의미와 테마를 활용하기도 한다.

일라이는 어느 날 자신 안에서 들려온 '신의 음성'만을 믿고 아무런 약속이나 구체적 정보 없이 세상에 하나 남은 성경을 들고 "서쪽"이라는 모호한 목적지로 걸음을 옮겨온 사람이다. 그런 면에서 그의 서사는 어느 날 문득 태어나 예측할 수 없는 끝을 향해 더듬더듬 나아가고 있는 우리의 인생과도 닮아 있다. 이렇게 보면 일라이의 앞을 막아서는 여러 인물들 역시 주인공을 괴롭히는 '악역'으로보다 그가 가는 길을 멈춰 세운 '장애물'이라는 정체성으로서 존재 의미가 더욱 명확해진다. "길에서 벗어나지 말자"고 주문처럼 외는 말에서 엿보이듯 일라이는 악인을 처단하는 보편적 영웅 서사의 정도를 따르기보다 '갈 길을 서둘러 가는' 일에 더 중점을 두기 때문이다. 그런 의미에서 카네기는 주인공이 단죄해야 하는 악인 그 자체가 아니라 어떻게든 믿음의 인생을 살아 내려는 인간을 방해하고 뒤흔드는 여러 유혹과 난제, 고난 등의 외적 힘을 상징하는 존재라고 해석할 수 있겠다.

여기에서 재미있는 사실은 영화의 후반부까지 일라이가 카네기를 비롯한 온갖 방해와 탄압, 폭력들에 아무런 영향도 받지 않는다는 것이다. 일라이는 자신이 성경을 서쪽으로 운반하는 여정 중 하나님이 보호해 주실 것을 확신하고, 실제로도 카네기의 부하가 그를 향해 총을 쏘는 장면에서 총알들이 모두 비껴갈 만큼 어떤 초자연적 힘에 둘러싸여 있는 듯하다. 압도적으로 수적 열세인 상황에서조차 카네기의 다리에 총상을 입히며 그들의 구역을 유유히 벗어나는 일라이는 그만큼 강하고도 단단해 보인다. 그러나 서쪽으로 가야 하는 임무를 위해서라면 타인의 고통과 죽음도 외면하던 일라이가 인간적 우정을 쌓은 솔라라를 구하느라 '길'에서 벗어나고 마는데, 이후 그는 처음으로 연약해진 자신의 모습을 노출하게 된다. 카네기 일당에게 따라잡힌 뒤 솔라라의 목숨이 걸린 협박이 이어지자 그렇게나 철저히 숨겨 오던 성경을 넘겨주기까지 하는 것이다. 목적을 달성한 카네기가 일라이를 총으로 쏜 순간, 지금까지 완벽했던 기적적 행보가 허무해지리만큼 일라이는 쉽게 상처를 입는다. 이때 그가 짓는 표정은 좀처럼 잊기가 어렵다. 어떤 분노나 육체적 고통에서가 아닌 당황, 충격, 슬픔 등이 이 과묵한 인물의 얼굴 위에 온통 뒤섞여 얹혀 있기 때문이다. "나의 하나님, 나의 하나님, 어찌하여 나를 버리셨나이까?"(마 27:46)라고 십자가 위에서 절규하신 예수님의 얼굴이 저렇지 않았을까 싶도록 가슴을 저리게 만드는 장면이다.

"널 보호하던 힘은 대체 어디로 갔지?"라며 비웃는 카네기가 방아쇠를 직접 당긴 악인이기는 하지만 실제로 일라이를 고꾸라트린 존재가 그라고는 볼 수 없다. 그 순간 일라이를 절망케 한 것은 지금껏 초자연적인 힘으로 자신을 지켜 주시던 하나님의 부재감, 힘겹고 지난한 여정을 감내할 추진력이 되어 오던 신념의 기반이 무너지며 고개를 든 의심과 혼돈이라고 여겨진다. 믿음의 여정에서 인간을 넘어지게 하는 것은 악인이나 악행 그 자체보다 내가 정말 옳은 길을 가고 있는지에 대한 확신의 상실, 하나님이 더 이상 내게 귀 기울이시지 않는 듯 느껴지는 외로움과 두려움인 것처럼 말이다.

성경을 빼앗기고 솔라라까지 납치당하며 일라이의 여정은 의미 없이 끝나는 듯 보이지만, 카네기 일당을 따돌리고 되돌아온 솔라라가 다친 몸을 이끌면서 계속 서쪽으로 향하는 일라이를 발견한다. 이때 일라이의 태도 또한 예사롭지 않은데, 이전까지 "서쪽"에 대한 일라이의 확신과 맹목이 어딘가 독단적이었던 것에 반해, 성경을 잃은 후 여정을 이어 가는 그에게서는 전과 다른 자유함과 성숙함이 느껴진다. 큰 짐을 덜어 낸 듯한 표정의 일라이는 여태껏 자신이 성경이라는 물건을 '지키는' 일에만 집중하느라 그 안의 가르침에 '따르기'를 잊고 있었다고 솔라라에게 고백한다. 긴 시간 목숨을 다해 지켜 오던 것을 놓아 버린 일라이에게서는 탐욕스럽게 그것을 손에 움켜쥔 카네기가 결코 가질 수 없는 강함과 여유로움이 엿보인다.

결국 일라이와 솔라라는 함께 서쪽 바다에 도착하고, 같은 시간 일라이의 성경이 점자(Braille 문자)로 적혀 있음을 깨닫는 카네기의 모습이 비춰지며 영화의 가장 큰 반전이 등장한다. 시각 장애인 애인을 마음대로 부리고 멸망 이후 태어나 문맹인 부하들을 뜻대로 휘둘러 온 카네기가 그토록 손에 넣고 싶어 하던 성경을 읽을 수조차 없는 '눈먼' 상태로 최후를 맞는 반면, 일라이와 솔라라는 그 '성경'을 전달하기 위해 인류 문명의 마지막 성채가 된 "알카트라즈" 섬으로 인도된다. 예술품과 문학 작품들을 보존하고 후세에 남겨 문명 사회를 재건하기 위해 만들어진 요새 안의 일라이는 매일 밤 읽으며 저절로 외우게 된, 자신의 머릿속에 안전하게 보관되어 있던 성경을 구술을 통해 전달하는 일에 성공한다.

오랜만에 영화를 다시 보며 많은 생각을 하게 되었다. 예배나 종교 의례 같은 형식적 신앙생활에만 열중하다가 우리가 놓칠 수 있는 부분들에 대해서도 그렇다. 최선을 다해 '선'의 길을 가고 있는데도 악의와 고통이 우리 삶을 집어삼킬 때, 그래서 주님이 우리를 외면하시는 듯 느껴지며 절망하게 되던 많은 순간들은, 어쩌면 그분이 우리에게 성경을 내려놓고 주변을 둘러보도록 주신 기회일지 모른다. 타인을 위해 가던 길에서 비켜 난 일라이가 그들의 안전을 위해 명목적 목표를 내려놓았을 때 비로소, 성서를 '운반'한다는 수동적 과제를 넘어 자기 안의 말씀을 끄집어내며 능동적, 적극적인 형태로 구원의 역사에 '참여'하게 된다는 영화의 설정처럼 말이다. 성경을 안전하게 보존하려고만 하는 대신 그 가르침에 따른 사랑과 이타심으로 스스로를 희생하게 된 후에야 일라이의 성경은 읽히고 들릴 수 있는, 살아 숨 쉬는 생명의 말씀으로 세상 속에 나오게 된 셈이다.

일라이가 목숨을 바쳐 지켜 낸 솔라라는 그의 마지막까지 곁에서 함께하고, 알카트라즈로 향하는 나룻배에서 힘이 빠진 일라이 대신 노를 저으며 그의 여정을 물려받는다. 일라이가 성경 전체를 구술하는 길고 긴 시간 동안 옆에 머물며 말씀을 들었던 그녀는, 일라이의 죽음 이후 그의 무기를 지니고 그의 아이팟으로 음악을 들으며 '집'으로 향한다. 험악한 세상에서 격리된 안전한 요새 내에 안주하는 대신 악인들에게 짓밟혀 더러워진 세상으로 돌아가기를 선택한 모습이다. 돌아간 그녀가 무엇을 할지는 알 수 없지만, 자신에게 희생과 사랑의 모범을 보인 친구가 가르쳐 주었던 진리를 따라 새로운 정의, 새로운 질서를 불러올 것이라 기대해 본다. 어쩌면 일라이의 진짜 임무는 성경이라는 물건을 특정 장소로 옮기는 것이 아니라 인류를, 인간의 선함을, 사랑과 긍휼을 선택할 자유의지를, 다시 제자리로 되돌려 놓는 것이었을지 모른다.

부활절이 돌아올 때마다 구원의 '되풀이'에 대해 생각하게 된다. 무덤조차 막지 못했던, 우리를 찾기 위해 '살아' 돌아오신 주의 사랑 덕분에 끝없이 반복될 용서와 회복에 대해서도 역시. 세상의 주인에게 마련된 편하고 반듯한 길에서 기꺼이 '벗어나' 우리를 찾으러 오신 주님의 손에 이끌려 계속해서 제자리로 되돌아오는 것이 믿음의 여정 아닐까 싶다. 모호한 목적지를 향해 나아가는 고되고 피로한 나날 가운데 수많은 걸림돌이 우리를 넘어뜨리고 말씀을 빼앗으려 들지만, 보이지 않음에도 확신할 수 있는 무언가를 붙잡고 계속해서 걸어가다 보면 우리 또한 이 세상을 회복시키는 일에 참여할 수 있게 되지 않을까. 기계적 도덕성이나 의무감이 아닌 진정한 사랑으로, 곧게 뻗은 도로에서 벗어나 온갖 낮은 곳들을 찾아 들어간다면, 그분이 터 주시는 새로운 오솔길을 따라 우리는 몇 번이고 다시 돌아올 수 있을 것이라 믿는다.

엄마 C의 시선

한국에서는 "일라이"라는 제목으로 소개되었으나 원제는 "일라이의 책"으로 번역될 수 있는 이 작품은 액션, 스릴러, 드라마, 웨스턴, 공상과학 등 상호 공존이 불가능해 보이는 여러 장르들에 모두 이름을 올린, 그럼에도 한마디로 정의한다면 "포스트 아포칼립스 영화"라고 불리는 것이 가장 정확하다고 할 2010년 개봉작입니다. "Doomsday(최후의 심판일) Movie"라고도 불리는 이 포스트 아포칼립스 영화는 말 그대로 세계 멸망 이후, 즉 인류의 현존 문명이 파괴된 후 세상의 모습을 그리는 영화 장르를 가리키는 것이지만, 영화 "일라이"에 대한 저의 개인적 의견은 외형상 포스트 아포칼립스를 포함한 여러 장르에 걸쳐 있는 듯 보이는 이 작품이 기독교를 표방하고 전면에 내세운 다른 어떤 영화보다 훨씬 더 깊은 기독교적 메시지를 담고 있는, 진정한 크리스천 무비로 분류되어야 마땅하다는 생각입니다.

영화는 불가사의한(그 이유가 막연하게만 설명되는) '대재앙'으로 인류 문명이 몰락하며 무법천지가 된, 그래서 물이나 생필품을 구하는 일조차 거의 불가능해진 2043년 미국을 시간적, 공간적 배경으로 하고 있습니다. 이 작품의 주인공 "일라이"는 30년 전 들었던 "마음속 깊은 곳에서 울린 음성"의 지시에 따라 세상에 하나밖에 남지 않은 성경을 폐허 속에서 찾아내고, 그 성경을 안전하게 보존할 수 있는 장소로 옮기기 위해 미 대륙을 도보로 횡단하며 서쪽을 향해 가고 있는 신비한 인물입니다. 낮에는 계속 걷고 밤에는 빈 건물에서 잠을 청하는 반복된 삶 가운데 그가 다다른 곳은, 식수를 포함한 모든 필수 자원의 소유권을 "카네기"라는 인물이 독점하고 있는 한 마을이었습니다. 대재앙 이후 출생한 사람들 모두 문맹인 세상에서 별 소용도 없을 책들을 이미 많이 소장하고 있던 카네기가 사설 순찰대까지 조직해 곳곳을 순회시키며 부단히 찾아 헤매는 또 하나의 책이 있었으니, 엄청난 권위와 파급력을 충분히 알기에 자신의 손에 넣기를 그가 간절히 원하는, 바로 '성경'이었지요.

물을 구하기 위해 한 주점에 들어갔던 일라이는 마을의 폭력배 일당과 원치 않는 시비에 휘말리는데, 이 과정에서 놀라운 솜씨로 열 명 이상의 불량배를 혼자 처치하는 그의 실력을 눈여겨 본 카네기가 성경을 찾는 일에 큰 역할을 할 수 있을 듯한 그를 자기 곁에 두고자 이런저런 노력을 기울입니다. 자신의 호의를 거절하는 일라이에게 하룻밤 묵어 갈 것을 간청하며 물과 음식을 풍족하게 대접하는 것으로도 모자라 정부(情婦)인 "클로디아"의 딸 "솔라라"를 그가 머무는 방에 들여보내면서까지 마음을 돌리려 애를 쓰니까요. 하지만 솔라라와의 동침을 거부한 채 그녀를 내보내려던 일라이는, 카네기의 처벌을 우려하는 솔라라가 방에 머물게만 해 달라고 사정하자 자신의 몫인 음식을 나누어 먹으며 그녀에게 식사 기도를 가르쳐 줍니다.

다음날 돌아온 솔라라가 아침 식탁에서 엄마(클로디아)의 손을 잡고 식사 기도하는 모습을 본 카네기는, 안 그래도 범상치 않던 일라이가 하나뿐인 성경을 지닌 인물일지 모른다고 생각하며 혹시 그가 책을 소지하고 있지 않았는지 솔라라에게 캐묻습니다. 글자를 모르는 그녀로부터 표지에 십자가 있는 책을 보았다는 이야기를 듣고 나서는 떠날 채비를 막 끝낸 일라이를 포위하여 책을 내놓으라고 위협하지만, 종전의 뛰어난 실력으로 그의 부하들을 처치한 일라이는 카네기에게도 부상을 입히고 마을을 떠납니다. 그 마을을 혐오하던 솔라라가 함께 가겠다면서 따라 나섰을 때 중요한 임무의 수행에 지장이 생길 것을 우려해 따돌리기 위한 시도를 거듭하던 일라이는, 혼자 길을 헤매다 성폭행 당할 뻔한 그녀를 구해 준 후엔 여정을 함께하기로 결정합니다.

걷다가 눈에 띄어 들른 교외의 외딴 집에서 인육을 먹는(!) 부부와 만나게 된 일라이와 솔라라는 부부를 피해 도망쳐 나오던 길에서 카네기 일당과 - 다시 세를 규합해 자신들을 추격해 온 - 맞닥뜨립니다. 온갖 화력으로 무장한 그들의 전면적 공격에 집이 모두 파손되고 그 집의 부부도 사망한 뒤, 목숨 바쳐 지켜 온 성경을 카네기에게 빼앗긴 일라이는 그가 쏜 총에 복부를 맞아 치명상까지 입게 되지요. 강제로 그들의 차에 태워져 마을로 돌아오던 중 용감하게 맞서는 공격으로 오히려 차를 탈취한 솔라라가 그 차로 일라이에게 되돌아가고, 초인적인 힘으로 계속 길을 걷고 있던 일라이를 발견해 그의 목적지인 서쪽 끝, 샌프란시스코로 함께 향합니다. 잿더미가 된 금문교와 바다를 헤쳐 지난 그들은 셰익스피어와 모차르트, 와그너 등의 작품 같은 인류의 위대한 문화 유산을 보관하고 있다는 작은 섬 "알카트라즈"에 마침내 다다릅니다.

성경을 손에 넣고 의기양양하게 마을로 되돌아온 카네기와 성경을 잃고 중상까지 입은 채 알카트라즈에 힘겹게 도착한 일라이의 모습을 교차하며 보여 주는 마지막 부분이 영화의 백미이자 반전의 핵심이라고 할 수 있는데, 집으로 돌아와 자물쇠로 잠겨 있던 성경을 열어 본 카네기가 그것이 점자로 된 책이라 자신은 읽을 수 없다는 사실과, 성경을 빼앗는 과정에서 입은 중상으로 본인의 삶도 얼마 남지 않았다는 현실, 그리고 폭도로 변한 마을 사람들이 자기 소유의 값나가는 물건들을 마구잡이로 강탈하는 광경 등에 직면하고 허탈한 표정을 짓는 반면, 영화 끝부분에서야 시각 장애인임이 밝혀지는 일라이는 지난 30년간 매일 점자 성경을 읽으며 암기한 전체 내용을 알카트라즈의 책임자에게 구술로 받아 적도록 해 결국 "뉴 킹 제임스 성경" 한 권을 세상에 남기고 생을 마감하기 때문입니다.

히브리어로 "나의 하나님"이라는 뜻의 "일라이"(마 27:46; 막 15:34)를 주인공 이름으로 정한 이 영화가 성경 말씀을 인용하는 방식은 그야말로 '생활 밀착형'입니다. 자신에게 시비를 걸어오는 불량배들을 처치하기에 앞서 "땅은 너에게 가시덤불과 엉겅퀴를 낼 것... 너는 흙에서 나왔으니, 흙으로 돌아갈 것"이라는 창세기 3장 18-19절을 선포했던 일라이가, 서쪽을 향해 가다 잠시 머물던 곳에서 밤 늦게까지 성경을 읽는 자신을 보고 "정말 매일 같은 책을 읽느냐"고 물으며 자기에게도 읽어 달라고 부탁하는 솔라라에게는 시편 23편을 암송해 주는 식이니까요. "30년 동안 걸어 다녔다면서 길을 잃은 적은 없는가", "자신이 옳은 방향으로 가고 있는지 어떻게 확인할 수 있는가"라고 의문을 제기하는 그녀를 향해 "믿음으로 행하고 보는 것으로 행하지 않는다"라는 고린도후서 5장 7절을 인용해 대답하기도 합니다.

그렇게 성경을 자신 안에 내면화하고 있는 일라이는, 위의 고린도후서 말씀을 들은 솔라라가 그 의미를 물었을 때 "모르더라도 안다는 뜻"이라고 설명한 후 "그게 말이 되느냐"며 다시 항의하는 그녀에겐 "반드시 말이 될 필요는 없지. 그건 믿음이니까"라고 대답할 만큼 순수한 신앙을 소유한 사람입니다. 영화의 후반부, 중상을 입고 생명이 위독해진 그가 "성경에서 배운 대로 살아야 한다는 사실을 잊고 있었다"고 솔라라에게 고백하며 그처럼

'배운 대로 사는 삶'을 "자신을 위해서보다 남을 위해 행하는 삶"으로 풀이하는 대목에서는 회개의 마음이 절로 일지 않을 수 없었습니다. 일라이처럼 성경을 내면화하지도, 그렇다고 외현화(실천)하지도 못하고 있는 저 자신을 돌아보게 만드는 대사였기 때문이지요.

성경을 빼앗으려고 집요하게 달려드는 자신에게 일라이가 이유를 묻자 성경이 "무기"이기 때문이라고 답한 카네기는, 그것이 "연약하고 절망에 빠진 사람들의 마음과 정신을 정확히 겨냥하는 무기"라는 설명까지 덧붙입니다. 그의 이런 생각은 역시 말씀을 '무기'(고후 6:7; 10:4; 엡 6:14-17)로 믿고 있는 모든 기독교인들의 확신과 맥을 같이하지만, 성경의 '힘'을 믿는다면서도 그 힘이 "타인들을 지배할 수 있는 힘"이라고 여기는 그의 믿음은 "한 분이신 하나님을 귀신들도 '믿고' 떤다"는 야고보서 2장 19절의 말씀을 떠올리게 합니다. 더욱이 자신의 영향력을 확장하겠다는 욕망으로 가득한 그가 본인의 언어로는 다른 사람을 도울 수(사실은 '통제'할 수) 없지만 성경 안의 말들로는 그 일이 가능하다고 외치는 장면에선 "같은 물도 소가 마시면 우유가 되고 뱀이 마시면 독이 된다"는 문구가 떠오르기도 했습니다. 정말 중요한 문제는 "무엇을 믿는가"가 아니라 믿는 그것이 나의 삶을 "어떻게 변화시키는가"라는 사실을 다시금 묵상하게 만드는 대사들이니까요.

일라이가 사망한 후인 마지막 장면에서 안전한 알카트라즈 섬에 머물 것을 권하는 그곳의 책임자에게 '집으로' 돌아가겠다고 밝힌 솔라라의 결단은 과거 일라이가 그녀에게 건넸던 한마디 말의 결실이었으리라고 저는 추측합니다. 마을을 떠나는 자신을 따라나서며 "원래 이 마을이 싫었다"고 말하는 그녀를 향해 "그러면 네가 직접 바꿔야지"라고 무심히 던진 일라이의 말이 씨앗 되어 그녀의 마음 깊은 곳에 뿌리내리고 열매로까지 맺히게 되지 않았을까 하는 것입니다. "당신이 바꾸려고 하지 않는 한 세상은 저절로 바뀌지 않습니다"라는 작가 타이투씨 싸부의 말이 교훈하듯, 불평하거나 좌절하기에 앞서 작은 일에서부터 자신과 주위를 변화시킴으로 세상을 조금씩 바꿔 가는 일에 함께 나서는 우리의 모습을, 영화의 마지막 장면 위에 오버랩해 봅니다.

2

가족의 탄생

발생에서 탄생으로

김태용 감독의 연출로 2006년 개봉되었던 "가족의 탄생"은, 그 형식상 연속적 시간의 흐름을 따르지 않고 각기 다른 시간대의 사건들을 뒤섞어 제시하며 다양한 인물들을 요소요소에 배치한, "비선형적(非線型的) 서사 구조"로 불리는 형태를 취하고 있다는 점이 눈에 띄는 작품입니다. 대다수의 영화들이 채택하는 고전적 스토리텔링 방식을 "선형적(線型的) 네러티브 · 서사 구조"라고 부른다면, 시간의 흐름에 역행하거나 사건의 순서를 무시하는 플롯을 가진 그 외의 영화들("펄프 픽션", "스내치", "록 스탁 앤 투 스모킹 배럴즈" 등)은 비선형적 코드의 작품으로 분류될 수 있다는 점에서 말이지요.

일곱 명의 중심인물(미라, 무신, 형철, 채현, 매자, 선경, 경석)로 구성된 두 가정의 이야기를, 마치 각기 다른 세 편의 단편영화를 모아 놓은 것처럼 비순차적이고 불연속적으로 나열한 이 영화에서, "미라"와 "형철"은 누나와 동생 관계, 그리고 "매자"와 "선경"은 엄마와 딸의 관계입니다. 일곱 명의 등장인물 가운데 특별히 주인공으로 구분해야 할 사람이 따로 있는 것은 아니지만 - 그들 모두를 주인공으로 부른다 해도 전혀 문제가 없지만 - 미라, 무신, 형철, 채현으로 구성된 가정에서 자란 젊은 여성 "채현"과, 매자, 선경, 경석으로 이루어진 가정이 키워 낸 청년 "경석"이 차세대이고 그 둘의 사랑이 이 두 가정의 연결 고리가 된다는 점에서, 전체 이야기를 두 사람의 관계에 맞춰 조망해 볼 수 있지 않을까 생각합니다.

　먼저 미라 쪽 가정의 경우엔, 5년 동안이나 연락 한 번 없다가 누나인 그녀 앞에 느닷없이 나타난 동생 형철이 스무 살쯤 연상으로 보이는 여성(무신)을 아내라고 소개하는 장면에서부터 영화의 범상치 않을 스토리 전개가 암시됩니다. 이후 세 사람의 갈등은 무신의 "전남편의 전처의 딸"인 채현의 등장으로 더욱 증폭되고, 그 일이 있은 후 간식거리 사오겠다며 만 원짜리 한 장 얻어 집을 나선 채 영영 돌아오지 않는 형철로 인해 남은 이들의 관계도 무너질 위기에 직면하지요. 이토록 어이없는 상황 속에서도 채현을 데리고 떠나려던 무신을 붙잡은 미라 덕분에 그들 세 여성(미라, 무신, 채현)이 같은 집에서 함께 살게 됩니다.

　한편 일본 관광객 대상 여행 가이드인 선경에게로 카메라가 옮겨 오면, 수시로 애인을 바꾸다 현재는 유부남과의 사이에 낳은 어린 아들까지 키우고 있는 엄마 매자를 원망하고 미워하면서 가끔 한 번 만나는 정도의 가족 관계만 유지하는 그녀의 모습이 비춰집니다. 오랜만에 불쑥 찾아온 엄마를 타박하며 밀어냈던 그녀에게 엄마의 애인인 "아저씨"는 엄마가 많이 아프다며 아마도 오래 살기 어려우리라는 뜻밖의 소식을 전합니다. 아픈 엄마를 대신해 유치원 운동회 한 번 같이 가 주는 정도의 관계를 쌓자마자 엄마가 돌아가시며 어린 동생이 혼자 남겨지자, 오랜 소망이던 일본 취업 기회를 눈앞에 두고 있던 선경은 고민 끝에 오갈 데 없는 처지의 동생 경석을 자신이 키우기로 결심합니다.

이렇게 각각의 가정에서 자라난 채현과 경석이 성장해 만나면서 연인 관계를 시작하지만, 어느 누구에게든 '지나친' 친절을 베푸는 채현과 그런 그녀를 이해하기 어려운 - 또한 그런 그녀로 인해 오히려 더 외로움을 느끼는 - 경석 사이의 사랑은 원만하게 진행되지 않습니다. 이 같은 그들 사이의 갈등에 새로운 국면이 펼쳐지는데, 경석을 향해 쏟아지는 채현의 "엄마들"(미라와 무신)의 애정 공세가 바로 그것입니다. 무신의 생일에 채현과 함께 시골집으로 내려온 경석을 버선발로 반기며 살가움을 보이는 두 여인의 태도는, 너무 어렸을 때 잃은 엄마로 인한 결핍감이 마음 한구석에 남아 있던 경석에게 목마름을 해갈하는 단비로서뿐 아니라, 지금까지 이해하지 못했던 채현(누구에게나 사랑이 '넘치는')에 대한 그의 의문에도 속시원한 해답이 되어 주었던 것이지요.

짧은 시간에 마음의 벽이 허물어진 경석과 그런 경석을 넉넉히 받아 안은 채현의 엄마들이 함께 시청하는 TV 화면에는, 동생이 만들어 준 브로치를 자랑스럽게 가슴에 달고 합창단의 일원으로 방송국에 출연해 노래하는 선경의 모습이 등장합니다. 가족들의 시선에선 오직 그녀만이 주목되는 선경의 뒤편으로 불꽃놀이가 펼쳐지듯 표현된 아름다운 장면과 함께, 각각의 가정에서 탄생한 두 가족이 합쳐져 다시 하나의 "가족"으로 "탄생"하리라는 - 반드시 그들 둘의 결혼 때문이 아니더라도 - 즉, 1+1=2가 아니라 그냥 1이 될 수도 있는 '기적'의 가능성을 암시하며 영화는 끝을 맺습니다.

소식이 끊겼던 동생 형철에게서 연락을 받고 설레는 마음으로 기다리던 미라가, 다시 그가 사라지고 난 후의 긴긴 시간을 동생이 남기고 떠난 무신, 채현과 함께 살아가는 동안, 결국 친동생 형철이 아니라 생판 남인 그들을 더 사랑하며 '진짜' 가족으로 살아가는 모습, 또한 쌀쌀맞고 무뚝뚝한 선경이 늘 낭만적인 사랑을 찾아 헤매며 딸인 자신은 순위 밖으로 밀어내던 '백 퍼센트' 혈연의 엄마가 아니라 자신은 잘 알지도 못하던 낯선 아저씨의 아들, 자기와 피가 '반'만 섞인 이부(異父) 동생 경석과의 관계를 통해 사랑의 참 의미를 발견하고 예전의 엄마와 같은 '로맨티스트'로 거듭나는 과정을 지켜보다 보면, "가족주의에 대한 유쾌한 반란"이라는 개봉 당시의 영화 소개에 공감하지 않을 수 없게 됩니다.

"보통의 가정", "평범한 가족"과 같은 표현을 자주 사용하는 대다수 사람들에게 이런 식의 가정과 가족은 영화나 드라마에서 볼 수 있을 뿐 자신의 상식에 부합하는 '정상적' 가족 관계가 아니라고 생각될지 모릅니다. 더욱이 수직적 위계 질서로 이루어진 가정의 형태만을 경험해 본 사람들이라면 이처럼 순수하게 사랑으로 묶여진 수평적 가족 관계가 생경하게 느껴질 수도 있을 것입니다. 하지만 '핏줄'이나 '호적' 등을 들먹이며 강요되는 질기고 끈끈한 관계보다 이같이 담담하고 잔잔한 모습으로 존재하는 '인간' 관계가 더 실재감 있게 느껴지는 것은, 어쩌면 자녀를 잃은 아버지, 아내를 잃은 남편

등을 주인공으로 내세운 최근의 액션 영화들이 무자비한 폭력과 살인의 구실로 복수를 들먹이며 가족 팔이 장사를 하고 있는 현실 때문일지도 모르겠습니다.

하나님을 "아버지"라고 부르며 같은 신앙인들을 "형제", "자매"라고 일컫는 우리 기독교인들은 그렇지 않은 비기독교인들에 비해 이런 문제에서의 사고가 보다 유연하고 폭넓어야 하지 않을까 생각합니다. 교회에서는 "하나님 아버지"를 외치고 "형제님", "자매님"이라는 호칭을 스스럼없이 입에 올리면서도 마음속으로는 자기 집에 같이 사는 몇몇 사람들만 '진짜' 가족으로 여긴다면, 그리하여 하나님께서 사랑으로 돌보도록 맡기신 다른 영혼들은 타인이나 이방인처럼 느낀다면 참으로 이율배반적인 일이 아닐 수 없겠지요.

영화를 다시 보며 제 머릿속을 맴돌던 '나는, 사람이 자기 아버지와 맞서게 하고, 딸이 자기 어머니와 맞서게 하고, 며느리가 자기 시어머니와 맞서게 하려고 왔다'라는 마태복음 10장 35절이 믿음을 지키는 일에 위해가 되는 '친족'은 진정한 의미의 '가족'일 수 없다는 뜻의 말씀으로, 또한 "아버지나 어머니를 나보다 더 사랑하는 자는 내게 합당하지 아니하고 아들이나 딸을 나보다 더 사랑하는 자도 내게 합당하지 아니하며"라고 하신 같은 장 37절은 혈연 관계만을 기초로 한 가족을 하나님과 그분이 맺어 주신 가족보다 우위에 두는 일이 주님의 뜻에 어긋나는 행위라는 의미의 말씀으로 이해되기 시작했다면 저만의 지나친 비약이 될런지요.

영화 "만추"의 감독으로 혹은 "탕웨이의 남편"으로 더 유명할지 모르는 김 태용 감독의 "가족의 탄생"은 내가 가장 좋아하는 한국 영화 중 하나이다. 거기에는 물론 여러 이유가 있지만 그중 가장 큰 이유는 이 작품을 볼 때마다 마음이 저절로 '따땃'해진다는 것이다('따뜻'이 아니라 '따땃'이 더 정확하다). 이 번에 리뷰를 준비하며 꽤 오랜만에 영화를 다시 감상했는데, 역시 보는 내 내 눈물이 그렁그렁해져서 괜히 혼자 민망했더랬다.

줄거리 전반을 소개하기에 앞서 작품의 테마에 대해 간단히 언급한다면, 이 영화는 "'가족이란 무엇인가'라는 본질적 질문에 대한 감독의 고찰"이라 고 요약될 수 있다. 태어날 때부터 혈연으로 결정되는, 저절로 '생겨나는' 것 만이 가족인지, 아니면 함께 보낸 시간들과 쌓아온 신뢰, 추억, 이해 등을 기 반으로 '만들어질' 수도 있는 것인지를 탐구하는 작품이라고 볼 수 있기 때 문이다.

서로 아무 관련 없는 인물들의 개별적 이야기 세 가지가 옴니버스 형식으 로 묶여 있는 것처럼 보일 수 있는 영화지만, 사실은 세 개의 '막'으로 나뉘었 다고 보는 것이 더 정확할 듯하다. 먼저 "제 1막"에서는 작은 분식점을 운영 하며 혼자 사는, 야무진 듯 물렁한 듯 귀여운 미라(문소리 분)의 삶이 조명된 다. 집을 떠나 오랫동안 소식이 없던 남동생 형철(엄태웅 분)의 연락을 받은 미라는 설레는 마음으로 동생을 기다리는데, 등장부터 걸렁걸렁한 - 특히 그 경박한 웃음소리가 압권인 - 형철은 그동안 결혼을 했다면서 묘령의 여인을 데리고 들어와 소개한다. 동생보다 스무 살은 위로 보이는 무신(고두심 분)을 마주한 미라의 얼굴에는 어이없어 하는 표정이 그대로 드러나지만 그렇다고 대놓고 싫은 소리도 하지 못한다. 변변한 직업이 없는 형철은 당연하다는 듯 누나 집에 무신과 함께 눌러앉고, 어쩔 수 없이 동생 부부와의 어색한 동거를 시작한 미라는 눈치가 없는 건지 염치가 없는 건지 붙임성과 능청스러움만큼은 최고인 형철 '덕분'에 그럭저럭 평화로운 일상을 유지해 간다.

　"제 2막"은 면접 시간에 늦게 도착하고도 온갖 너스레를 떨며 자리에서 일어서려던 면접관들을 기어이 붙잡아 앉힐 정도로 생활력이 강한 선경(공효진 분)에 관한 이야기다. 고궁에서 일본 관광객들을 안내하는 가이드로 일하며 어떻게든 일본에서 일자리를 찾아 한국을 떠나려는 선경은, 유부남과 불륜 관계에 있을 뿐만 아니라 그와 아들까지 낳은 엄마 매자(김혜옥 분)에게 원망과 답답함의 감정을 품고 있다. 까칠하고 예민한 성격이면서도 투병을 시작한 매자를 완전히 외면하지 못하는 선경은 아픈 엄마 대신 이부 남동생의 유치원 운동회를 가 줄 정도로 그녀에게 마음을 쓴다. 그러나 그런 중에도 만날 때마다 목격하는 엄마의 구질구질한 삶에는 속을 부글부글 끓일 수밖에 없다.

　"제 3막"의 주인공은 기차에서 처음 만난 후 풋풋한 연애를 시작한 채현(정유미 분)과 경석(봉태규 분)이다. 나름 알콩달콩 잘 노는 귀여운 커플로 보이지만 실제 둘의 사이는 곪아 가고 있는데, 채현이 착해도 너무 착하다는 것이 바로 그 이유다. 어떤 남자 선배에게 돈을 빌려주지 않나, 사랑싸움을 하던 와중에도 다른 남자 선배의 부친상 소식을 듣고 달려가 장례식장에서 일을 돕지 않나. 심지어 경석의 누나가 집에서 같이 밥을 먹자고 초대한 날에는 웬 남자의 아이를 함께 찾아 주다가 휴대폰을 잃어버리는 바람에 연락도 없이 경석과 누나를 바람맞힌다. 참다못한 경석은 '헤픈' 채현에게 원망을 토해 내며 이별을 고한다. 물론 그래 놓고도 본가에 내려가려 기차를 타는 채현을 찌질하게 또 쫓아가지만 말이다.

"가족의 '탄생'"이라는 제목에서 유추할 수 있듯 이 영화는 앞서 말한 질문에 대해 가족은 '만들어지기도' 한다고 대답한다. 1막에서 미라는 그녀 인생에 도움이라곤 되지 않는, 아무런 대책도 책임감도 없는 동생 형철보다 오히려 그의 아내인 무신과 미묘한 유대를 쌓는다. 무신은 밖으로 나도는 형철 대신 미라가 형광등 바꾸는 것을 도와주고, 미라는 못 이기는 척 형철과 무신을 따라 놀러 나서는가 하면, 동생 부부를 위해 새 이불을 사거나 그들과 어색한 가족사진을 찍기도 한다. 그러던 중 무신의 전남편의 딸아이가 나타나면서(그것도 형철이 아이에게 누나 집 주소를 알려 준 결과로) 셋 사이에 큰 갈등이 일어난 후 잠깐 나갔다 오겠다며 집을 나선 형철이 그길로 돌아오지 않는데, 남겨진 두 여자가 - 아이까지 합치면 세 여자가 - 조용히 밥상에 마주 앉아 그를 기다리는 모습은 이 영화의 인상적인 장면들 중 하나이다. 마루 밖 마당의 풍경이 바뀌며 시간의 흐름이 감지되는 사이, 마당에서 뛰어노는 채현과 대비되어 그대로 자리에 앉아 있는 미라와 무신(묵묵히 밥을 먹는 미라와 아무 말없이 미라 쪽으로 반찬을 당겨 주는 무신) 사이에는 어떤 '이해'의 흐름이 느껴진다. 그들 둘 다 사랑하지만 신뢰는 할 수 없는 형철이란 남자가 다시 돌아오지 않으리라는 공통의 이해를 통해 같은 편이 되어 감을 암시하는 듯도 하다.

2막에서 선경은 끝까지 엄마와 화해하지 못한다. 엄마가 불쌍하면서도 불륜 관계의 '애인'에게 정신이 팔려 자신에겐 아무 관심 없어 보이는 모습이 밉기 때문이다. 그 결과 2막에서 자주 나오는 선경의 대사는 "엄마는 모르는구나, 엄마는 나에 대해서 아무것도 모르는구나" 같은 것들이다. 뾰족뾰족한 선경은 어디 좀 같이 가자는 매자의 조심스러운 부탁을 신경질적으로 거절하지만 얼마 지나지 않아 엄마의 갑작스런 죽음을 맞게 된다. 장례식을 마치고 멍하니 앉아 있던 그녀는 매자가 전에 놓아 두고 간 짐가방을 열었다가 자신의 어렸을 적 사진과 장난감 등 엄마와의 추억으로 가득한 물건들을 보고는 아이처럼 서럽게 엉엉 운다. 엄마가 자신을 온전히 이해하지 못한 만큼 자신도 엄마를 이해하지 못했음을, 그럴 노력조차 하지 않았음을 깨달아 후회하는 것이라 짐작되는 장면이다. 하지만 선경에게는 엄마와 하지 못한 것들을 어린 남동생과 함께할 수 있는 기회가 있다. 아픈 엄마 대신 참석했던 남동생의 유치원 운동회에서 그 까칠한 선경이 토끼 가면까지 뒤통수에 단 채 동생과 이어달리기를 하거나, 노란색 운동복을 입고 병아리처럼 뛰어오는 동생을 꼭 끌어안는 모습들은 두고두고 기억에 남는다.

1막과 2막에서 뿌려진 씨앗이 결실을 맺는 마지막 3막에서는 '가족'에 대한 이 영화의 철학이 클라이맥스에 도달한다. 사실 3막의 주인공인 채현은 1막에서 무신을 찾아왔던 여자아이이고, 또 다른 주인공 경석은 2막에서 나왔던 선경의 어린 남동생이다. 경석이 엄마나 다름없는 누나 선경과 함께 살아가는 모습을 보면 그녀가 동생을 사랑으로 키웠다는 것, 그리고 그것이 그렇게나 미워했던 엄마 매자에 대한 용서와 이해리라는 것을 알 수 있다. 실제로도 누나에게 왜 결혼 안 하느냐며 엄마처럼 구질구질하다고 화를 내는 경석에게 선경은 엄마는 정이 많으셨던 거야, 하며 매자를 감싸는 모습을 보인다.

너무 남들을 챙겨 주는 탓에 "네 옆에 있으면 더 외롭다"며 결별을 선언했던 경석이 결국 채현을 잊지 못하고 그녀의 귀향길에 쫓아 나서긴 하지만, 이것은 사실 아직도 좋아하는 마음이 남아 있어 감정이 이성을 이겼다 뿐이지 둘 사이의 본질적 문제가 해결되었다는 뜻은 아니다. 채현은 여전히 착해도 너무 착하며, 경석에게 "헤픈 게 나쁜 거야?"라고 가만히 묻는 모습만 봐도 오지랖과 '인류애'가 넘쳐 나는 그녀의 성격이 쉽게 바뀌지 않을 것임을 예측할 수 있기 때문이다. 그러나 경석은 채현의 고향집에서 너무나 능청스런 아줌마가 되어 무신을 "언니"라고 부르며 사는 미라와 그런 미라에게 스스럼없이 장난을 건네는 무신을 만나고, 또 그 둘을 "엄마들"이라고 부르며 어리광 부리는 채현의 삶을 목격한다. 관객들이 알지 못하는 동안 얼마나 아름다운 가족이 '만들어졌'는지 알 수 있는 대목이자 채현이 왜 그렇게 사랑과 정이 넘치는 사람으로 컸는지 납득하게 되는 장면이다. 경석도 신기한 듯 즐거운 듯 이 '세 모녀'를 바라보는데, 이제 채현에 대해 더 잘 알게 된 그가 앞으로는 그녀를 조금 더 잘 이해할 수 있으리라는 희망이 생긴다. 그리고 오래전 두 여자가 말없이 밥을 먹던 그 마루에서, 이제는 네 사람이 활기차게 웃으며 함께 식사를 한다.

 이 영화에서 가장 '따땃'하고, 어찌 보면 영화의 주제를 명료하게 요약한 순간이라 생각되는 장면도 3막에 등장한다. 선경이 속한 합창단의 공연이 TV로 방영되는 것을 경석과 채현이 그녀의 '엄마들'과 함께 보는 이 장면에서, 아름다운 선율을 나란히 앉아 듣는 채현, 무신, 미라 세 여자의 얼굴에 아주 사랑스러운 것을 대하듯 카메라가 한동안 머문다. 그 모습을 보던 경석이 스크린 속 누나를 향해 시선을 돌리면 누나만 쳐다보는 그의 시점을 따라 카메라도 선경을 오래도록 비춘다. 그 시선이 어찌나 애틋한지 이 글을 쓰는 지금도 가슴이 뭉클하다.

 이처럼 '만들어'졌으나 태어나면서부터 주어진 어떤 가족과 비교해도 모자람이 없는 세 모녀와 선경, 경석 남매를 통해 이 영화는 다양한 가족의 가능성에 대해 이야기한다. 같은 관점에서 나 역시 가족은 만들어질 수 있는 것이란 믿음을 갖고 있는데, 화목한 가정에서 태어나고 자라지 못한 사람들도 본인이 선택한, 또 신뢰하는 친구나 이웃, 동료, 배우자 등과 새로운 가족을 만드는 것이 '가능'할 뿐 아니라 반드시 '필요'한 일이라고 생각하기 때문이다. 솔직히 말해 나는 본인이 선택하지 않은 혈연적 가족보다 자신이 선택하고 이루어 낸 사회적, 후천적 가족의 의미가 더 큰 경우도 있으리라고 생각한다. 가족도 타인일 수 있고 타인도 가족일 수 있을 테니.

 그렇다고 내가 - 또 이 영화가 - 혈연이나 법적 가족 관계에는 아무런 의미도 없으며 자신이 선택한 공동체가 그보다 더 중요하다고 말하고 있는 것은 아니다. 다만 어떤 관계에서든 진정한 사랑과 유대는 '이해'를 근거로 하며, 그 이해는 "피가 섞였다"는 이유로 저절로 생기는 것이 아니라 시간과 노력을 들여야만 쌓이고 발전할 수 있다는 생각을 나누는 것일 뿐이다. 물론 나와 우리 엄마는 사이가 아주 좋지만(엄마를 내 soulmate, 즉 영혼의 단짝이라고 생각할 만큼) 그것은 우리가 지금껏 단순히 엄마와 딸이라는 역할에만 의존하지 않고 동등한 인격체로 서로를 알아 가고 이해하려는 노력과 시간을 쌓아 왔기 때문이며, 모녀의 관계를 떠나서도 서로의 '친구'이자 진정한 '이해자'가 되었기 때문이다.

 하나님의 아들이 굳이 이 땅으로 내려와 인간의 육신을 입으신 것도 그런 의미에서 이해할 수 있을 것 같다. 그 손으로 직접 창조하셨으나 단지 그 사실만으로 소유권을 주장하는 대신, 인간의 기쁨과 고통, 절망과 유혹을 직접 경험하고 정확히 이해하여 진정한 가족이 되고자 하신 마음 때문이었을 것이라고. 그렇게 '만들어진' 새로운 관계 안에서 가족이라는, 또한 우리가 사랑해야 할 형제자매와 이웃이라는 개념이 더 넓어지고 더 자유로워질 필요가 있지 않을까? 우리 모두가 국적이나 인종, 언어나 문화, 나이와 성별 등에 관계없이 형용할 수 없는 사랑을 통해 '입양된' 그분의 자녀임을 진심으로 믿는다면 말이다.

3

투 윅스 노티스 (Two Weeks Notice)

'세상 바꾸기'의 작은 시작

딸 J의 시선

    나에게는 영화의 작품성이나 완성도와 관계없이 위로와 안정감이 필요할 때 보게 되는 소위 "힐링 영화"가 몇 가지 있다. 매년 크리스마스마다 함께하는 [나 홀로 집에]의 케빈이나 [다이 하드]의 존 맥클레인처럼 [투 윅스 노티스]의 루시 켈슨 역시 그런 영화의 주인공들 중 하나이다. 특히 고등학교 시절엔 공부를 하다 스트레스가 느껴질 때마다 곁에 틀어 두곤 했을 만큼 자주 봤던 바람에 한동안은 대사를 거의 다 외우기까지 했었다. 사실 로맨틱 코미디를 꽤 좋아하는 편이긴 하지만 그 가운데에서 크게 특별할 것 없는 이 영화를 유독 좋아하게 된 데에는 두 가지 이유가 있는데, 하나는 남녀 주인공을 맡은 두 배우의 사랑스러운 케미이고 다른 하나는 '변호사'라는

- 특히 사회 정의를 위해 일하는 변호사라는 - 설정의 여주인공에게서 오는 개인적 친근함 때문이다.

영화는 극과 극인 남녀 주인공, 즉 뉴욕의 부동산 재벌가 출신인 조지 웨이드(휴 그랜트 분)와 인권·환경 등의 문제 해결을 위해 일하며 대기업의 무분별한 재개발에 맞서 싸우는 변호사 루시 켈슨(산드라 블록 분)의 이야기이다. 두 사람이 얼마나 다른 인물인지는 영화 초반부터 명확하게 대비되는데, 오랜 역사를 지닌 동네 극장이 재개발 정책으로 철거되는 것에 항의하던 루시가 현장에 드러누워 시위하다가 경찰에 연행되는 - 심지어 나이 드신 부모님이 보석금을 대신 내 주기 위해 경찰서에 와야 하는 - 수모(?)를 겪는 동안, 뉴욕 의료 센터에 엄청난 금액을 기부한 공로 덕분에 "올해의 인물"로 선정된 조지는 축하 석상에서 연설을 하며 좌중의 박수를 받는 '영예'를 누린다.

재치 있고 매력적인 조지는 대중의 선망을 얻지만 가업이자 대기업 건설사인 "웨이드"의 실질적 소유주 하워드로부터 철없는 한량 취급을 받으며 은근한 무시를 당하는데, 특히 자주 지적 받는 부분은 친동생인 조지가 실력이나 학벌 대신 외모만 보고 채용한 여성 변호사들 때문에 회사의 금전적 손실이 거듭되고 있다는 점이다(사실 좀 비현실적인 설정이기는 하다). 하워드는 조지에게 24시간 내로 유능한 명문대 출신 변호사를 채용하라는 지시를 내리고, 발등에 불이 떨어진 조지에게 때마침 하버드 로스쿨 출신인 루시가 찾아온다. 자신이 자란 동네의 시민회관을 허물고 콘도를 세우려는 웨이드 사의 건설 프로젝트를 막기 위해 찾아온 루시에게 조지는 대뜸 회사의 고문 변호사 자리를 제안하면서 그녀가 제안을 받아들이면 문제의 시민회관을 허물지 않은 상태로 프로젝트를 진행하겠다고 약속한다. 루시는 자신의 평소 신념에 반하는 대기업으로의 이직을 고민하다가 결국 시민회관을 지켜내기 위해, 또 웨이드사의 어마어마한 자원을 사회사업에 쓸 수 있다는 가능성에 끌려 조지의 제안을 수락한다.

그전까지 분명 적대 관계였던 둘은, 막상 한 팀에서 같이 일하게 되면서 꽤 잘 맞는 서로를 발견한다. 어떻게 보면 '지나칠' 정도로 코드가 잘 맞는데, 조지가 법적 자문을 넘어 옷이나 매트리스 등을 구입하는 개인적인 일에서까지 루시의 조언을 구할 뿐 아니라 사적인 용건으로도 밤낮없이 전화를 해 댈 정도이다. 둘은 어느새 레스토랑에서 상대방의 음식을 자연스레 가져다 먹을 정도로 스스럼없는 사이가 되지만, 루시는 공과 사의 구분이 흐리다 못해 귀찮도록 자신에게 의지하는 조지 때문에 엄청난 스트레스를 받는다. 그러던 중, 조지의 "긴급" 호출을 받고 친구의 결혼식장에서까지 뛰쳐나와야 했던 루시는 그가 의상을 골라 달라는 목적으로 자신을 불렀음을 알게 되자 홧김에 사표를 내던진다(영화의 제목으로 쓰인 two weeks notice도 후임자를 구하기 위한 2주간의 시간 여유를 두고 사의를 표하는 관례를 뜻한다). 루시를 애타게 만류하던 조지는 그녀의 확고한 뜻을 꺾지 못해 결국 사표를 수리하는데, 정작 루시는 자신의 후임으로 채용된 매력적인 여성 변호사가 조지에게 노골적으로 관심을 표하는 모습에 질투를 느끼기 시작한다.

직업이 변호사라는 루시의 설정이 내게 개인적인 흥미를 더했다고 앞서 언급했었듯 사실 내가 고교 재학 시절 내내 이 영화를 지겹도록 본 이유 중 하나는 언젠가 나도 루시 같은 변호사가 되고 싶어서였다. 나는 꽤 어린 나이부터 - 그러니까 하나님과 사랑에 빠져 믿음이 생기고 난 직후부터 - 인권 변호사를 꿈꿨는데, 아마도 루시는 내가 막연하게 상상하던 꿈과 이상 그 자체였던 것 같다. 명문대를 졸업하고도 좋은 로펌에 취직해 돈을 벌기는커녕 여전히 부모님 집에 얹혀 살 정도로 부와 명예(다시 말해 지극히 세속적인 것들)에는 아무 관심 없이 정의를 위해 일하며 무료 법률 상담소 같은 비영리 단체에서 봉사하는 모습 말이다. 청소년기는 그런 삶을 특히 '낭만적'이라고 느끼게 되는 시기여서인지, 나는 이 영화를 결국 신념도 사랑도 쟁취해 낸 루시와 그런 그녀의 올곧음에 반한 조지의 로맨스로서만이 아니라 내가 앞으로 살고자 하는 삶의 가장 낭만적인 버전으로 받아들였던 것 같다.

그리고 결국 꿈꾸던 변호사로서의 생활 6년차에 접어든 지금으로선 이 영화를 조금 다른 깊이로 이해하게 된다. 물론 하나님의 일을 하겠다는, 그러니까 정의를 위해 일하고 세상을 바꾸겠다는 엄청난 꿈과 포부를 가지고 로스쿨에 입학했었고, 루시와 똑같이 뉴욕에서 "Legal Aid Society"를 비롯한 여러 비영리 인권 단체에서 인턴 생활을 하는 감사한 기회들을 누렸지만 졸업 시점엔 번아웃을 겪을 정도로 심하게 지쳐 버렸다. 꿈꿔 왔던 일을 하게 된 사람들이 보통 그렇겠지만 현실과 이상 사이의 간극을 인정해야 한다는 것은 너무나 괴로운 일이었고, 세상에 존재하는 문제들이 얼마나 복잡하고 다양한지, 법이라는 제도가 그 모든 문제들을 해결하는 도구로서 얼마나 부적합한지, 그리고 그 불완전한 테두리 안에서 개개인의 능력과 노력이란 얼마나 무용한지를 깨닫는 것 또한 상당히 고통스러운 과정이었다.

그렇게 깨어지면서 나는 내 안의 오만을 깨달았던 것 같다. '주제 파악'을 하기 시작했다고 해야 정확한 표현일까? 아무리 좋은 의도로 시작했을지라도 하나님의 이름을 빌려 나 자신의 신념과 정의를 욕심내는 것, 보여 주기

식 희생과 겸손을 쫓게 되는 것이 얼마나 쉬운 일인지, 그리고 동시에 얼마나 위험한 일인지를 알게 되면서 저절로 패기가 수그러들 수밖에 없었다.

세상을 바꾸는 일이 허황된 꿈이라는 말이 아니라 "세상을 바꾸겠다"는 나의 포부가 정작 '세상'에 대한 충분한 이해를 갖추지 못했었다는 뜻이다. 사실 하나님께서 우리 각자에게 맡기신, 우리가 바꾸고 책임져야 할 '세상'은 그저 작고 소박한 것일지도 모른다고 이제 나는 생각한다. 사랑하는 사람들, 매일 보는 이웃들, 가끔 마주치는 인연들로 이루어진 나의 작은 세상을 챙기는 것만도 내게는 충분히 벅찬 일이다. 내가 성숙해져 갈수록 일터에서나 가족과 친구들 사이에서 '제대로' 산다는 것, 매일 찾아오는 크고 작은 유혹 앞에서 내 영혼이 변함없이 올곧게 선다는 것이 얼마나 어려운 일인가를 실감하게 된다. 내 작은 세상을 제대로 사랑하지 못하면서 더 큰 세상을 바꾸겠다고 나서는 것은 무척 어리석은 일일 수도 있을 테다.

루시 또한 세상을 바꾸기 위해 아주 야심차게 행동했던 인물이다. 철거 현장에 드러눕지 않나, 재벌 회사의 앞마당에서 시위를 벌이지 않나. 첫 만남에서 조지가 그녀의 이름을 기억하는 것만 봐도 이 혈기왕성한 변호사가 얼마나 많은 대기업들에게 골치 아픈 요주의 인물로 찍혔을지 짐작할 수 있다. 하지만 그랬음에도 세상은 - 루시가 영화 초반 아버지에게 불평하듯 - 좀처럼 변하지 않는다. 그녀의 그런 노력들과 관계없이 건물들은 철거되고 재개발은 진행된다. 원수처럼 생각하던 웨이드사에 들어가 뼈 빠지게 일도 했지만, 회사는 처음 약속과 달리 이윤이 감소한다는 이유로 루시가 그토록 지키기 원하는 시민회관을 허물려 한다. 조지는 그런 형의 결정에 저항하지 못할 뿐 아니라 그에게 대놓고 추근대는 루시의 후임에게 휘둘리는 듯한 모습까지 보인다.

 그래서인지 그렇게나 열정적이었던 루시는 시민회관이 철거를 앞두고 있다는 소식에도 예전처럼 시위를 하러 나서지 않고, 결국 아무것도 이루지 못했다는 생각에 어딘가 자포자기한 듯 보이기도 한다. 다만 루시가 '바꾸는' 일에 성공한 것이 하나 있는데 그건 바로 조지라는 한 사람이다. 그를 회사의 얼굴 마담 정도로만 여기는 형과 달리 루시는 진심으로 그에게 '기대'를 하고, 더 나은 사람이 되어 더 나은 선택을 할 것에 '희망'을 걸며, 그들 식의 표현에 따르면 언제나 더 옳은, 더 좋은 방향으로 이끌어 주는 "마음속 목소리"가 되어 준다. 그리고 그런 기대대로 조지는 마침내 '바꾸'어 그녀와 했던 약속을 지켜 낸다. 루시는 세상을 바꾸진 못했지만 사랑하는 사람을 바꾸었고, 그를 통해 그들의 세상이 바뀌었으며, 언젠가는 바뀐 그들의 세상을 통해 더 넓은 세상도 바꿀 수 있을지 모른다.

 예전에는 그저 극과 극인 남녀가 서로를 이해하고 사랑하게 되는 로맨스 정도로 생각했던 영화가 세상은 어떻게 바뀌는지, 어떻게 바꾸어 가야 하는지에 대한 낭만적 고찰로 보이게 되었다면 조금 거창한 해석일지 모르겠다. 물론 오랜만에 다시 보니 아쉬운 점들도 많이 눈에 띄기는 하지만 거의 20년 전 영화라는 것을 감안하면 이해할 만한 부분이다. 그래도 야심 가득하던 학생 시절 즐거운 동기 부여가 되던 작품이 좀 더 철이 든 지금에도 편안한 위로가 되어 주는 걸 보면, 로맨틱 코미디를 고르는 나의 안목이 그렇게 나쁘지는 않았던 모양이다.

"투 윅스 노티스"는 영화의 여러 장르들 가운데에도 가장 흔하고 대중적이라 할 "로맨틱 코미디"에 속하는 2002년 개봉작입니다. 외형적 내용이나 줄거리로만 보면 그저 그렇고 그런 - 선남선녀 주인공들이 툭탁이고 다투면서 사랑을 키워 가는 - 흔한 이야기 중 하나에 불과할 수 있겠지만, 여주인공의 직업과 개인적 경험 등에 대해 느끼는 특별한 친밀감 때문에 저희 가족에겐 단순히 코믹한 소재를 다루는 드라마로만 웃어 넘길 수 없는 영화이기도 합니다.

75년 역사의 지역 내 소극장을 철거하는 재개발 사업을 저지하기 위해 친구들과 중장비 아래에 자리까지 깔고 누우며 몸 사리지 않는 방해 공작을 펼치고 있는 환경 문제 전문 변호사 "루시 켈슨"의 활약을 보여 주며 영화는 그 막을 엽니다. 오래된 건물들이 밀집된 지역에 대규모 콘도를 신축하려는 재벌 건설사 "웨이드 주식회사"의 농간으로 시작된 이 사업의 저지 과정에는, 방해 투쟁에 동참했던 루시의 남녀 친구가 길에 누운 채로 프로포즈를 주고받는 - 로맨틱 코미디 답게 - 상황이나 작업 방해 혐의로 구속된 루시가 부모님의 벌금 대납으로 풀려나는 등의 해프닝도 함께 이어집니다. 경찰서로 루시를 데리러 왔던 부모님(역시 인권 변호사인)이 이번에는 1922년 건립된, 역사와 전통을 자랑하는 코니 아일랜드 지역 시민회관 철거를 둘러싼 웨이드사의 계획을 귀띔해 주는데, 그 지역에서 부모님과 함께 살고 있을뿐더러 시민회관과 관련된 어린 시절의 추억도 많은 루시가 그런 일을 모른 체하며 순순히 넘어갈 리는 없겠지요.

다른 방법이 없다고 생각한 루시가 기업 대표 "조지 웨이드"를 만나 직접 담판을 짓기 위해 그의 회사로 찾아가면서 그녀가 예상치 못했던 돌발 상황이 발생합니다. "포브스" 잡지에 사진과 기사가 실릴 만큼 재력과 용모를 모두 갖춘, 하지만 지나친 여성 편력으로 수많은 스캔들을 양산해 온 그 회사 대표 조지는, 지금까지 벌어진 일들 때문에 금전적 손실이 계속되는 것을 참다못한 친형 "하워드"로부터 실력 있는 변호사를 고용해 신속히 문제를 해결하지 않으면 즉각 불이익 조치를 취하겠다는 통보를 전달받은 상태였습니다. 변호사라고 자신을 소개한 루시에게 대뜸 출신 학교부터 묻던 그는 그녀가 명문대 로스쿨 출신인 것을 알게 되자 거절하기 어려운 조건들을 내세우며 이직을 제안합니다. 자기 회사에서 수석 변호사로 일해 준다면 시민회관의 철거를 백지화하고 회사의 수익금 중 상당 부분을 사회사업에 기부하겠다는 이례적 조건 말이지요.

저명한 교수이자 법률가인 부모님이 인권, 환경 등의 사회 문제에 헌신하는 모습을 보며 자랐고 본인 역시 노숙자 보호소와 무료 법률 상담소 같은 기관에서 일하고 있던 루시로서는 조지처럼 가치관이 다른 사람의 제의를 선뜻 수락하기가 주저되었지만, "내 한 몸 희생하면" 회관의 철거를 막을 수 있고 재벌의 자금이 자선단체에 흘러 들어오는 기회도 얻으리라는 생각에 그의 제안을 받아들이기로 결심합니다. 나름대로 유연한 사고방식을 가진 아버지가 "친구는 가까이 두고 적은 더 가까이 두라"는 유명한 경구까지 인용하면서 그녀의 결정을 지지하는 반면, 완고한 원칙주의자 어머니는 변함없이 절대 반대의 입장을 고수하며 불편한 마음을 감추지 않습니다.

이런저런 난관을 극복하고 조지의 회사에서 일을 시작하면서 루시의 좌

충우돌 삶도 함께 시작됩니다. 소소한 물건을 고를 때도 그녀를 동반하고 새벽에 다른 여성과 술을 마시면서도 전화를 걸어오는 등 루시를 마치 개인 비서라도 되듯 '활용'하던 조지는, 참다못한 루시가 더 이상 일을 못하겠다며 "2주 전 통보"를 내던지듯 전하자 갑작스런 통보에 당황한 채 도리어 섭섭함을 내비치지요. 모든 면에서 완벽한 그녀의 조언을 따르고 의지하는 일에 자기도 모르는 새 익숙해져 버린 조지의 당황스러움 못지않게, 루시 또한 이어지는 사건들을 통해 조지에 대한 자신의 속마음을 깨닫게 됩니다. 이처럼 그들 둘이 서로에 대한 본인의 감정을 제대로 파악하게 되는 것은 오히려 루시가 건넨 "투 윅스 노티스" 이후에야 시작되는 일이라고 할 수 있습니다.

사직 통보 후 오히려 밀고 당기는 관계를 이어 가던 그들 사이의 긴장은 영화 말미, 루시가 돌아가 일하고 있는 무료 법률 상담소로 찾아온 조지가 검토를 부탁한다며 내미는 연설문 내용을 빌어 사랑을 고백하면서 - 그녀가 자신의 "마음속 목소리"가 되어 버렸다는 말과 함께 - 모두 자연스레 해소됩니다. 사실 이 "마음속 목소리"(the voice of my head)란 루시가 자기 엄마에 대해 설명할 때 사용했던 표현인데, 늘 현재의 모습보다 더 나은 사람이 되도록 자신을 독려하는 엄마의 영향력을 두고 그녀가 했던 묘사를 조지가 기억했다가 다시 인용한 것이지요. 자신을 향한 엄마의 기대가 너무 크다며 부담감을 토로하는 루시에게, 자기에게는 아무도 '기대'라는 것을 해 본 적이 없었다고 조지가 답했던, 영화의 전개상 의미 깊은 장면에 등장한 개념이기도 합니다.

올곧고 정의로운 루시의 성품을 존중하면서도 "누가 설교 듣는 것을 좋아하겠느냐", "성자는 지루하고 따분할 뿐이다"라고 화를 내던 조지의 일침은, 이웃에게 주님의 복음을 전하고 자녀에게 하나님의 사랑을 전승해야 할 우리들에게, 아무리 좋은 메시지라도 그 전달 방법에는 적절한 지혜의 수반이 필요하다는 사실을 상기시켜 줍니다. 적지 않은 아이들이 "우리 엄마는 '옳은' 말을 '듣기 싫게' 한다"며 투덜대곤 하는 것도 그 같은 지혜의 부족 때문일 것입니다. 주님의 은혜의 메시지를 주위에 전함에서 "소금 없이 먹는 달걀"의 맛(욥 6:6)처럼 퍽퍽하고 건조한 방식으로가 아니라 "소금으로 맛을 낸" 듯(골 4:6) 흥미를 끄는 방법을 사용해야 한다는 팁으로 받아들일 수도 있을 테고 말이지요.

하나님을 만난 이후 멜로 영화의 대사와 사랑 노래의 가사 모두를 하나님과의 관계에 대입해 해석하게 된 저는 영화 "제리 맥과이어"에 등장해 유명해진 "당신이 나를 완성시킵니다. 당신 없는 나는 나일 수 없습니다"라는 대사를 하나님께 바치는 저의 고백으로 치환하게 되었는데, 이 영화가 인용하는 "우리 자신을 충만하게 해 줄 수 있는 것은 타인이지 우리 스스로가 아니다"라는 구절 역시 하나님께 드리는 또 하나의 헌사로 삼고 싶습니다. 여기에서의 '타인'이 하나님이실 수도, 또는 가족이나 친구, 주변의 이웃일 수도 있겠지만, 어찌되었든 "이 삶은 '나'에 관한 것이 아니다"라는 어느 책에선가 읽은 문장이야말로 기독교가 표방하는 주된 메시지이기 때문입니다.

4

집으로...

나의 '집'을 향하여

엄마 C의 시선

2002년 봄 개봉되었기에 이미 23년 전의 작품임에도 여전히 영화 "집으로..."를 따뜻하고 가슴 뭉클한 감동과 함께 기억하시는 분들이 많을 것입니다. 저희 딸이 주인공 "상우" 또래의 아이이던 시절 영화를 함께 보았던 저역시 늘 마음 한구석에 아름다운 기억으로 간직해 온 이 작품을 이번에 다시 보면서, 감동적이고도 가슴 아픈 마지막 장면이 처음부터 떠올라 영화를 보는 내내 - 아직 상우가 할머니에게 심통을 부리던 시작 부분에서부터 - 괜시리 마음이 아프고 연신 눈물이 나더군요. 함께 투톱(!) 주인공을 맡은 '주연 여배우'(김을분 할머니)를 포함해 배역들 대부분이 실제로 산골 마을(충북 영동군 상촌면)에 사는 현지 주민이었던 데다가 제작진 대다수도 당시 영상 제작 경력이 짧았다고 하는데, 그런 점들이 오히려 영화의 감동에 순기능으로 작용하지 않았을까 싶습니다.

이 영화의 감독인 이정향은 역시 잘 알려진 "미술관 옆 동물원"의 연출자이기도 한데, 1998년 개봉된 그 작품에 이어 두 번째 연출작이 되기는 했으나 사실은 "집으로..."의 시나리오를 그보다 먼저 집필했다고 합니다. 자신의 외할머니에 대한 지극한 사랑과 그리움의 표현이 곳곳에 배어 있어 감독의 자전적 작품이라고도 불리는 영화답게, 마지막 부분에 올라오는 엔딩 크레딧에는 "이 땅의 모든 외할머니께 이 영화를 바칩니다"라는 자막이 포함되어 있기도 하지요.

이전에는 서로가 일면식도 없던, 더구나 말을 하지 못하고 글도 읽지 못하시는 산골의 77세 할머니에게 7살짜리 어린 아들을 맡기고 떠난 엄마가 여름 한 철이 지난 후 다시 아이를 데리고 갈 때까지, 아무런 공통점이나 교집합의 요소가 없던 두 사람이 부딪히며 특별한 사랑을 쌓아 가는 과정이 영화 안에서 담담하게 그려집니다. 몸에 꽉 끼는 옷에 굽 높은 구두를 신고 산골에 온 젊은 엄마와 스팸을 먹을거리로, 게임기를 장난감으로 가지고 온 어린 아들의 모습으로 등장하는 이들 모자가 산골의 흙집에서 살고 계신 할머니와는 너무도 대조되는 외형과 분위기를 보여 주지만, "이질적인 두 존재를 같은 공간 안에 '강제로' 병치시키는 플롯"을 즐겨 사용하는 것으로 유명한 이정향 감독이 이 작품에서는 늙은 할머니와 어린 소년이라는 - 혼자 힘으로 살아가기 어려운 무력하고 연약한 '마이너리티'라는 - 그들 간의 공통점도 은연 중 부각시킵니다.

이러한 서로의 공통점 때문인지, 시끄러운 소음을 쏟아 내는 게임기를 옆에 낀 채 콜라를 입에 달고 사는 상우의 삶 속으로 할머니가 한 발짝씩 들어오시기 시작합니다. "가랑비에 옷 젖는 줄 모른다", "떨어지는 낙수가 바위를 뚫는다" 등의 속담이 머릿속에 맴돌 만큼 아주 천천히, 그리고 뚜렷이 드러나지 않는 형태로의 '개입'이 시작되는 것이지요. 롤러스케이트를 방 안에서 타며 할머니 주위를 맴도는 상우의 행동이 할머니의 영역을 '침범'하는 그의 마음 상태를 보여 주는 것이라고 감독은 설명하지만, 라면 봉지 안에 넣고 끈으로 고이 묶어 보관하던 사탕을 자신에게 건네주시는, 또 장에 가서 나물을 팔아 힘들게 번 돈으로 손자에게만 짜장면을 사먹이고 당신은 물만 들이켜시던 할머니의 사랑으로, 상우가 할머니의 영역을 침범하기는커녕 할머니가 도리어 상우의 영역에 조금씩 침입 반경을 넓혀 가시는 것입니다 - 우리 하나님께서 우리의 삶 가운데 그리 하시듯 말이지요.

담담하고 잠잠한 할머니의 포용과 사랑에 상우가 점차 '물들어' 가고 있음을 상징적으로 보여 주는 대표적 장면은, 그 마을 토박이이자 자신의 '연적'인 - 상우가 좋아하는 소녀 "혜연"이와 붙어 다니며 그의 질투심을 불러일으키는 - "철이"를 골탕 먹인 후 어느새 코앞까지 다가와 버티고 선(자기보다 덩치가 훨씬 큰) 철이를 피해 도망가던 상우가 가슴을 쓰다듬는 수화(手話)로 사과를 건네는 모습입니다. 영화의 시작 부분, 의사소통이 전혀 되지 않는 손자를 향해 할머니가 보이셨던 그 동작은 "마음이 아프다", "네 뜻대로 못 해 주니 미안하구나"라는 의미를 가진 수화라고 하는데, 할머니의 그런 동작을 처음 봤을 땐 입에 담지 못할 비속어로 버릇없는 대응을 하던 상우가 부지불식중 할머니가 하신 방식 그대로 누군가와 소통을 시작한 것이지요. 수화를 배운 적 없는 상우이기에 정확한 의미는 알 수도 없었을 텐데, 할머니의 따뜻한 눈빛과 다정한 손짓만으로 그 뜻을 짐작해 자신도 적절한 상황에서 사용할 수 있게 되었을 것입니다.

가슴을 둥글게 쓰다듬는 그 동작의 의미("마음이 아프다", "네 뜻대로 못 해 주니 미안하구나")를 처음 들어 알게 되었을 때 우리가 하는 모든 기도에 '곧이곧대로' 응답해 주지 못하시는 하나님의 심정인 듯 여겨져 가슴이 찡했던 것이 저만의 확대해석 때문일지 모르겠지만, 그처럼 버릇없이 대응하는 손자에게 속도 없는 듯 "따라오라"고 다시 손짓하시는 할머니에게서도 저는 우리를 그처럼 대우하시는 하나님의 모습을 보았습니다.

사람 사이의 소통이 반드시 '언어'로만 이루어지는 것이 아니라는 사실도 영화를 통해 새삼 확인할 수 있었습니다. 미국의 심리학자인 폴 에크만이 표정과 움직임 같은 "비언어적 의사소통"의 중요성에 대해 연구한 내용도 그렇지만, UCLA 교수였던 앨버트 메라비언의 연구 역시 첫인상에서 언어적 요소가 갖는 비중은 7%에 불과하다는(외모, 표정, 태도 등의 시각적 요인이 55%, 목소리나 말투 같은 청각적 요인이 38%를 차지한다는) 유사한 결과를 제시합니다. 이 영화가 설정한 할머니의 장애가 그런 면에서 시사하는 바도 적지 않으리라 추측하게 되는 것은, 말씀을 못 하시는 할머니이기에 눈빛으로 더욱 간절히 전하는 진심을 깊은 인상과 여운으로 받아들였을 성우가, 이별을 앞둔 시점 간단한 글씨와 그림으로 소식을 알려 달라며 할머니에게 엽서 통신을 당부하는 영화의 마지막 부분 때문입니다. 그러다 글쓰기를 배우기가 여의치 않으신 할머니의 상황을 깨닫고는 "아무것도 쓰지 않은 편지를 보내면 할머니인 줄 알고 달려오겠다"라며 생각을 바꾸는 그의 말에 관객들의 눈물샘이 자극되는 것 역시, 굳이 말이나 글로 하는 것만이 깊이 있는 대화법은 아니라는 영화의 메시지가 가슴을 울리는 까닭입니다.

 우리의 깊은 기도도 꼭 '말'로, '소리' 내어 하는 것만이 정답은 아닐지 모릅니다. 우리 마음속에 스치는 생각까지 모두 알고 계시고 "작은 신음에도 응답하시는" 하나님은 우리가 아무것도 쓰지 않은 편지를 보내도 받아 읽고 (롬 8:26) 곧장 달려오시는 분이니까요. 상대적 입장에서 생각할 때, 그런 하나님과 늘 교제하는 사람이라면 역시 '소리'로 들리지 않는 하나님의 음성을 듣고 분별하는 귀를 가질 수 있을 것입니다. 배터리가 없어 게임을 못 하게 되자 전에는 관심조차 없던 주변의 경관이 비로소 눈에 들어오기 시작하고, 자연과 더불어 함께하는 시간이 점점 늘면서 마음속 깊이 숨겨져 있던 맑고 순수한 동심이 되살아났던 상우처럼, 우리도 주위의 시끄러운 소리들에 마음을 닫은 후 주님께서 보내 주시는 편지와 엽서를 잠잠히 기다리고 있을 때에만 그분의 '집으로' 더 자주 달려갈 수 있을 테니 말입니다.

영화 [집으로...]는 아역 주인공을 맡으며 유명해진 유승호 배우를 "국민 손자"로 만들어 준 작품이다. 대부분의 영화들은 글을 쓰기 위해 다시 제작 연도를 찾아보고 나서야 개봉 후 벌써 몇십 년이 지났다는 사실을 깨달으며 깜짝 놀라곤 하는데, 재미있게도 2002년 작품인 [집으로...]의 경우는 개봉 이후 줄곧 주인공 유승호 배우의 성장 과정을 '지켜볼' 수 있었기 때문인지 꽤 오래전인 제작 시기를 확인하면서도 평소 같은 큰 충격(?)은 느껴지지 않았다.

기승전결의 뚜렷한 직선적 플롯 대신 소소하고 단편적인 사건들로 형성된(episodic) 평이한 구조를 갖는 이 작품은, 어느 여름 엄마 손에 이끌려 외딴 시골 할머니 집에 맡겨진 일곱 살 소년 상우(유승호 분)와 혼자 살고 계시던 외할머니(김을분 분) 사이의 어설프고도 애틋한 나날을 그리고 있다. 엄마에게 발길질을 서슴지 않고 낯선 할머니에게까지 무의식적으로 손이 올라갈 만큼 버릇 나쁜 상우에게 치킨이나 게임기 같은 도시의 재미와 거리가 먼 초라한 시골집이 성에 찰 리 없고, 그런 아이는 자신의 불만과 짜증을 만만한 대상인 할머니에게 풀어 댄다. 게임기의 배터리를 사려고 할머니의 은비녀를 훔치거나 말을 하지 못하시는 할머니의 장애를 비하하는 낙서로 벽을 뒤덮는 등 상우의 행패는 도를 넘지만 할머니는 그런 아이의 말썽을 묵묵한 사랑으로 받아 줄 뿐이다. 그렇게 함께 지내는 날들이 길어지면서 상우는 점점 더 할머니의 고단한 삶과 고요한 사랑을 이해하게 되고, 철이 들 듯 안 들 듯 애매하고 느린 성장의 과정을 시작한다.

유승호 배우와 같은 또래여서 더 그랬을지 모르지만, 어린 시절 이 영화를 처음 봤을 때는 상우의 캐릭터가 얼마나 얄미웠는지 영화관을 나설 때까지도 어떤 '의분'에 찼었던 기억이 있다. 물론 내가 세상에 대한 삐딱함과 반항심을 상시 휴대한 채 다니는 사람이기는 해도 기본적으로는 얌전하고 어른들의 말을 잘 듣는 아이였던지라 상우의 버르장머리 없는 짓에 꽤나 질겁했더랬다. 그런데 다행히도 이번에 영화를 다시 보면서는 상우가 대체로 귀엽고 안쓰럽다고 느껴졌는데, 아이의 '위악' 아래 엿보이는 결핍과 외로움에 대한 안타까움으로 인해서였다.

영화의 첫 장면에서 엄마에게 끌려 시골로 내려오는 상우는, 긴 여정 중 생긴 피로와 짜증을 해소하려 투정을 부리며 엄마를 향해 발길질과 주먹질을 퍼붓고, 상우의 엄마(동효희 분)는 상우만큼이나 짜증에 찌든 얼굴로 아이를 때리면서 아이의 잘못된 폭력과 화풀이를 그대로 되돌려준다. 성숙해야할 어른이 아이에게 하는 행동이라는 면에서 상우의 것보다 더욱 잘못된 대응 방식이라고 할 수 있겠는데, 다른 사람의 도움 없이 혼자 아이를 돌봐야 하는 싱글맘인 듯하기에 어쩔 수 없는 부분이 있다고는 해도 지금껏 그녀가 아이를 어떤 방식으로 키워 왔는지 짐작하게 해 주는 대목이기도 하다.

그렇게 자의와는 상관없이 할머니 집에 남겨진 상우는 할머니가 차려 주신 김치와 나물 반찬 대신 도시에서 가져온 콜라와 스팸을 고집하고, 나물을 캐고 바느질을 하는 할머니의 조용한 일상을 무시하며 시끄러운 로봇과 게임기에 몰두한다. 자극적인 음식과 장난감을 통한 즉각적 만족에 익숙한, 현대 사회의 큰 난제로 떠오른 "도파민 중독"에 빠진 듯한 상우의 모습을 보고 있으면, 상우 엄마의 양육 방식에 대한 이전의 짐작이 확신 쪽으로 기운다. 상우가 가지고 온 간식과 장난감들은 아이를 타이르고 설득하며 인내로 양육하는 부모가 안겨줄 만한 애정 어린 선물이기보다 순간순간을 모면하고 투정과 짜증을 잠재우는 데에만 중점을 둔 뇌물 쪽에 더 가까워 보이는 것이다.

그렇다 보니 상우는 조용한 산골 마을의 풍경을 닮은, 조금은 지루하지만 늘 흔들림이 없는 할머니의 사랑을 제대로 알아보지 못할뿐더러 그것에 응답하는 방법 또한 도무지 알지 못한다. 투정을 부리고 말썽을 피우는 식의 폭력과 분노의 언어로만 엄마와 대화하거나 관심을 끌 수 있었을 상우로서는 할머니의 곱고 순한 애정을 그대로 받아들이기 어려운 것이 어쩌면 당연한 일일 테고 말이다. 영화의 명장면 중 하나인, 치킨이 먹고 싶다는 손주의 수화에 읍내에 나가 사 온 닭으로 백숙을 끓여 준 할머니에게 "왜 닭을 물에 빠트렸어"라며 엉엉 우는 상우의 (귀여운) 모습 역시 그런 맥락에서는 안쓰럽기만 하다. 손주를 위해 비까지 맞아 가며 먼 길을 다녀와 정성껏 음식을 차린 할머니의 노고는 생각지 않은 채 도시에선 쉽게 구할 수 있는, 말 그대로 "패스트" 푸드인 프라이드 치킨만 찾고 있는 상우의 모습은, 담백하되 진득한 진짜 사랑 대신 얄팍하고 표피적인 관심과 애정 부스러기에만 익숙해진 아이의 내면을 암시하는 것으로도 여겨진다.

그런 의미로 본다면, 도시의 소음과 빠른 속도, 즉각적 자극과 쾌락 등으로 대변되는 엄마와의 얇고 불안정한 관계에서 벗어난 상우가 고요하고 잠잠한, 문자 그대로 "말이 없는" 할머니의 곁에 있게 되었다는 설정에 깊은 의도가 담겨 있을 듯하다. 자신이 건넨 짜증과 분노가 메아리처럼 되돌아오던 엄마와의 관계와 달리, 할머니는 세상의 모든 물방울을 흡수하는 거대한 바다처럼 상우의 온갖 투정과 잘못을 그저 받아들이기만 한다. 그 무엇을 던져도 튕겨 내지 않는 태산 같은 사랑 앞에서 상우는 마침내 자기 편의만 추구하고 자신의 만족을 빼앗기지 않으려 아등바등하던 발버둥을 내려놓으며 서서히 상대를 생각하고 배려하는, 그래서 이타적이 되지 않을 수 없는 진짜 사랑을 배우게 되는 것이다.

이 여정을 표현하는 감독의 연출 문법 역시 따뜻하고 다정하다. 영화 초반에는 할머니의 고무신보다 높은 위치에 놓여 있던 상우의 신발이 작품 후반부에는 댓돌 위에 나란히 자리하는 장면이나, 처음에는 할머니의 부탁에 짜증을 내던 상우가 나중에는 할머니를 위해 먼저 바늘에 실을 꿰어 두는 모습, 글을 읽고 쓰지 못하는 할머니를 위해 "아프다", "보고 '십'다"처럼 할머니가 편지를 쓸 때 필요할 표현들을 가르쳐 드리는 대목에서는 이 작품의 온기 있는 시선이 특히 돋보인다.

이번에 영화를 재감상 하는 동안 특히 눈에 들어온 것은 상우의 '철들기' 여정이었는데, 이제 정신을 좀 차리나, 철이 좀 드나 싶다가도 다시 원점으로 돌아가는 지지부진한 진행 구조가 상당히 흥미롭게 느껴졌다. 상우는 자신에게 백숙을 끓여 주기 위해 빗속을 뚫고 읍내에 다녀왔다가 몸살감기에 걸린 할머니에게 나름의 병간호를 하거나, 노상에서 힘들게 나물을 파는 할머니를 목격한 후 그렇게나 원했던 배터리를 사지 않고 그냥 지나치는 등 뭔가 느낀 게 있는 듯 보이지만, 좋아하는 여자아이 앞에서 창피하다는 이유로 할머니를 마을버스에 타지 못하게 하고 무거운 짐을 받아 주지도 않으면서 여전히 자기중심적인 태도를 버리지 못한다. 버스를 타지 못하게 막은 자신 때문에 먼 길을 불편한 몸으로 걸어오신 할머니를 본 뒤론 다시 정신을 차렸나 싶기도 하지만, 좋아하는 그 여자애를 만나러 가는 길에 도시에서 신고 왔던 '멋진'(그러나 이미 작아진) 신발을 억지로 신으며 할머니가 힘들게 모은 돈으로 사 주신 운동화는 발로 차 내는 상우의 모습을 보고 있자면 "쟤는 왜 저렇게 철이 안 드나" 하는 탄식이 절로 나올 수밖에 없다.

우리는 영화와 책, 전기물과 자서전 등 잘 정돈된 서술과 스토리텔링에 익숙해진 탓에 어떤 '계기'가 되는 큰 사건을 언제나 기대하는 듯하다. 이전과 이후(before와 after)가 뚜렷하게 갈릴 수 있는 결정적 전환점 말이다. 소설이나 영화 같은 허구적 구성에는 언제나 그런 구분선이 있기 마련으로, 사실 이 영화가 조금 덜 세련된 작품이었다면 상우라는 인물은 백숙 사건, 혹은 마을버스 사건 같은 하나의 전환점 이후 철이 든 모습을 보이며 버릇없고 배려심 없던 예전과 뚜렷이 구별되는 행보를 보였을지 모른다. 할머니의 사랑에 완전히 감화되어 전과는 달라진 모습이 되는 주인공의 변화와 성장(어떤 면에서는 "자기 구원"으로도 불릴 수 있는)을 기대하는 관객들에게 일종의 카타르시스를 선사하기 위해서 말이다. 그런데 이 작품 속에서 아이는 철이 든 것 같다가도 다시 예전의 모습으로 미끄러지고, 버릇없이 구는 것 같으면서도 그 안에서 조금의 변화와 성장을 보이는 등 깔끔하게 떨어지지 않는 서사가 반복된다.

시골길의 구불구불한 도로처럼 두서없고 굽이치는 상우의 행보는 단순하지도 명료하지도 않은 - 하나의 사건이나 계기로 전후가 완전히 바뀔 만큼 간단치 않은 - 세상의 모습과 인간의 속성을 여과 없이 반영하는 것처럼 보인다. 미숙하고도 어리석은, 인간의 본래 모습 그대로를 보여 주는 상우는 조금 나아질 것 같다가도 다시 넘어지고, '나쁜 짓'을 반복하며 완전히 무너져 버릴 것 같으면서도 그 안에서 나름의 성장과 배려를 계속함으로써 인간 내부의 다면성과 다중성을 대변하고 있는 듯도 하다. 두 발짝 나아갔다 한 발짝만 물러서면 그나마 다행이지만 종종 한 발짝 나아갔다가 두 발짝 뒷걸음질하기도 하는 우리 대다수의 모습 말이다.

새해를 맞으며 지난 해를 되돌아볼 때 감사의 마음이 드는 일들도 많지만 동시에 후회가 되는 부분도 누구에게나 있을 것이다. 올해엔 다르리라는 희망으로 새로운 다짐을 해 보기도 하지만 새해의 결심과 목표가 며칠 가지 않는다는 것이 '전 인류' 공통의 고민이기도 할 것이고. 사실 몇 년 전만 해도 계속해서 제자리를 걷는 듯한, 때로는 퇴보하는 듯한 스스로의 모습에 상당한 좌절감과 죄책감을 느끼며 새해를 맞는 일에서조차 타성에 젖어 있었던 것 같다. 그동안 더 나아졌다고 말하기는 어렵겠지만 그래도 조금씩 변해 가는 부분이 있다면, 인간의 이런 종잡을 수 없는 느리고 애매한 본질을 납득하고 받아들이는 일이 곧 성숙임을 깨닫게 되었다는 것이다.

영화나 소설과 달리 우리에겐 '전'과 '후'가 완벽하게 갈리는 단 하나의 전환점이 없을 수도 있고, 어떤 계기를 거치고 나서도 다시 예전과 같은, 스스로가 전혀 마음에 들지 않는 모습으로 퇴행하는 시간들도 있을 것이다. 하지만 작품 내내 진행된 상우의 점진적 성장이 마지막에 가서야 할머니의 사랑에 대한 작은 보답이라는 변화로 구체화될 수 있었듯, 우리도 그저 하루하루를 더듬거리며 걸어간다면 그것으로 충분하지 않을까 싶다. 늘 실수하고 실패하며 제자리걸음을 하고 있음에도 여전히 묵묵하고 꾸준하게 모든 것을 받아 주시는 그분의 사랑에 대한 확신이 있는 이들이라면 더더욱... 그렇게 하며 우리 모두는 자신의 '집'에 다다르게 되는 것일 테니까.

5

트루먼 쇼 (The Truman Show)

통제인가, 자의인가

딸 J의 시선

영화 "트루먼 쇼"는 당사자만 모르는 어떤 연출되고 통제된 상황(예전 한국 예능 프로그램이었던 "몰래 카메라"처럼)을 설명하는 고유명사로 지금도 그 제목 이 인용되고 있을 만큼 문화적 영향력이 상당한 작품이다. 어렸을 때 이 영화를 처음 본 후론 화장실 거울을 보며 원맨쇼를 할 때마다 - 나만 이러는 건 아니리라 믿는다 - 영화에서의 같은 장면을 떠올리며 혹시 누가 보고 있는 건 아닌지 주위를 둘러보곤 했었다.

이 작품 "트루먼 쇼"는 말 그대로 같은 제목의 리얼리티 프로그램을 다룬다. 주인공인 트루먼(짐 캐리 분)은 태어났을 때부터 성장하고 결혼해 보험회

사를 다니는 지금까지 "씨 헤이븐"이라는 도시에서 살아왔는데, 1940-50년
대 미국 중산층의 아메리칸 드림을 대표하는 "화이트 피켓 펜스"(white picket
fence: 흰 울타리로 둘러싸인 그림 같은 집에서 완벽한 아내와 함께하는 평온하고 안정된 일
상)를 누리면서도 극적 변화에 대한 동경, 어딘가로 훌쩍 떠나고 싶은 마음
등을 버리지 못한다. 대학 시절 스치듯 만났지만 지금까지 잊지 못하는 신
비로운 여성 실비아(로렌 갈랜드 분)를 떠올리며 패션 잡지에 나오는 여성 모
델들의 얼굴 사진을 조합해 그녀를 재구성해 보기도 하고, 단짝 친구와의
대화 중 언젠가 반드시 지구 반대편에 있는 피지로 여행을 떠나겠다는 선언
을 하기도 하면서 말이다.

어딘가 불만족스러우면서도 그럭저럭 문제없어 보이던 트루먼의 삶은,
22년 전 사망한 것으로 알고 있던 아버지를 길에서 마주치고부터 혼란과 혼
돈으로 뒤죽박죽된다. 지금껏 '현실'이라고 믿어 왔던 삶이 삐걱대기 시작
하면서 그 위화감의 출처를 찾기 위해 고군분투하던 그에게 서서히 믿을 수
없는 '진실'이 닥쳐오는데, 그건 바로 지금까지의 삶이 진짜가 아니며 자신
은 어떤 거대한 연극의 주인공이라는 것이다.

하지만 그에게 엄청난 충격인 이 사실이 관객의 입장에서는 결코 "식스
센스"급 반전이 아니다. 영화 시작부터 관객들에게는 트루먼의 삶이 크리스
토프(에드 해리스 분)라는 프로듀서가 제작한 획기적 리얼리티 쇼일 뿐임이 이
미 밝혀져 있기 때문이다. 트루먼이 사는 도시인 씨 헤이븐은 사실상 거대
한 세트장이며 그의 부모, 아내, 단짝 친구를 비롯한 주변 사람 모두는 정해
진 역할을 연기하는 배우들로 구성되어 있다. 그래서 트루먼과 달리 관객들
은 처음부터 그의 삶을 관찰하고 모든 위조된 부분들(이웃집 아저씨의 쓰레기통

에 달린 카메라, 일상적 대화 속에 맥주나 코코아 같은 제품을 들이밀며 생활밀착형 PPL을 하는 주변 인물 등)을 '구경'하면서, 트루먼과 함께 비밀을 파헤치는 조력자가 아니라 시작부터 불공평한 정보를 독점한 채 먼발치에서 주인공을 바라보는 방관자의 입장으로 자리한다.

아마도 이 영화를 보는 사람들은 저마다 다른 테마와 메시지를 떠올릴 수 있을 것이다. 진짜와 가짜란, 혹은 '현실'이란 무엇인가에서부터, 뉴스나 예능 프로를 통해 실제 사건과 실재하는 인물들의 삶을 오락물처럼 소비하는 현사회의 문제에 대한 고찰에 이르기까지 이 영화에 대해 할 말은 무척 많다(논문 몇 편도 충분히 가능할 것이다). 하지만 이번에 영화를 다시 감상하는 동안 나는 '신' 또는 '운명'을 대하는 인간의 태도에 보다 집중하게 되었다.

그런 식의 우화로서 이 영화는 꽤 노골적이다. 작품 속 이름들만 봐도 그렇다. 우선 주인공의 이름인 트루먼(Truman, 풀어 쓰면 "true man")은 진짜 사람, 진실된 사람이라는 의미로, 인간 전체를 대표한다고 봐도 무방할 듯하다(고대 영어로는 faithful one, 즉 신실한, 또는 충성스러운 사람이라는 뜻도 있다고 한다). 게다가 그의 성인 버뱅크(Burbank)는 전 세계 대중문화의 수도라 불리는 L.A. 소재 도시의 이름과 같아서 전설적 영화 촬영소인 "버뱅크 스튜디오"를 함께 떠올리게도 한다. 그곳이 허구와 허상을 진짜보다 더 진짜처럼 구현해 내는 창조물의 상징인 만큼, 영화의 주요 테마인 "진실 대 거짓"의 대비를 주인공의 이름에서도 명확히 드러내 보이는 셈이다.

리얼리티 드라마 "트루먼 쇼"의 감독이자 프로듀서, 더욱이 제작자이자 설계자이기까지 한 크리스토프(Christof) 역시 대놓고 예수, 그러니까 "Christ"

를 표방한다(이름의 의미도 "bearing Christ", 즉 "그리스도를 품은, 걸머진, 나타내는 자"이고 말이다). 영화의 마지막 장면에서 씨 헤이븐 세트장을 벗어나 '진짜 세상'으로 나가려는 트루먼을 붙잡기 위해 크리스토프는 세트장의 '하늘'을 통해 그와 대화하는데, 위로부터 빛이 내리며 목소리만 들리는 형식이 전통적으로 하나님, 혹은 신이 표현된 방법들을 노골적으로 차용하고 있다. 트루먼이 사는 가상의 도시 씨 헤이븐(Sea Haven) 또한 헤이븐이라는 단어의 뜻 그대로 안식처, 휴식처로 이해될 수도 있지만 어떤 면에서는 "see heaven", 다시 말해 "천국을 보라", "이곳이 천국이다"와 같은 해석도 가능할 듯싶다.

이런 관점으로 영화를 보다 보면 인간이 얼마나 지배와 통제, 혹은 '자의'를 억압하는 체제에서 벗어나는 플롯에 열광하는지 실감하게 된다. 주인공이 자신의 운명이나 필연성, 한계 등을 극복하는 내용의 수많은 창작물("영웅적 서사"로 분류될 수 있을) 중에서도 특히 자의를 강제하는 어떤 신적 존재와의 대결 구도에 쏠리는 특별한 관심과 애정이라는 측면에서 말이다. 가장 먼저 떠올랐던 것은 "매트릭스" 시리즈로, 잘 알려져 있듯 이 영화는 인공지능의 설계에 의해 인간의 의식을 가두어 둔 가상 세계에 대항하며 모든 인간들의 의식이 현실로 되돌아갈 수 있도록 '자유'를 주려는 주인공 네오의 투쟁을 주된 내용으로 한다(물론 그 외에도 유사한 메시지의 영화들은 넘쳐나지만 말이다). 완벽한 아내 그 자체를 연기하는 메릴(로라 리니 분)과 결혼해 살면서도 본인이 자의로 원했던 실비아라는 여인을 계속 그리워해 온 트루먼 역시, 크리스토프가 설계한 포근하고 안온한 가짜 세상을 떠나 자신이 결정하는 진짜 현실을 - 비록 '두려운' 현실일지라도 - 살기로 선택한다. 실제로 실비아는 그에게 트루먼 쇼의 실체를 알리기 위해 몰래 씨 헤이븐에 잠입했던 활동가로 밝혀지며 그의 삶에서 유일하게 진실과 현실을 상징하는 인물로 역할하게 된다.

트루먼이 씨 헤이븐을 떠나는 여행은 신을 거부한 인간이 "에덴"을 벗어나는 모습으로도 해석될 수 있을 듯하다. 신이나 어떤 위대한 권위자의 지배 아래에 놓이기보다 '나'의 세계, '내'가 일구는 길을 찾아나서고자 하는 여정으로서 말이다. 그렇게 마주한 현실이 아무리 각박하고 냉혹할지라도, 죽이 되든 밥이 되든 내가 결정하고 싶은 바람이랄까? 그 결과가 무엇이든 내 마음대로 결정할 수 있는 자유에 대한 갈망이라고 할 수 있을 것이다.

이런 식의 해석에서 주인공의 목표는 소극적, 혹은 부정적이라고 표현될 수 있는 자유(negative freedom)이다. 사회나 국가, 제도나 신념 체계로부터 간섭 받지 않을 자유, '나'라는 개인이 원하는 선택과 행동을 하는 것에 - 그것이 타인에게 해가 되지 않는다는 전제하에 - 아무런 제약을 받지 않는, 다시 말해 나의 자의로 선택하며 살 수 있는 자유 말이다. 그런 자유를 추구하는 관점에서라면 일정한 도덕적 체계, 해야 할 것과 하지 말아야 할 것을 규정하며 세상과 인간의 삶을 '설계'하는 듯 보이는 전지전능한 존재는 억압의 한 종류로 보일 수밖에 없다. 누가 뭘 하라고 하면 곧바로 하기 싫어지는 나의 청개구리 심보만 보더라도 자의와 자기 결정권에 대한 집착은 인간의 보편적 욕구일 것이라 짐작된다. 다만 나는 트루먼, 이 "진실된 자"의 씨 헤이븐 탈출기를 한번 더 '꺾어서' 이해하게 되었는데, 내게 믿음이 생기기 전, 나의 의지대로 사는 줄 알았던 삶이 사실은 세트장에서의 그 거짓된 삶과 오히려 더 유사했다는 깨달음 때문이다.

씨 헤이븐을 벗어나려 애쓰는 트루먼의 여정은 눈에 보이는 것만을 현실이나 진실로 믿고 살다가 거하게 뒤통수를 맞은 나의 그것과 닮은 면이 있다. '나'의 의지에 우선하는 권위를 인정한 후의 삶이야말로 진정으로 '자유'로웠다는 점에서 정반대이긴 하지만. 물론 더 다이내믹한 만큼 더 고통스럽기도 하다. 한 번 더 "매트릭스"에 비유한다면 하나님을 따르기로 한 내 선택이 네오가 빨간 알약을 먹고 '진짜 현실'에 눈을 뜬 것과 똑같게 느껴진달까? 차라리 아무것도 모른 채 눈에 보이는 세상이 전부라고 믿었던 때가 아무 생각 없는 만큼이나 더 속 편하기는 했다(매트릭스의 등장인물 중 하나인 모피어스도 비슷한 말을 하긴 했다. "아오, 그냥 파란 약을 먹을 걸" 하고).

그러나 진리는 더 이상 세상을 예전과 같은 눈으로 볼 수 없게 만듦으로써 우리를 '자유케' 하며, 이미 자유를 얻은 자는 되돌아가지 않는 법이다. 내가 생각하는 자유는 그 어떤 것도 할 수 있도록 모든 금제를 벗어 던진 상태가 아니라 "어떻게, 또 무엇을 위해 살아야 하는지"를 깨닫는 '각성'이니 말이다.

많은 이들에게 친숙한 이름일 "트루먼 쇼"는 이 글에서 소개하고 있는 영화의 제목이자 그 영화 안에서 상영되는 리얼리티 드라마의 명칭이기도 합니다. 태어난 순간부터 방송국에 입양되었던 아기 "트루먼"이 인위적으로 조성된 주변 상황과 인물들에 둘러싸여 성장하고 생활하는 일상을 24시간 송출하는 라이브 프로그램이 '영화 속 드라마' 트루먼 쇼라면, 대학을 졸업하고 취업과 결혼 등의 인생 행로를 지나며 30세가 될 때까지 이런 사실을 전혀 눈치채지 못했던 그가 거의 완벽하던 통제 상황에 발생한 문제로 인해 자신의 실체를 알게 되고 또 그에 의해 변모하는 과정을 다룬 것이 '실제 영화' 트루먼 쇼입니다. 영화의 주인공이자 그 영화 속 리얼리티 드라마의 주인공이기도 한 트루먼 역의 짐 캐리가 본시 코미디 전문 배우로 인식되는데다 내용 가운데 코믹터치가 상당 부분 가미되어 있다 보니 이 작품을 그다지 진지하지 않은 관점에서 바라보는 경향도 있기는 하지만, 실제로 이 영화가 그처럼 가볍게 대할 작품이 아니라는 것은 연출자 피터 위어의 다른 영화들("위트니스", "죽은 시인의 사회" 등)의 작품성으로도 충분히 추론해 볼 수 있습니다.

영화가 시작되면 곧바로 영화 속 드라마 "트루먼 쇼"를 기획, 연출한 "크리스토프"가 자신의 드라마에 대한 자부심을 내비치며 "이 이야기는 진짜입니다. 한 사람의 인생이지요"라고 작품을 소개하고, 친구 역할을 맡은 "말론"이라는 배우 역시 "이것은 모두 진실입니다. 이 프로그램 어디에도 가짜는 없습니다. 단순히 통제된 것일 뿐이지요"라며 지나칠 정도로 '사실성'을 강조하는 장면들이 나옵니다. 하지만 "트루먼 쇼"라는 드라마가 시작되면서 화면에 오르는 오프닝 크레딧에 '주인공'인 트루먼만 "트루먼 버뱅크"라는 실제 이름으로 소개될 뿐 아내 "메릴"과 친구 말론 등의 '등장인물'들은 모두 다른 이름으로 - 보통의 영화나 드라마에서 배역의 이름과 배우의 본명이 다르듯 - 적혀 있는 모습은, 이 이야기가 결코 진실일 수 없으며 온통 가짜로 꾸며진 거짓 쇼에 불과하다는 것을 반증의 형태로 제시하지요.

어렸을 때부터 유난히 모험심이 강하던 트루먼이 자신의 행동반경으로 제한된(출생 이후 한 번도 벗어나 본 적 없는) "씨 헤이븐"이라는 섬을 떠나고 싶어할 가능성을 원천 차단하기 위해, 연출자인 크리스토프는 배를 타고 먼바다를 탐험하기 원하던 트루먼 때문에 아버지가 바다에서 익사하는 상황을 연출하며 그의 머릿속에 물에 대한 트라우마와 아버지를 향한 죄책감을 깊이 각인시킵니다. 성인이 된 트루먼이 30세의 생일을 앞두고 먼 곳으로 여행을 떠나고 싶다고 친구에게 이야기하자 그가 트는 TV 채널에서 "집을 떠나 여행해 봤자 결국 사랑하는 사람들과 가정의 소중함을 확인하고 다시 돌아오게 될 뿐"이라는 대사의 영화가 곧바로 방영되는 장면이나, 이후 찾아간 여행사의 벽에 비행기가 번개에 맞는 사진과 함께 "당신에게도 일어날 수 있는 일입니다!"라는 경고문이 붙어 있는 모습 등은, 그렇기에 보는 이들에게 웃어 넘길 수 없는 씁쓸함을 남깁니다.

영화 속 드라마의 오프닝 크레딧에 크리스토프 '제작'(created by)이라는 표현이 등장하는 것도 물론 그렇지만, 영화에서 그의 이름을 "크리스토프"(Christof)로 정했다는 사실 자체가 이 영화 속 드라마의 연출자를 예수님과 같은 '신'에, 그리고 씨 헤이븐이라는 크리스토프가 '창조한' 장소를 그에 의해 완벽하게 통제되는 '세상'에 비유하고 있음을 짐작하게 합니다. 이러한 설정이 기독교인 관객들을 불편하게 만들 수 있는 이유는, 모든 상황을 알고 난 트루먼이 씨 헤이븐을 - 즉, 크리스토프 자신의 통제 영역을 - 벗어나려 하자 그의 목숨을 담보 삼으면서까지 막으려 드는 크리스토프의 모습이, 자비심이란 전혀 없이 인간을 통제하기 위해 수단과 방법을 가리지 않는 신의 모습을 상징하는 것으로 읽히기 때문입니다.

대학 시절 짧고 아쉬운 관계로 끝난 "실비아"라는 여성과의 만남 중 제시되는(그녀의 스웨터 위 배지에 적혀 있던) "어떤 결말에 이르게 될까?"라는 질문은 영화가 관객들에게 던지는 물음표로, 영화는 이 물음에 대한 대답을 '자유'를 선택하며 씨 헤이븐을 분연히 벗어나는 트루먼의 모습으로 대신합니다. 하지만 이와 같은 결말에 문제의식을 갖게 되는 것은, 익숙하고 편안한 환경임에도 계속적 통제가 예견되는 삶에서 벗어나 자신의 자유의지를 구현할 수 있는 낯선 곳으로 떠난다는 결말 자체가 잘못되어서가 아니라, 애초부터 하나님이 우리를 자유의지의 발휘가 불가능한 상황 아래에 둔 채 어떻게든 당신의 뜻에 따르도록 강제하는 분이라고 말하는 듯한 영화의 설정, 하나님 안에 머물기를 원하는 사람들은 자유의지의 발휘가 불가능한 상황을 감수하면서라도 위험성과 가변성이 완벽히 통제된(악과 통제 불능으로 가득한 '바깥 세상'에서 철저히 분리된) 씨 헤이븐 같은 온실 속에 살고 싶어 그러는 것이라고 보는 듯한 전제 때문입니다.

물론 이 영화를 그런 종교적 측면이 아니라 비인격적이고 폭력적이기까지 한 방송 매체의 속성, "관찰 예능" 같은 매스미디어의 맹점 등을 지적하는 풍자물로 보는 관점도 있기는 합니다. 영화의 끝부분에서 트루먼이 '자아'와 '자의'의 쟁취를 꿈꾸며 씨 헤이븐과 그곳의 안온함을 뒤로한 채 과감히 떠나기로 결심하자 이 장면을 실시간으로 보고 있던 전 세계의 시청자들이 그런 결정을 내린 그가 대견하다는 듯 서로 얼싸안고 기뻐하며 감격의 눈물을 흘리지만, 채 몇 분도 지나지 않아 "다른 데 뭐 볼 거 없나?"라며 곧바로 채널을 돌리는 시큰둥한 모습을 보이며 그토록 대단한 듯하던 그들의 애정과 공감의 깊이가 얼마나 얄팍한 것인지 적나라하게 드러내니까요. 하지만 그럼에도, 트루먼의 부모와 친구, 학교와 직장, 심지어 결혼 문제까지 결정해 온 연출자 크리스토프가 그의 삶 전체를 마치 줄인형을 움직이는 조종자처럼 주관해 온 것으로 묘사한 영화라는 점에서, 인간의 운명과 의지를 통제하는 신, 그리고 그에 굴복하지 않는 강한 정신력(?)을 가진 인간을 대비시키며 "인간 승리의 드라마"로 그리려던 것이 이 작품의 본래 목적이었으리라는 추정에 더욱 무게를 두게 됩니다.

선악과 나무를 에덴 동산의 한가운데에 두고 선택의 기회를 부여하신 예까지 굳이 언급하지 않더라도 하나님은 우리 스스로의 선택과 자유의지를 세상 그 누구보다 중시하는 분이십니다. 사람 사이에서도 자신을 싫다고 하는 상대에게 억지로 사랑을 강요하는 것은 정상적 관계에서 상상할 수 없는 일인데, 하물며 당신을 향한 자발적 사랑을 다른 무엇보다 의미 있게 생각하시는 하나님께서 우리의 눈과 귀를 틀어막고 거짓으로 속이기까지 하면서 애정의 관계를 구걸하실 리는 만무하겠지요. 더욱이 이 세상이 천국으로 존재할 수 있는 가능성은 하나님께서 인간의 악한 의지를 완전히 통제해 인큐베이터 같은 곳으로 만드심에 의해서가 아니라, 우리 각자가 자신의 자유의지로 결단한 올바른 선택을 통해 지옥과 같은 현실 속에서도 사랑과 희망의 기적을 일궈 낼 수 있는지의 여부에 좌우되는 것임을 우리는 잘 알고 있습니다. 이 영화의 각본을 쓴 작가 앤드류 니콜의 개인적 종교나 신앙에 대해서는 알 수 없지만, 분명 하나님에 대한 관심은 있으면서도 그분의 품성에 대한 정확한 지식은 없이 드라마에 극적 서사성을 부여하려다 보니 내용에 왜곡이 생기지 않았을까 짐작되기도 합니다.

영화 전반에 반복적으로 등장하는, 트루먼이 아침마다 거울을 보며 자기 자신과 대화를 나누는 장면은, 가끔 무심히 거울을 들여다 보다가도 거울을 통해 이렇게 마주하고 있는 '나' 자신에 종종 낯선 느낌을 갖곤 하는 저의 '유체이탈' 습관을 반추해 보게 합니다. 하나님을 만나기 전에는 "지금 갖고 있는 이 '느낌'과 '생각'이라는 것이 언젠가 내 '몸'을 떠나게 되면 과연 어디로 가서 어떻게 되는지(혹은 영영 무위로 사라지고 마는 것은 아닌지)" 너무 막연하다 못해 막막하기도 했습니다. 하지만 이제는 그렇지 않습니다. '몸'으로부터 분리되고 난 후에도 나의 그 '생각'이라는 것이 '어디'로 가서 '누구'와 함께할 것인지 확실히 알고 있기 때문입니다.

6

YMCA 야구단

하나님이 던져 주실 '공'을 기대하며

딸 J의 시선

[YMCA 야구단]은 내가 무척 좋아하는 한국 코미디 영화 중의 하나로, 무려 20년 전 작품이라는 사실을 이번에 깨닫고 적잖은 충격을 받았다. 김혜수, 송강호, 황정민, 그리고 특별 출연한 조승우 등, 한국 영화계의 기둥이라 할 수 있는 배우들의 '젊은'(을 넘어 '어리'기까지 한) 모습을 이 영화에서 만나 볼 수 있을 뿐 아니라, 한국 "스포츠 애국주의"의 정점이었다고 생각되는 2002년 월드컵과 같은 해에 개봉했다는 사실도 흥미롭게 여겨지는 부분이다.

영화는 격동의 시절이던 20세기 초반 설립된 조선 최초의 야구팀 "YMCA 야구단"의 이야기를 다룬다. 주인공 호창(송강호 분)은 유서 깊은 선비 가문 출신이지만, 모든 양반들의 숙명적 통과의례인 과거제도가 폐지된 후 삶의 목적을 잃은 채 하루하루를 대충 흘려보내는 중이다. 서당을 운영하는 그의 아버지는 의병 활동을 위해 집을 떠난 형 대신 그가 서당을 물려받길 원하지만, 글공부보다 운동을 더 즐기는 호창은 아직 훈장이라는 자리가 부담스럽기만 하다. 언제나처럼 친구 광태(황정민 분)와 공을 차며 빈둥대던 호창은 어느 날 실수로 언덕 아래 YMCA 회관의 마당 안으로 공을 떨어뜨리는데, 족구 공을 찾으러 들어간 그곳에서 그는 외국인 선교사들이 주고받고 있던 '야구공'을 생전 처음 보게 된다.

그날 이후 야구공에 대한 생각을 멈출 수 없던 호창은 실수를 가장한 채 한 번 더 YMCA 회관으로 들어갔다가 아이들 교육과 영어 통역을 맡고 있는 '신여성' 정림(김혜수 분)에 의해 YMCA 야구단에 '스카우트'된다. 호창과 광태가 포함된 YMCA 야구단은 매 시합 승리를 거듭하며 "베쓰볼"에 심취한 황성 시민들의 응원과 열광의 대상이 되고, 갈수록 높아지는 야구단의 위상과 더불어 정림을 향한 호창의 짝사랑도 깊어지던 차, 을사조약이 체결되면서 조선은 외교권을 잃고 만다. 이에 분개해 정림의 아버지인 시종무관장 민공이 자결하자 정림과 과거 인연이 있던 듯한 대현(고 김주혁 분)이 그녀의 곁으로 돌아와 YMCA 야구단에 합류한다.

엎친 데 덮친 격으로 YMCA 야구단의 연습장을 일본군이 주둔지로 사용하면서 야구단과 일본군 사이의 갈등과 반목이 시작되고, YMCA 야구단은 일본군의 야구 클럽인 "성남구락부"와의 1차 대결에서 무참히 패배한다. 이런 가운데 대현과 정림이 친일파 인사(광태의 아버지이기도 한)의 암살을 시도한 항일운동가였음이 밝혀지며 두 사람은 야구단을 떠나 피신하게 되는데,

이들 둘이 과거 연인 사이였음을 알고 크게 낙심한 호창은 고향으로 내려가 아버지의 서당 일을 돕기로 한다. 그러나 해체된 듯했던 YMCA 야구단이 우여곡절 끝에 성남구락부와의 2차 대결을 성사시키면서, 아들의 야구 활동을 반대하던 아버지가 슬그머니 건네준 신문에서 경기 소식을 접한 호창은 물론, 도피 중이던 대현과 정림도 이 경기를 위해 돌아오게 된다.

꽤 오래전에 만들어졌음에도 별다른 어색함이나 촌스러움이 느껴지지 않을 만큼 이 영화는 따뜻하고도 재치있는 훌륭한 코미디라고 생각된다. 물론 오랜만에 다시 감상하니 "때를 가리지 않는" 듯 보이는 유머 감각이 - 민공의 장례라는 엄숙하고 진지한 분위기 중 정림에게 보내려던 호창의 연서가 실수로 낭독되며 분위기가 갑자기 바뀌는 장면과 같이 - 정반대의 톤 사이에서 아슬아슬하게 줄타기를 한다는 느낌도 들기는 한다. 하지만 그럼에도 마냥 가볍다고 할 수 없는, 슬프고 엄중한 주제를 적절한 거리에서 다룬 성공적인 작품임은 확실하지 않을까 싶다.

이 영화를 오랜만에 다시 감상하면서, 어렸을 땐 별 생각없이 넘겨 버린 여러 장면과 주제 의식들이 새롭게 다가오는 느낌을 받았다. 양반 가문 도련님인 야구단원과 그의 집에서 머슴살이했던 상민 출신 멤버 사이의 갈등을 통해 직접적으로 다루어지는 신분 제도(양천제)의 폐해는 물론, 관습과 전통이 개화시기 신문물과 어색하게 공존하던 조선 말기의 시대적 갈등 구도(일본 대 조선, 친일파 대 항일운동가, 남자 대 여자, 사회적 기대 대 개인의 욕구 등) 또한 관객들에게 많은 생각 거리를 제공한다는 점에서 말이다.

특히 이번에 영화를 다시 보는 동안 지금까지와는 다른, 약간 의외의 방향으로 생각이 뻗어 나갔는데, 이 영화를 주인공인 호창 대신 고 김주혁 배우가 연기한 대현이라는 인물의 관점에서 보게 되었다는 것이다. 대현은 언뜻 보기엔 진부한 조연쯤으로 여겨질 수 있는 인물로, 주인공인 호창과 확연히 대비되는, 즉 정림을 향한 호창의 짝사랑이 '실패할 수밖에 없도록' 만드는 연적 비슷한 캐릭터다. 정림과의 로맨틱 서사가 이미 존재할 뿐더러, 좀 더 신랄하게 표현하면 호창과 달리 외모도 출중하다. 이런 맥락에서 보면 그가 일본에서 유학한 엘리트인 동시에 친일파를 단죄하는 정의로운 인물이라는 설정 또한 대현이 호창의 사랑을 방해하는 역할이면서도 악역으로 전락하지 않도록 막아 주는, 그러니까 영화 막바지 정림과 대현이 함께 도망칠 때 관객들은 물론 호창까지도 둘의 관계를 납득하고 응원할 수 있도록 해 주는 어떤 서술적 장치였을 것으로 짐작된다.

대현이 항일운동가로서 이룬 성과가 실제로는 전무하다시피 하다는 점만 봐도 그렇다. 대현은 친일파인 광태의 아버지를 처단하기 위해 복면을 쓰고 그의 저택에 숨어들지만, 야구단의 동료인 광태가 아버지를 구하려 달려들자 둘을 제압하는데 성공하고도 그들을 죽이지 못한다. 심지어 그런 상황에서 자신의 하모니카를 흘리는 바람에 광태에게 정체를 들킬 뿐 아니라, 기껏 정림과 잘 도망쳐 놓고는 성남구락부와의 야구 시합 참가를 위해 함정일 가능성을 알면서도 황성으로 돌아온다. 어찌 보면 빵빵한 '스펙'에 비해 조금 무능한 캐릭터인 셈이다.

하지만 이번 감상에서는 대현을 지금까지와 조금 다른 관점으로 보게 되었다. 대현은 왜 광태의 아버지를 살려 두었을까? 처음부터 그가 광태의 아버지임을 몰랐을 리 없을 텐데도 새삼 광태에 대한 인간적인 정 때문에 친일파의 처단을 포기했다는 말인가? 그리고 대현은 왜 일제의 눈을 피해야 하는 항일운동 중 일본군의 견제와 관심이 집중되는 YMCA 야구단 활동에 계속 참여했을까? 결정적으로, 그는 왜 '고작' 야구 경기 하나 때문에 제 발로 일본군의 덫 안으로 다시 걸어 들어왔던 것일까?

대현의 이런 이해하기 어려운 결정들의 기본적 동기는 호창의 대사 속에서 시사되고 있는 듯하다. 어느 저녁 호창은 정림에게, 과거제도가 사라진 후 아무 목표 없던 그의 삶에 야구가 "그 어떤 목표를 가지고 살게 해 줬다"고 말한다. 호창의 인생에서 야구가 삶을 지탱하는 큰 '의미'로 작용했음을 알려 주는 고백이다. 그렇다면 대현에게도 YMCA 야구단은 야구라는 운동의 가치를 넘어서는, 심지어 자신의 인생과 앞날을 새롭게 규정하는 어떤 의미가 된 것이 아니었을까 싶다. 나라 잃은 국민이 그 나라를, 그 긍지와 자부를 지키고자 하는 것은 의대한 '대의'이며, 그러한 길을 선택하는 것은 '옳고'도 당연한 일일 것이다. 다만 나는 "국가의 존망"이나 "조선의 자치권" 같은 거창한 대의가 어떤 숭고하고 험난한 길을 선택하도록 만드는 촉발제는 될 수 있을지언정, 그 힘든 상황을 계속해서 감내할 수 있게 하는 추진제가 되기는 어려우리라고 본다. 언제 실현될지 모르는 독립이나 일본군 철수같은 거시적 목표만을 바라보며 하루하루의 고단함을 견뎌 내는 것이 얼마나 고통스러운 일일지는 감히 상상하기조차 힘들다.

자신의 신념에서 돌아서거나 자기가 속했던 단체와 동료들을 배신하는 - 항일운동가가 어느 날 친일파가 되는 식의 - 사람들이 생기는 것도, 모두가 자신이 한때 믿었던 대의를 더 이상 확신하지 못하게 되며 일어나는 일만은 아니리라고 본다. 조선의 독립, 국가의 민주화, 사회적 불평등 철폐 등의 대의 자체를 거부하게 되었다기보다는, 자신의 노력이 궁극적으로 그 대의를 이루는 결말에 기여할 수 있을지에 대한 의심, 자신의 희생이 '무언가'를 바꿈으로써 '어떤 의미'를 만들어 낼 수 있을지에 대한 회의감에 굴복하고 만 것일지도 모른다는 말이다.

뮤지컬 [레미제라블]의 넘버들 중 내가 가장 좋아하는 노래, "나와 잔을 들자"(Drink with Me)에도 비슷한 맥락의 가사가 등장한다. 군주제에 반대하고 평등을 외치는 혁명군들(이라고 해 봐야 사실 젊은 학생들이 대부분이지만)이 프랑스 군대와 맞서 싸우기 전날 밤, 얼기설기 세운 바리케이드 안에서 다가오는 죽음을 예기하며 불리는 이 곡에는 "그랑테르"라는 인물의, 듣는 이의 가슴을 아리게 하는 노랫말이 나온다.

지나간 날들을 기리며 나와 잔을 들자
어쩌면 죽음이 두려운 것인가?
여기서 스러지는 우리를 세상은 기억해 줄까?
나의 죽음이 아무 의미조차 없는 것은 아닐까?
나의 인생 또한 그저 하나의 거짓으로 끝나진 않을까?

대현이 광태의 아버지를 살려 준 것도 광태를 위해서라기보단 그의 아버지를 죽임으로써 과연 무언가가 바뀔 수 있을지, 그의 암살이 어떤 의미가 있기나 할지에 대한 확신이 없었기 때문일 것으로 짐작된다. 그를 죽여 봤자, "을사오적"을 넘어 "을사오백적"을 처단해 봤자 과연 이 암울한 현실이 바뀌기나 할까, 하는 회의감 말이다.

그렇게 무력한, 수동적 선택을 반복하던 대현은 반대로 YMCA 야구단을 위해서는 황성으로 돌아오는 능동적 선택을 한다. 심지어 성남구락부와 겨루던 경기의 후반부, 광태를 포함한 단원들이 대현과 정림을 탈출시키기 위해 말을 준비하고 일본군의 주의를 다른 곳으로 돌리는 노력까지 해 주었음에도, 일본 팀의 공이 홈 베이스로 향하는 것을 본 순간 대현은 득점을 위해 홈 플레이트를 향해 뛴다. 그렇게 하면 경기에서 이기건 지건 자신은 일본군에게 체포될 것이 분명해지는데도 말이다.

자신의 안전과 자유는 물론 연인인 정림의 안위까지도, 심지어는 지금 도망침으로써 차후 이룰 수도 있을 더 큰 대의마저 저버린 채 대현이 홈을 향해 뛰었던 이유는 그 또한 야구에서 '의미'를 찾았기 때문이 아닐까 싶다. 현실적으로 요원해 보이는 "조선의 승리"와 "일본의 패배"가 야구 경기 안에서만은 가능한 것이니까. 목숨을 바쳐 친일파나 일본군을 제거해 봐야 그들을 대체할 인물들은 다시 넘쳐날 테고, 복잡하게 얽힌 국제 관계와 일본의 압도적 무력 앞에서 조선은 속수무책이지만, 야구 경기장 안에서만은 조선의 "YMCA 야구단"이 일본의 "성남구락부"를 상대로 싸워 이길 수도 있는 것이다. 조마조마한 마음으로 경기를 관전하는 조선인들에게 정의를, 상징적 우위를, 나라 잃은 설움에 대한 위안을 잠시나마 안겨줄 수 있는 바로 그 승리 말이다. 그것이야말로 대현 자신이 '대의'의 일부분이 될 수 있는 가장 확실한 방법은 아니었을지.

누군가의 삶과 그의 영혼을 움직일 수 있는 힘은 어떤 원대한, 나라나 민족 단위로 움직이는 '대의' 자체보다는, 그 대의가 개개인의 삶에 맞닿으며 형성되고 각자의 성향과 상황에 따라 빚어지는 고유의 '의미'가 아닐까 생각한다. 직접 보고 만지며 느낄 수 있는, 손 닿는 거리에 있음직한 사소하고 개별적인 의미를 만들어 나가는 개개인을 통해, 궁극적으로 사회와 국가, 세계가 바뀌면서 대의가 성취되는 것일지도 모른다. 세상의 불의는 혼자 다 해결할 수 있을 것처럼 오만했던 시절, 내 인생을 바치고 나 자신을 희생할 가치가 있는 어떤 '위대하고 숭고한' 사명을 찾아다니던 나를 다정하게 참아 내 주신 하나님의 손에 이끌려 천천히 도달한 결론이다. 혼자 뭘 하겠다고 까불지 말고 주님 안에서 잠잠히 기다리다 보면, 어느 날 하늘에서 떨어진 야구공처럼 내가 이뤄 낼 수 있고 내 인생을 지탱해 줄 수 있는 소소하지만 확실한 '의미'를 조금씩 내려 주신다는 것을 내 (짧은) 경험을 통해 깨닫게 되었다. 글러브를 끼고 그 순간들을 기다리는 것도 꽤 재미있는 일일 것이다.

2002년 개봉작인 "YMCA 야구단"은 이제는 모두 거물급이 된 대배우들이 화려한 연기 대결을 펼친 코미디 장르의 스포츠 영화입니다. 제목 자체가 말해 주듯 20세기에 막 들어선 1900년대 초, 한국 최초로 결성된 야구팀인 "황성 YMCA 야구단"의 실제 이야기를 토대로 만들어진 작품이기도 하지요. 당시 우리나라는 서구에서 온 선교사들의 다양한 문화 사역 덕분에 많은 혜택과 축복을 누리고 있었는데, 이 영화가 한국 YMCA(기독교 청년회) 창설 책임자 신분으로 1901년 우리나라에 왔다가 미군들의 캐치볼을 신기해하는 한국인들을 보며 야구를 선교에 활용하기로 결심했다는 미국인 선교사 필립 질레트의 "황성기독교청년회" 야구팀 창설 당시 에피소드를 담고 있다는 점 또한 흥미롭습니다. 이후 다른 외국인 학교에도 야구부가 창설되고 전국적으로 야구 붐이 일어나면서, 일제에 나라를 완전히 빼앗긴 후 실의에 빠진 청년들의 의기를 북돋는 데에 야구를 활용하고자 한 필립 질레트의 노력은 선교뿐 아니라 한국 스포츠의 발전에도 큰 기여를 했다고 합니다.

이 영화의 주인공이자 서당 훈장의 아들인 "호창"은 글공부를 열심히 해 서당 훈장직을 물려받기 원하는 아버지의 바람과는 달리 공부보다 운동을 더 좋아하는 철없는 아들입니다. 비록 학업에 열의는 없지만 당시 문인들의 관례대로 과거 시험에 응시하려 했던 그는, 그런 자신의 계획이 갑작스런 과거제 폐지와 함께 무산되자 특별한 삶의 목표 없이 무의미한 나날을 보내고 있습니다. 본시 관직에 몸담고 있었으나 개화 세력에 밀려 낙향한 후 서당을 운영하는 아버지는 물론, 황국 신민으로 살아야 하는 현실에 분노하며 의병 활동을 하겠다고 집을 떠난 형도 가족으로 둔 그의 상황을 고려하면, 호창의 행동거지는 보는 이로 하여금 "참 생각 없다"는 느낌을 절로 들게 만드는 것들이지요.

그런 그가 YMCA 회관에서 야구 관련 일을 하는 신여성 "정림"과 우연히 조우한 이후 야구에의 호기심과 비례하는 그녀를 향한 짝사랑도 함께 키워 가지만, 실상 정림은 일본 유학생 출신인 신남성(?) "대현"과 이미 연인 관계에 있습니다. "을사늑약"이라는 치욕스러운 조약의 체결과 함께 야구단의 연습장을 일본군이 주둔지로 사용하면서 투수인 대현은 유학 당시 동문이던 일본 장교 "히데오"와 마주치고, 이를 계기로 YMCA 야구단은 일본군 야구팀 "성남구락부"와 1차 대결을 벌이게 됩니다. 하지만 하필 경기 전날 친일파에게 테러를 감행했던 투수 대현이 그 과정에서 입은 부상으로 부진한 모습을 보이는 데다 호창의 친구인 광태도 경기 중 뜻하지 않게 부상을 당하고, 호창 역시 시합 중 현장에 나타난 아버지의 눈을 피하느라 경기를 망치는 바람에 결국 일본팀에게 8:0으로 완패하는 실망스런 결과를 낳고 맙니다.

설상가상으로 테러 사건 연루가 드러난 대현과 정림이 일본군에게 쫓기면서 YMCA 야구단은 해체 일로의 위기를 겪지만, 단원들의 야구에 대한 애착 덕분에 뿔뿔이 흩어졌던 이들이 다시 모이고 낙심한 채 귀향했던 호창과 피신했던 대현, 정림도 돌아와 팀에 재합류합니다. 결국 손에 땀을 쥐게 하는 동점 상황에 이어, 열세 속에서 적시에 나타난 호창이 히데오의 승기를 꺾고 역전승을 거두는 것으로 영화는 통쾌하게 마무리됩니다. 당시 백성들이 나라 잃은 설움을 야구라는 운동 경기에서의 승리로 보상 받은 것과 다르지 않게, 이 영화를 감상하는 지금의 우리들(일본과의 경기에서만은 결코 패배를 용납할 수 없는) 또한 마지막의 승리에 카타르시스를 느끼며 저절로 환호를 보내게 되지요.

국가 존망의 기로에서도 자신들의 권위와 위신을 따지는 양반들의 행태나 아직 신문물에 익숙지 않던 당시 조선인들의 생활 모습, 스스로의 안위를 돌보지 않는 평범한 사람들의 감동적 애국 행위 등 영화와 직접 관련해 다룰 내용들이 적지 않기는 하나, 저의 이번 편 감상은 기독교가 전파되지 않은 지역과 국가들에서 헌신했던 수많은 선교사와 관계 기관들의 노고를 기리는 글로 대신하고자 합니다.

시작 부분에서도 언급했듯 우리나라에 야구라는 운동을 처음 도입한 필립 질레트는 한국 YMCA 창설뿐 아니라 그 외의 다양한 활동을 통해 한국의 문화·스포츠 분야의 발전에 기여했는데, 한국 기독교 인사들에 대한 일제의 박해를 해외 기독교 선교 협의회에 보고한 일 때문에 조선총독부의 눈밖에 났고, 그로 인해 중국 상하이 YMCA 지도자 강습회 참석 후 재입국을 할 수 없었던 그임에도, 퇴임 이후까지 상하이에 머물며 대한민국 임시 정부의 재정 지원에 참여하는 등 우리나라의 독립 운동을 위해 꾸준히 힘썼다고 합니다.

1844년 "기독교 청년 모임"으로 명칭이 확립된 "YMCA"와, 크림 전쟁 참전 간호사들의 숙소 제공에 사역의 중점을 두던 기독교 여성 단체가 1868년 그 명칭을 "기독교 젊은 여성 모임"으로 바꾸며 만들어진 "YWCA"는, 자신들의 신앙적 명령과 주변에서 목격되던 구호의 요청에 부응하려는 기독교인들에 의해 설립된 기관으로서 - 비록 현재는 명시적 기독교 조직이 아니고 기독교 교인만을 구성원으로 인정하는 의무 조항도 없어졌지만 - 이들 기관으로 인해 세계 여러 나라가 다양한 문화, 사회적 복지의 혜택을 입었음과 이 영화의 모티브가 될 만큼 우리나라에서도 선한 영향력이 빛을 발했음을 생각할 때, "구세군"과 "적십자"를 포함해 오늘날의 세상을 보다 더 나은 곳으로 만들어 준 기관과 그 종사자들의 노고에 감사하지 않을 수 없습니다.

노숙자들을 위해 곳곳에 무료급식소(Soup Kitchen)를 운영하는 한편, 교육적으로 낙후된 지역에 학교를 건립하고 병원이나 의료 시설이 없는 곳에서 보건 의료 사역을 담당하는 등 구제와 사회 정의 활동에 헌신해 온 대다수 기관들은, 굶주린 자를 먹이고 헐벗은 자를 입히며 아픈 자를 돌보라고 명하신 예수님의 뜻에 순종한 사람들에 의해 생겨난 조직들이라는 점에서, "세상에 선사된 기독교인들로부터의 선물"이라는 별칭이 조금도 지나치지 않다고 할 수 있겠습니다.

이와 같이 기독교인들의 선교 사역이 정부 차원의 노력이나 일반적인 비정부 조직 사업과 확연히 다를 수밖에 없는 것은, 그 일에 몸담고 있는 사람들의 대표적 관심사가 '효율성'이 아닌 '사랑'이기 때문입니다. 어떤 작업을 수행하든 그 일을 업무 지향적으로 할 것인지 인간 중심적으로 할 것인지는 작업의 주체와 그 주체의 지향점, 가치관에 의해 결정될 수밖에 없는바, 믿는 이들이 하나님의 일을 하는 데 있어 가장 큰 비중을 두어야 할 부분은 바로 그 일로 인해 혜택을 얻는 사람들의 마음과 영혼 안에 일어날 변화인 것이지요.

무신론자인 매튜 패리스는 "나는 무신론자지만 아프리카가 신을 필요로 한다는 사실만은 의심하지 않는다. 보조금이 아닌 선교사들이 아프리카의 본질적 문제(사람들의 정신 안에 내재하는 심각한 소극성)에 대한 해결책임이 분명하다"라고 고백한 일이 있습니다. 어린 시절 떠나 온 고향 아프리카 말라위를 성인이 되어 다시 방문했을 때 영국 기독교 구호단체인 "펌프 에이드"가 아프리카 지역민들에게 깨끗한 물을 공급하려 진행 중인 양수기 설치 보조 사역을 목격하며 결국 인정할 수밖에 없던 사실이라고 하지요. 이름도 명예도 밝히 드러나지 않는 곳에서 오직 주님의 영광만을 드높이며 묵묵히 사명 감당하는 수많은 성자들의 삶으로 인해, 더 많은 입으로부터 이 같은 고백이 터져 나올 수 있기를 간절한 마음으로 기도합니다.

7

블랙 팬서 (Black Panther)

'틀림'이 아닌 '다름'

엄마 C의 시선

개인적으로 "마블" 시리즈를 그다지 선호하지 않기에 지금껏 본 마블 영화라고 해 봐야 "토르", "스파이더맨", "원더 우먼" 정도가 고작인 제가 "블랙 팬서"라는 이 작품에 유난히 흥미를 갖게 된 것은 역대 마블 코믹스 가운데 처음으로 흑인이 주인공 역을 맡은 "최초의 흑인 수퍼 히어로 영화"라는 타이틀에 관심을 느껴서였습니다. 이전에도 액션 코믹스의 등장인물 중 흑인들이 있기는 했지만 주로 백인 주인공에게 도움을 주는(초능력이 없는) 조연급의 역할이었다면, 블랙 팬서라는 캐릭터는 미국 만화에 등장한 첫 흑인 메인스트림 수퍼히어로일뿐더러, 아프리카계 '미국인'이 아니라 아프리카 대륙의 '토착민'이라는 사실도 주목할 만합니다. 21세기에 들어선지 20년이 가까워지는 시점까지 - 영화의 개봉 연도가 2018년이었기에 - 흑인이 주인공이라는 사실을 화젯거리로 삼게 되는 현실이 여전히 안타깝기는 하지만 말이지요.

만화 주인공으로서의 "블랙 팬서"가 탄생한 1966년 당시 미국은 갈등과 혐오 등 온갖 사회 문제에 더해 좀처럼 끝날 기미를 보이지 않던 베트남전까지 가세하며 국가적 혼란이 극심한 격동기를 지나고 있었는데, 급진 흑인운동 단체인 "흑표당"(BBP)의 공식 창당(1966년 10월) 3개월 전 공교롭게도 "블랙팬서"라는 이름의 캐릭터가 "판타스틱 포"를 통해 처음 소개되면서, 동일한 명칭을 만화에서 조금 먼저 사용하기 시작한 것이라고 합니다. 이 둘 모두 미국 사회에서 흑인 인권이 제대로 보장되지 않던 당시 그들의 목소리를 본격적으로 드러냈다는 공통점을 갖고 있기는 하지만, 급진 운동 단체가 갖는 과격한 이미지 때문에 영화에 좋지 않은 인식이 주어질까 봐 "블랙 레오파드"로 캐릭터의 이름을 잠시 바꾼 일도 있었다고 하더군요.

영화의 제목인 "블랙 팬서"는 특정인의 이름이 아니라 아프리카에 위치한 가상 국가 "와칸다"의 지도자를 일컫는 호칭인데, 아프리카 대륙이 생겨날 당시 "비브라늄"이라는 신비한 운석이 그 땅에 떨어진 덕분에 와칸다는 놀라운 기능을 가진 이 금속을 다량으로 보유한 나라가 되었다고 영화는 설명합니다. 이처럼 풍부한 자원에 힘입어 고도의 기술과 문명을 이룩한 선진국가가 되었음에도, 제국주의를 앞세운 서구 열강의 아프리카 대륙 침공 시기 바깥 세상으로부터 자신들을 보호하고자 첨단 과학 기술을 사용해 본래의 능력을 숨기고 고립주의 원칙을 견지함으로써, 21세기인 현재까지 대외적으로는 아프리카 군소 국가들 가운데 하나, 그중에서도 세계 최빈국으로 알려져 있다는 것이 영화상의 설정이지요.

이 영화의 주인공 "티찰라"는 아버지이자 선대 블랙 팬서인 "티차카" 왕의 사망으로 후계자의 자리에 오르지만, 테러로 사망한 아버지의 복잡한 가정사가 이 과정에서 밝혀집니다. 영화의 시작과 함께 제시되는 과거(1992년) 상황에 따르면, 티차카의 동생이자 티찰라의 삼촌인 "엔조부" 왕자가 외국에 파견되어 정보를 수집하는 임무를 띠고 미국에 잠입해 있었는데, 그곳에서 가정을 이뤄 정착한 이후 현지 흑인들의 비참한 현실을 목격하며 와칸다의 무기와 비브라늄으로 백인들에게 복수하겠다는 생각을 품기 시작했고, 그즈음 일어난 비브라늄 도난 사건의 배후로 그를 의심하게 된 형 티차카가 동생의 집을 직접 방문했다가 뜻하지 않게 그를 살해하는 상황이 벌어졌던 것이지요.

현재로 시점이 바뀌면서 보여지는 재미있는 모습들 중 하나는, 엔조부의 아들인 "킬몽거"가 성장해 복수를 목적으로 와칸다까지 오는 과정에서 한국의 부산이 등장하는 장면을 꽤 오랫동안 볼 수 있다는 것입니다. 아버지 티차카가 왕이던 당시부터 비브라늄을 가로채 온 "클로"라는 악당을 체포하기 위해 주인공 티찰라와 그의 옛 애인 "나키아", 보디가드 격인 장군 "오코예" 등이 한국으로 출동한 후 도주하는 클로를 뒤따르며 벌이는 자동차 추격 신에서 부산의 골목골목이 카메라에 잡히기 때문이지요. 클로와 함께 범죄를 공모했던 킬몽거가 여러 긴박한 상황을 거쳐 체포되어 있던 클로를 도주시키지만, 사실 그것은 자신의 아버지 엔조부가 받은 오해의 원흉인 그를 죽이기 위해 킬몽거가 꾸민 전략이었습니다. 탈주시켰던 클로를 곧장 자신의 손으로 사살한 킬몽거는 그의 시신을 가지고 와칸다에 나타나지요.

아버지의 복수를 위해 와칸다로 찾아온 킬몽거가 왕족인 자신의 신분을 밝히며 사촌 티찰라에게 도전장(왕위를 건)을 내민 뒤, 선왕인 자기 아버지가 그의 아버지를 살해했다는 사실에 괴로워하던 티찰라는 심리적 부담으로 감정을 앞세우다 결투 중 폭포 아래로 떨어지고 맙니다. 길고도 복잡한 이후의 내용은, 주변 부족들의 도움으로 부상에서 회복된 티찰라가 킬몽거와 다시 싸워 승리하고, 결투 중 치명상을 입은 킬몽거는 도움의 손길을 내미는 티찰라의 호의도 거부한 채 죽음을 선택하는 것으로 요약될 수 있습니다. 최대한 간결하게 축약한 줄거리에 비하면 실제 이야기는 훨씬 복잡하고 또 많은 생각 거리를 제시하고 있지만, 이 글에서는 자세한 스토리라인을 다루기보다 모두가 함께 숙고해 볼 만한 두 가지 쟁점만을 살펴보고자 합니다.

첫째로, 자신이 옳다고 믿는 '대의'를 추구하고 성취하는 과정에서 구체적으로 어떠한 '방식'을 선택할 것인가의 문제입니다. 부유하고 안전한 자국 와칸다에서 성장하며 국왕인 아버지 밑에서 평탄한 삶을 영위해 온 주인공 티찰라와, 흑인이자 아프리카인이라는 불안전한 신분으로 인종차별이 심한 미국에서 활동하던 엔조부의 아들 킬몽거 사이에는, 옳다고 믿는 바와 추구하는 가치에서 큰 차이가 생길 수밖에 없었습니다. 폭력을 수반하지 않은 온건하고 이성적인 방식으로 국가의 안전과 평화를 수호하기 원하는 티찰라와 달리 부당한 대우와 극심한 차별을 경험해 온 킬몽거는 자신이 당했던 것과 동일한 수준의 폭력으로 상대를 응징해야 한다고 생각하게 된 것인데, 이는 초기 기독교 역사에서 자신들을 억압하는 로마제국에 저항하는 방식을 두고 양극단으로 나뉜 분파였던 "에세네파"와 "젤롯파", 그리고 미국 흑인 운동 역사에 한 획을 그었다고 할 인물들인 "마틴 루터 킹 주니어"와

"말콤 엑스" 간의 차이점을 떠올리게 하는 설정이기도 합니다.

세속의 삶과 분리된('경건'에 기초한) 생활 방식으로 세상과 거리를 둠에 의해 로마의 지배권에서 벗어나기를 꿈꿨던 에세네파와 달리, "열심당"이라는 별칭의 젤롯파는 로마제국을 상대로 테러와 암살을 감행하며 무력으로 정권을 무너뜨리려 했다는 극적 차이가 있는 것과 유사하게, 두 사람 모두 흑인 목사의 아들로 태어났으면서도 안정된 환경에서 자라고 유수한 대학에서 신학 박사 학위를 받은 마틴 루터 킹 주니어가 비폭력 점진주의로 인종 문제를 해결하려 노력한 데 반해, 어린 시절 KKK단에 의해 아버지를 잃은 뒤 비참한 성장 과정을 겪은 말콤 엑스는 이후 이슬람으로 개종하고 과격분자로 변모할 만큼 그 해결 방식에서 큰 차이를 보이게 되지요. 하지만 그런 행위들의 결과가 최종적으로 어떻게 발현되었는지를 되돌아본다면, 비록 부당하고 억울한 현실일지라도 그것을 타개하는 과정에서 취해야 할 입장과 방식의 선택은 보다 분명해지는 것이 아닐까 생각합니다.

둘째는, 자신과 '다른' 개인과 집단을 대하는 태도에서 어떠한 '방식'을 취할 것인가의 문제입니다. 인종이나 성별같이 스스로의 선택이 아닌 - 하나님께서 결정해 주신 - 각기 다른 정체성으로 사람을 구별 짓거나 차별하는 것은 지적 무지와 윤리적 타락을 넘어 심각한 범죄라고까지 불릴 만한 행위임에도, 한국의 유명 연예인과 운동 선수들조차 해외에서 인종차별 당하는 것에 격분을 금치 못하는 우리가 막상 특정 인종이나 특정 국가 출신의 사람들을 무시하고 차별하는 일을 무의식 중 자행하는 현실을 생각할 때 이 문제는 보다 주의 깊게 다루어져야 할 사안입니다. 영화의 여러 상황 가운데 '흑백'이라는 인종의 차이뿐 아니라 '남녀'라고 하는 성별의 차이도 비중

있게 다루어지고 있음 역시 같은 문제 의식에 기인하는 것이리라 추측됩니다. 한국어에서 "다름"과 "틀림"의 개념이 종종 혼용되곤 한다는 사실은 "다른 그림 찾기"를 "틀린 그림 찾기"로 오기하는 경우도 드물지 않다는 사례를 통해 쉽게 예시될 수 있을 듯합니다. 언어는 사고에 영향을 미치고 사고는 다시 언어로 표출된다는 사실을 전제할 때, 이런 표현을 별 생각 없이 사용하다 보면 자신도 모르는 사이 나와 '다른' 누군가나 무언가를 객관적으로 '틀린'(잘못된) 존재나 대상처럼 여기게 되기 쉬울 것입니다.

성경을 꼼꼼히 읽을수록 더욱 분명해지는 사실은, 모든 인간이 동등하고 존귀하다는 기본적 가치가 주님께서 우리에게 명령하신 사랑과 화합의 메시지에 근거하고 있다는 것입니다. 성경을 통해 "하나님께서는 사람을 겉모양으로 판단하지 않으십니다", "하나님은 통치자의 편을 들지도 않으시고, 부자라고 하여 가난한 사람보다 더 우대해 주지도 않으십니다"(갈 2:6; 욥 34:19)라고 품성이 정의된 분을 아버지로 모시고 있는 우리라면, "무슨 일을 하든지… 겸손한 마음으로 하고, 자기보다 서로 남을 낫게 여기십시오"라는 권면(빌 2:3)을 늘 마음에 새기고 살아감이 마땅하겠지요.

마블 사가 "아이언맨" 1편을 필두로 소위 블록버스터 공장을 세우며 영화 생태계를 어지럽히기 시작한지도 어언 십여 년이 흘렀다. 사실 2012년 개봉된 첫 "어벤져스"까지만 해도 꽤 신선한 히어로물 시리즈라는 생각에 흥미 있게 관람했었으나 이후로는 마블 영화들에 별다른 관심이 생기지 않았다. 워낙 문화적 영향력이 큰 시리즈라 줄거리는 어느 정도 숙지해 두는 편이었지만 그마저도 "마블 세계관"이 실사 영화를 넘어 TV 드라마와 애니메이션에까지 뻗어 나가며 여러 차원과 평행 세계들이 동시에 공존하는 "다중우주", 즉 "멀티버스"를 소개하기 시작하면서부터는 그것 역시 포기하게 되었다. 이처럼 최근의 마블 영화들이 초기에 비해 그 매력을 많이 잃었다는 사실에도 불구하고 히어로물이라는 장르 자체에는 엄청난 잠재력과 가능성이 여전히 존재한다고 생각하는데, 그것은 바로 초인적인 힘을 가진 히어로들이 가진 '상징성' 때문이다.

내가 가장 좋아하는 마블 영화인 "블랙 팬서"는 바로 그런 히어로물의 힘과 매력, 가능성과 작품성의 집약체라고 말할 수 있다. 굳이 한마디로 요약하자면 "득의양양한 저항"(triumphant resistance)이라고 정의할 수 있는 이 영화는 "블랙 팬서"라는 히어로를 통해 처음부터 끝까지 흑인들을, 더 넓게는 소외당하고 탄압받았던 모두를 위로하고 기념하며 당당하게 갈채를 보내는 작품이다.

이 영화의 주인공 티찰라(고 채드윅 보즈먼 분)는 아프리카에 위치한 (가상의)

나라 "와칸다"의 왕자로, 히어로들을 노린 테러 사건에 의해 아버지를 잃게 된다. 선왕에 이어 와칸다의 왕위를 계승한 티찰라가 "블랙 팬서"라고 불리는 히어로의 임무를 맡게 되는데, 와칸다의 왕들은 대를 이으며 초인적인 무기로 무장한 히어로가 되어 그들의 나라를 지켜 왔기 때문이다. 외적으로 와칸다는 가난에 허덕이는 아프리카 주변국들과 비슷한 처지인 듯 보이지만, 사실은 세계 어느 나라보다 발전된 최첨단 기술력과 막대한 자산을 보유한 선진 국가이다. 마블 세계관에서 가장 강력한 희귀 금속인 "비브라늄"의 엄청난 매장량 덕분에 그를 이용한 놀라운 발전을 이루어 냈음에도, 이같은 사실이 국외로 알려지면 전 세계가 비브라늄을 노려 자신들을 공격할 것을 우려해 가난한 개발도상국으로 가장하며 어떠한 교류나 무역도 시도하지 않아 왔던 것이다.

티찰라는 아버지인 선왕이 그랬듯 와칸다의 비밀을 숨긴 채 국경 경비를 강화해 국가와 국민들을 보호하려 하지만, 모든 지도자들이 경험할 숱한 반대 의견과 마주하게 된다. 티찰라가 여전히 사랑하는 전 애인 나키아(루피타 농오 분)는 와칸다의 자원과 기술을 활용해 주변 국가들을 도우며 난민을 받아들이길 권하고, 친구이자 부하인 와카비(다니엘 칼루야 분)는 와칸다가 지금처럼 몸을 움츠리는 대신 강력한 무기를 이용해 다른 나라들을 굴복시키기를 원한다. 반면 와칸다를 구성하는 다섯 부족 중 유일하게 왕의 통치를 거부하며 깊은 산속에 터를 잡은 "자바리" 족 족장 음바쿠(윈스턴 듀크 분)는 현재의 와칸다가 전통과 역사를 등한시하고 지나치게 현대화, 기술화되고 있다면서 심하게 비판한다(아프리카 판 "흥선대원군"인 셈이다).

그런 가운데 와칸다에서 도난당한 비브라늄의 불법 매매 사건과 관련해 정체를 드러내기 시작한 디국 출신 범죄자 킬몽거(마이클 B. 조던 분)가 와칸다에 나타나, 자신이 선왕의 친동생의 아들, 즉 티찰라의 사촌인 왕족임을 밝히며 왕위 계승권을 건 끝투를 - 와칸다의 전통에 따라 - 청한다. 태생부터 와칸다의 왕자였던 티찰라와 달리 흑인들을 향한 심한 억압과 차별을 겪으며 타국에서 자란 킬몽거는 와칸다의 최첨단 무기를 사용해 세계 곳곳에서 탄압받는 흑인들과 힘없이 짓밟히고 있는 약자들에게 '저항'할 수 있는 힘(더 정확히는 '혁명'을 위한 능력)을 부여하길 원하는 인물이다. 강경파인 자신의 친구 와카비를 비롯한 많은 이들이 무력으로 세상을 굴복시키려는 킬몽거의 사상에 호응하는 가운데, 티찰라는 와칸다만의 안전을 도모했던 선조들의 전통과 와칸다 밖 세계에 대한 도덕적 책임 사이에서 고민하다 스스로의 결정을 내리게 된다.

감히 흑인들이 겪어 온 박해와 수모를 다 이해한다고 말할 수는 없겠으나 동양인이라는 소수집단의 일원으로 외국에서 성장한 나에게 "블랙 팬서"가 제시하는 당당하고도 '노골적'인 흑인으로서의 정체성과 아프리카를 향한 긍지와 자부심은 황홀할 정도로 인상적이었다. 최근 몇 년간 흑인들(특히 건장하다는 이유만으로 '위협적'이라는 낙인이 찍히는 흑인 남성들)에 대한 미국 경찰의 폭력이 절정에 달한 상황에서 더없이 아름답고 강인한 주인공 티찰라는 존재 그 자체로도 흑인들의 '저항'의 상징이 될 만하다. 이에 더해 티찰라, 나키아, 슈리, 오코예, 라몬다, 아요 등 다른 문화권에서는 생소하게 들릴 아프리카 고유 이름의 주인공들이 아무 위화감 없이 사용하는(와칸다 발음이 섞인) 영어는, 이민 1.5 세대로 살며 혹시라도 내가 구사하는 영어에 '한국식' 억양이 섞이게 될까 봐 전전긍긍했던 기억을 가진 나에겐 신선한 충격에 더해 약간의 쓸쓸함까지 불러일으켰다. 왜 나는 모국의 언어와 문화의 흔적을 지위 버리고 모든 것을 '서구'의 규격에 맞춰야 한다는 압박을 느끼며 스스로를 검열했을까?

비슷한 이유에서 이 영화의 가장 매력적인 요소 중 하나로 "와칸다"라는 나라를 들 수 있겠다. 단 한 번도 식민지가 되어 본 적 없는, 외세의 침략에 굴한 적 없는 아프리카 국가라니! 일본의 압제를 경험한 적이 없는, 명나라나 원나라 등 대륙의 지배를 받은 일이 없는 - 즉, 자치권을 한 번도 잃은 적이 없는 - 대한민국이라면 과연 지금 어떤 모습일지 상상해 보게 만드는 낯설면서도 달콤한 설정이다. 최첨단 기술과 아름다운 자연이 완벽하게 어우러진 와칸다의 전경 아래 현대적으로 재해석된 전통 의상들, 여성과 남성이 차별 없이 부족을 이끌고 왕의 친위대인 "도라 밀라제"는 아예 여성 전사들로만 구성된 모습 등은 가슴이 설렐 정도로 이상적이다. 어찌 보면 작위적이라고도 할 수 있겠지만 와칸다가 가진 상징성을 생각하면 이 나라가 '완벽해야만 하는' 이유를 납득하게 된다. 강대국들에게 끊임없이 짓밟혀 온 아프리카 대륙이 내부의 혼란과 갈등까지 더해 붕괴에 이르면서 자신들의 조상이 뿌리내렸던 곳을 떠나 세계 곳곳으로 흩어져야 했던 흑인들에게는 가상의 나라 와칸다가 상징적 고향이 될 수도 있기 때문이다. 허구이긴 하지만 오히려 그렇기에 더욱 온전할 수 있는, 마치 '영적' 모국과 같은 이미지로서 말이다. 죄와 악이 세상에 들어오고 인간이 질투와 고통과 부끄러움을 알게 되기 전, 옷을 벗은 채 하나님과 함께 걸으면서도 당당하고 온전할 수 있었던 "에덴"을 상징할 수도 있을 것이다.

그러나 상처 입은 적 없는, 긍지와 자기 결정권을 잃어 본 적 없는 와칸다가 강하고 아름다울수록 이 영화에서 티찰라의 라이벌로 그려지는 킬몽거의 입장을 더 잘 이해하게 되는 측면도 있다. 와칸다가 엄청난 부와 기술력을 보유하고도 고통에 신음하는 자신들의 형제자매를 - 기본적으로는 같은 흑인들을 뜻하지만 힘없는 모든 이들을 아우르는 표현이기도 할 것이다 - 외면했다는 그의 질책 또한 결코 틀린 말이 아니기 때문이다. 사실 킬몽거도 와칸다의 무관심과 이기심의 피해자 중 하나로 볼 수 있는데, 그의 아버지 엔조부 왕자(스틸링 K. 브라운 분)가 스파이 신분으로 미국에 밀파된 후 미국 내 흑인들의 절망스러운 상황을 직접 목격하면서 급진화되기 시작했고, 와칸다에서 비브라늄을 비밀리에 빼내 힘없는 흑인들의 무력적 지지가 되어 주려다가 자신의 형이자 티찰라의 아버지인 선왕의 손에 '처리'되고 말았던 것이다. 그러나 진실을 묻으려 한 선왕은 동생의 아이를 와칸다로 데려오는 대신 미국에 그대로 버려두고 왔고, 의지할 곳 없던 어린아이는 고통과 차별이 가득한 세상에서 악과 독기만으로 살아남아 끝내 와칸다의 평화를 위협하게 된다.

이 영화가 티찰라와 킬몽거라는 두 인물의 차이를 '와칸다 출신의 흑인'과 '미국 출신의 흑인'으로 대비시킨 사실도 흥미롭다. 와칸다에서 태어나 줄곧 그곳에서 살았던 티찰라는 외세의 지배를 당한 적 없이 순수하고 깨끗한, '변질되지 않은' 조국에서 뒤틀림 없는 자아를 키워 낼 수 있었을 것이다. 한 번도 차별을 겪어 보지 않은 사람으로, 존중받는 인간 본연의 당당함과 자존감을 잃지 않은 채로 말이다. 반대로 킬몽거는 억압과 불평등에 찌들며 오히려 차별받지 않는 삶을 경험해 보지 못한 인물로, 그에게서는 고통받는 어린 아이의 모습이 계속해서 비춰 보인다. 킬몽거가 실제로 흑인 무장 단체 흑표당("블랙 팬서")이 태동한 도시인 캘리포니아 오클랜드 출신이라는 설정도 그래서 더욱 의미심장하다.

하지만 킬몽거는 결국 "와칸다의 블랙 팬서"는 되지 못한다. 그는 분명 안쓰럽고 공감을 자아내는 인물이지만 자신의 분노와 증오에 잡아먹힘으로써 결국 패배하고 마는 것이다. 비록 그의 울분이 합당했다 해도 억압받는 자들에게 무기를 쥐어 주어 억압하는 자들을 살해하자는, 정복당하는 대신 전 세계를 정복해 와칸다가 모든 국가들 위에 군림하게 하자는 킬몽거의 외침은 자신이 증오해 온 탄압자들과 다를 바 없는 모습이 된 스스로를 반증할 뿐이다. 살인을 행할 때마다 자기 몸에 상처를 내어 죽은 사람의 숫자를 표시했다는, 울퉁불퉁한 상처로 온몸이 빼곡한 킬몽거의 모습에서는, 오직 누군가를 해치고 되갚아야만 이룰 수 있는 그의 목표가 자신에게도 얼마나 돌이킬 수 없는 흔적을 남겼는지 선연히 보여 준다. "살인 판매자"나 "살인 상인" 등으로 번역될 수 있는 "킬몽거"(killmonger)를 스스로의 가명으로 택한 것 역시 그에 대한 방증이고 말이다.

대신 영화는 티찰라를 통해 새로운 블랙 팬서의 모습을 제시한다. 존경하고 사랑했던 아버지가 범한 죄악과 실책을 알게 된 그는 조상들이 남긴 유산을 거절한 채 전혀 다른 길을 걷기로 결심한다. 아프리카의 주변국 등 바깥 세상이 겪고 있는 고통을 무시하며 자신들의 안위만 챙겼던 예전과 달리, 굳게 걸어 잠궜던 문을 열어 와칸다가 가진 자원과 기술, 지식 등을 모두 나누기로 한 것이다. 킬몽거가 세상을 증오와 폭력으로 무너뜨려 그가 온당히 '있어야 할 자리'에 올라서려 했다면, 티찰라는 자신이 온당히 '누려야 할 것들'을 내려놓고 다른 이들과 동등한 낮은 자리에서 협력과 사랑으로 세상을 바꾸고자 한다.

이 글을 쓰는 동안 나는 유명한 흑인 작가이자 민권 운동가였던 제임스

볼드윈의 책 "단지 흑인이라서, 다른 이유는 없다"(The Fire Next Time)에 실린, 노예 해방 100주년을 맞이해 그가 조카에게 썼던 편지의 한 구절을 떠올렸다. 볼드윈은 조카에게 백인들(인종차별을 하는)을 닮으려 하거나 그들의 인정을 갈구할 필요가 없다고 조언하며 그 대신 "그들을 받아들일 뿐 아니라, 사랑으로 받아들여야 한다"고 말한다. 그들 또한 차별과 증오라는 덫에 갇힌 이들임을 상기시키며 "이 무지한 자들에겐 그것 외에 다른 희망이 없기 때문"이라고도 설명한다. 억압당하는 자가 억압하는 자를 사랑하는 것만큼 근본적이고 '급진적인' 저항이 존재할 수 있을까?

이것이 온건하고 관대한 블랙 팬서 티찰라가 사실은 아주 급진적인 상징성을 가지고 있다고 여기게 되는 이유이다. 짓밟히고 억압당한 자들을 향해 지나간 상처를 떨쳐 버리고 고통과 분노의 유산을 거부하자고, 사랑과 협력을 선택하며 똑같은 증오와 폭력으로 되갚지 말자고 권유하는 이 영화의 철학이야말로 진정한 의미의 저항이 아닐까 싶다. 그 어떤 억압과 차별도 자신의 영혼을, 그 순수함과 올곧음을 해치지 못했다는 사실을 증명함으로써 진정한 승리를 거두는 일 말이다. 십자가 위의 예수님께서 자신을 못 박은 이들을 위해 기도하셨듯.

P.S. 세상에 속해 사는 우리가 언젠가 "에덴"으로 돌아갈 날만을 기다리는 대신, 이 땅에 온전하고 순수한, 차별과 탄압이 없는 "와칸다"를 세우는 일에 기여할 수 있기를 소망한다.

8

라디오 스타

빛나기보다 빛내기를 소망하는 삶

엄마 C의 시선

이준익 감독의 연출로 2006년 개봉되었던 "라디오 스타"는 안성기와 박중훈이라는 한국 영화계의 대표적 단짝이 주연을 맡은 "버디 무비"로, 가수와 매니저 관계인 두 사람 사이의 진한 우정이 '동지애'의 차원을 넘어 '전우애', '가족애'로까지 발전하는 과정을 그린 가슴 따뜻한 영화입니다. 투톱으로 출연한 안성기와 박중훈은 "칠수와 만수"(1988), "투캅스" 시리즈(1993, 1996), "인정사정 볼 것 없다"(1999) 등의 영화에서 이미 완벽한 합을 이루어 온, "국민배우"로 불려 손색이 없는 연기자들이지요.

80년대의 유명 가수였던, 그리고 "비와 당신"이라는 노래(영화 개봉 후 많은 가수들이 진지하게 재해석해 부르기도 했던)로 88년 "가수왕" 타이틀을 거머쥐었던 화려한 이력의 가수 "최곤"은, 이후 신문에까지 대서특필된 폭행 사건과 대마초 문제 때문에 40대에 접어든 지금은 미사리 카페에서 취객들을 상대로 노래하며 생계를 이어 가는 처지입니다. 그런 중에도 이전의 조급하고 자존심 강한 성격을 버리지 못해 늘 이런저런 사고를 치는 그는, 카페에 왔던 한 손님과의 사소한 시비가 다시 폭행 사태로 번지면서 결국 유치장 신세를 지게 됩니다. 고집만 센 데다 뒷일은 생각 않는 그의 뒷수습 전담 매니저 "박민수"가 합의금 마련 과정에서 최곤을 강원도 영월 방송국의 라디오 프로그램 DJ로 보내겠다고 당사자 몰래 약속하면서 영화의 본격적인 이야기가 펼쳐지지요.

언더그라운드 밴드 출신인 자신을 솔로 가수로, 더욱이 "가수왕"으로까지 키워 준 매니저임을 잘 알기에 - 사실은 다른 대안이 전혀 없기에 - 내키지 않음에도 민수를 따라 영월로 내려간 최곤은, 예전의 겉멋을 여전히 버리지 못한 채 본인의 이름을 내건 프로그램("최곤의 오후의 희망곡")조차 지방 방송이라는 이유로 성의 없이 진행하며 프로그램의 담당 PD인 "강석영"과도 심한 갈등을 빚습니다. 그처럼 다툼이 끊이지 않던 석영의 화를 돋우기 위해 방송 중 스튜디오 안으로 커피를 주문한 최곤이 배달 온 다방 종업원에게 한마디 하라며 장난삼아 마이크를 건네는데, 그 "김 양"이 청소년기의 가출 후 소식 끊긴 엄마에게 전하는 사연이 청취자들의 심금을 울리면서 그의 프로그램은 의도치 않게 큰 반향을 불러옵니다.

최곤의 밴드 활동 시절을 기억하며 그를 숭배하다시피하는 영월 토박이 록 밴드 "이스트 리버"가 인터넷 홈페이지를 만들어 전국적 청취가 가능해지면서 "오후의 희망곡"은 여러 지역 주민들이 즐겨 듣는 유명 방송이 되었고, 방송 100회 특집 공연에 참석해 큰 감명을 받은 본사의 "김 국장"이 이 프로그램을 서울 본국에서 송출하기로 계획을 세우는 가운데 대형 연예 기획사도 그와의 계약을 추진합니다. 최곤과 일거수일투족을 함께하면서 잘 나가던 예전은 물론 한물간 옛날 가수가 된 지금까지 그의 곁을 떠나지 않았던 박민수는 최곤이 제 2의 전성기를 누리는 것을 본인의 일보다 더 기뻐하지만, 시대의 흐름을 쫓지 못하는 자신이 최곤의 앞날에 걸림돌만 되리라는 대형 기획사 측의 비아냥을 들은 뒤 그의 곁을 떠나겠다고 결심합니다.

하지만 늘 투닥거리던 민수가 혼자 딸을 키우며 김밥 행상을 하는 아내에게로 돌아가고 난 후에야 비로소 "민수 형"의 빈자리가 얼마나 큰지 깨닫게 된 최곤이, 서울로 돌아가지도, 대형 기획사와 함께 일하지도 않기로 - 강원도 영월에서 전국으로 전파를 송출하는 방식을 쓰기로 - 결정하고는 자신이 진행하는 라디오 방송을 통해 어딘가에 있을 민수 형을 애타게 찾고, 함께 버스에서 방송을 듣던 아내 "순영"(최곤의 팬클럽 회장 출신인)이 오히려 돌아가라고 그를 설득하자 비 내리는 방송국 앞에 혼자 서 있던 최곤에게 찾아간 민수가 그에게 우산을 받쳐 주는 장면으로 영화는 아름답게 막을 내립니다.

오래전 "라디오 스타"라는 영화 제목을 처음 들었을 때 떠올렸던 곡이자 최곤의 프로그램이 전국민에게 사랑을 받게 되면서 화면에 흐르는 "Video Killed the Radio Star"라는 노래는, 학창 시절 밤마다 듣던 라디오 프로그램들("별이 빛나는 밤에", "밤을 잊은 그대에게", "영화음악실" 등)과 함께 낭만을 구가하던 그리운 시절의 추억을 떠오르게 합니다. 그룹 "시나위"의 "크게 라디오를 켜고"와 "들국화"의 "돌고 돌고 돌고" 등의 배경음악을 비롯해, 가수 김장훈의

"세상이 그대를 속일지라도", 매니저 박민수가 늘 입으로 흥얼대는 신중현의 "미인" 같은 오래된 곡들도 지나간 시절의 정서를 일깨워 주지요.

영화의 내용 가운데 가장 가슴 찡한 대사는 "청록다방"의 "김 양"이 엄마 (방송을 듣고 있을지조차 알 수 없는)에게 보내는 고백과 매니저인 박민수가 교만이 하늘을 찌르는 가수 최곤에게 건네는 고언입니다. 김 양은 엄마를 향해 "엄마, 그거 알아? 나 엄마 미워서 집 나온 거 아니거든. 그때는 내가 엄마 미워하는 줄 알았는데 집 나와서 생각해 보니까 세상 사람들은 다 밉고 엄마만 안 밉더라. 그래서 내가 미웠어"라며 오래 묵혀 왔을 자신의 속마음을 털어 놓고, 영월의 천문대에 간 박민수는 함께 별을 보던 최곤에게 "별은 말이지, 자기 혼자 빛나는 별은 거의 없어. 다 빛을 받아서 반사하는 거야"라면서 폐부를 찌르는 한마디를 건네지요.

장대한 스케일과 엄청난 스펙터클을 자랑하는 영화들도 물론 좋아하고 즐겨 보기는 하지만, 이처럼 소소하고 잔잔한 일상을 그리는 영화들을 접할 때 '사람'에 대해, 그리고 '삶'의 본질에 대해 보다 깊은 사색을 하게 되곤 하는데, 아마도 그 이유는 우리 인간이 애초 그렇게 대단한 일을 성취하라고 만들어진 존재가 아니기 때문일 것입니다. 자신의 분야에서 '스타'가 되기를 꿈꾸는 사람들이 세상에는 많겠지만 그저 서로 마주 보며 반짝이는 작은 별이 된다면 그것으로 충분하지 않을까 생각해 봅니다. 들을 때마다 마음을 울리는 "소원"이라는 찬양에 등장하는, "저 높이 솟은 산이 되기보다 여기 오름직한 동산이 되길, 내 가는 길만 비추기보다는 누군가의 길을 비춰 준다면"이라고 하는, 아름답고 가슴 뭉클한 노랫말처럼 말이지요.

이전 글 [가족의 탄생] 편에서도 사용한 표현이지만 [라디오 스타] 역시 볼 때마다 마음이 "따땃"해지는 영화이다. 개인적으로 이준익 감독의 작품들에 대해서는 호불호의 편차가 심한 편인데 - "사도", "황산벌", "동주" 등은 무척 좋아하는 반면 그 외의 몇몇 영화는 작품성과 관계없이 내 취향에는 크게 맞지 않기에 - [라디오 스타]는 '극호'로 구분할 수 있을 만큼 좋아하는 영화에 해당한다. 떠올리기만 해도 마음이 몽글몽글해진다.

영화는 80년대 인기 가수였던 최곤(박중훈 분)과 그의 매니저 박민수(안성기 분)의 이야기이다. 한때 "가수왕"의 타이틀을 거머쥘 정도로 인기를 누렸던 최곤이지만, 지금은 미사리 카페에서 불륜 커플들을 앞에 두고 과거의 히트곡 "비와 당신"을 부르고 있는 소위 한물간 신세다. 그럼에도 그가 그 시절의 스타인 양 여전히 무도하게 굴 수 있는 것은 지난 20여 년 동안 그를 어느 톱스타보다 극진히 '모셔' 온 매니저 박민수의 한결같은 태도 덕분이다. 어느 날 최곤이 카페에서 손님과 시비를 벌이다 유치장까지 가는 상황이 벌어지고, 합의금을 구하기 위해 동분서주하던 박민수는 지인인 방송국 국장을 통해 그가 영월 지국의 라디오 DJ 자리를 맡는다면 돈을 내주겠다는 제안을 받는다. 싫다는 최곤을 어르고 달랜 박민수의 노력으로 둘은 결국 영월의 작은 지방 방송국으로 내려가 "최곤의 오후의 희망곡"이라는 라디오 방송을 시작하게 된다.

물론 까탈스런 최곤이 그냥 순순히 넘어갈 리 없다. '촌 동네' 방송국에서 영월 주민들만을 상대로 진행하는 프로그램이 불만스러워 자기 멋대로 방송을 진행하는 그는 생방송 중 저지른 실수 때문에 영월로 좌천된 강 PD(최정윤 분)와도 사사건건 부딪힌다. PD가 써 준 대본을 무시하지 않나, 방송 중 자리를 박차고 나가지 않나... 박민수가 아무리 중재를 해 보려 노력해도 막 나가기를 계속하던 최곤은 라디오 부스로 커피 배달을 시키고는 그렇게 들어온 '다방 아가씨'를 즉석 게스트로 방송에 출연시키기까지 한다.

그런데 아이러니하게도 PD를 골탕먹이기 위해 충동적으로 출연시킨 다방 직원 김 양(안미나 분)이 뭉클한 사연을 털어놓아 청취자들에게 큰 감동을 주면서, 최곤의 처음 의도와 달리 성공적인 방송이 탄생한다. 이날의 방송은 프로그램뿐 아니라 진행자인 최곤에게도 큰 전환점이 되고, 지역 주민들과의 따뜻하고 자유로운 소통을 새로운 기획 방향으로 삼은 "오후의 희망곡"은 영월을 넘어 전국적으로 인기를 얻게 된다. 이로 인해 대형 기획사가 최곤에게 관심을 보이며 그에게 재기의 기회가 생기는 듯한데, 옛날 가수 최곤을 "반짝 상품" 정도로 여기는 기획사가 몇십 년 동안 그의 곁을 지켰던 매니저 박민수를 내치려 들자 고민하던 박민수는 자신의 소중한 스타 "곤이"를 위해 그의 곁을 떠나기로 결심한다.

[라디오 스타]는 감독의 전작 [왕의 남자]와 거의 180도 다르다고 할 수 있을 만큼 잔잔한 분위기가 돋보이는 영화이다. 다큐멘터리 형식처럼 보이기도 하는 '힘을 뺀' 연출과 자극적이지 않은 플롯이 자칫 밋밋하게 보일 수 있음에도, 이준익 감독 특유의 통통 튀는 유머 감각과 캐릭터들의 노련한 활용 덕분에 그 매력을 전혀 잃지 않는다.

일단 최곤과 박민수의 역할을 박중훈 배우와 안성기 배우로 각각 캐스팅한 것 자체가 '반칙'이라고 할 수 있을 듯한데, 실제로 80-90년대 영화계의 스타였을 뿐 아니라 나이 든 지금도 장난기 많은 소년 같은 모습이 여전한 박중훈 배우는 철없고 싸가지도 없는, 과거의 영광 속에 멈춰 서 있는 최곤을 미워할 수 없게 만든다. 개인적으로 정말, 정말 좋아하는 안성기 배우는 인생의 무게에 짓눌린 듯 피곤한 표정과 최곤의 앞에서 보이는 다정다감하면서도 푼수 같은 두 얼굴을 자유자재로 넘나든다. 한국 영화 역사상 최고의 조합 중 하나라고 생각되는 두 배우의 케미와 문화적 궤적 또한 최곤과 박민수 사이의 끈끈한 유대감이 실감나게 표현되도록 돕는다.

이런 요소들은 이 영화의 매우 중요한 강점으로, 만약 그렇지 않았다면 영화 속 최곤과 박민수의 관계가 비현실적이라고 느껴지는 부분이 없지 않았을 것이다. [라디오 스타]라는 영화의 주연은 최곤과 박민수 두 사람이지만, 영화 속 세상에서 박민수는 - 항상 '주연'의 자리를 차지하는 최곤과 달리 - 철저한 '조연'의 위치를 지킨다. 최곤이 공연할 때 박민수는 늘 무대 아래에서 그를 올려다보고, 가수왕이 된 최곤이 수상을 위해 시상식장으로 나가는 것을 따라가려다 경호원들에게 제지당하기도 한다. 나이 든 지금까지 아내와 어린 딸을 버려 둔 채 최곤의 뒤치다꺼리만 하러 다닐 정도로 그의 인생 자체가 최곤을 중심으로 돌아간다. 그러니까 박민수는 그 자신의 인생에서조차 주연이 되지 못하는 셈이다.

앞서 말했듯 이 정도라면 비현실적일 정도의 애정이자 의리이다. 이렇게 살 수 있는 사람이 우리 중 과연 몇이나 될까? 남을 받쳐 주는 조연 같은 존재로만 평생을 보낼 수 있는 사람이 말이다. 게다가 박민수 덕에 계속 주연으로 살아올 수 있었던 최곤은 조연인 박민수에게 고마워하기는커녕 그의 희생을 당연하게 여기며 온갖 투정과 화풀이의 대상으로 삼는다. 배은망덕의 극치라고나 할까. 이렇게 고마워하지도 않는 상대를 위해 조연의 역할을 자처하는 이는 찾기 어려울뿐더러, 대다수 사람들은 조연보다 주연이 되고자 하는 마음을 더 많이 갖고 있을 것이다. 어떤 식으로든 인정받고 싶고, 드러나고 싶고, '첫 번째'로 앞세워지고 싶다는 욕구는 누구에게나 있는 기본적 욕망일 테니 말이다.

그런데 영화는 박민수의 대사를 통해 조금 다른 관점을 제시한다. 어느 아름다운 밤, 별이 가득한 영월의 하늘을 최곤과 함께 올려다보며 박민수는 "자기 혼자 빛나는 별은 없다"고, "별은 다 빛을 받아서 반사하는 것"이라고 말한다. 이 대사에 박민수라는 인물의 인생 철학은 물론 이 영화를 관통하는 메시지가 담겨 있을 듯하다. 우리 모두는 서로서로 빛을 비춰 주어야만 - 누군가로부터 빛을 받아야만, 또 누군가에게 그 빛을 반사해야만 - 빛날 수 있다는 생각 말이다. 박민수는 자신이 빛나는 것만큼이나(어쩌면 그보다도 더) 다른 이를 빛나게 하는 일이 중요하다는 사실을 알고 있는 사람이기에 최곤에게도 그와 같은 사랑과 헌신을 줄 수 있었을 것이다. 이런 시각을 통해 세상을 볼 때 주연과 조연이라는 구별 또한 무의미해진다.

그런 의미에서 이처럼 '빛'을 받은 최곤의 성장은 다른 이들과 상호작용하며 "함께 빛나는 법"을 터득해 가는 여정으로 표현될 수 있다. 라디오 프로그램에서 스포트라이트를 독식하던 그는 점점 다른 이들에게도 그 빛을 나눠 주는 일에 익숙해지기 시작한다. "오후의 희망곡"은 서울에 간 자식을 그리워하는 할아버지, 화투를 치면서 서로 주장하는 '규칙'이 달라 싸움이 붙은 할머니들 등 수많은 조연들의 사연에 귀를 기울이고, 그들이 주인공이 될 수 있는 창구가 됨으로써 인기를 더해 간다. 영월의 유일한 펑크록 밴드 "이스트 리버"(실제로는 "노브레인" 밴드 멤버들이 연기한) 또한 이 조연들 중의 하나로, 최곤의 열렬한 팬인 그들의 역할은 줄곧 최곤을 빛내는 것이었지만 라디오 프로그램의 인기가 치솟으며 콘서트 같은 야외 방송이 기획되자 이번에는 최곤이 그들에게 큰 무대에서 공연할 수 있는 기회를 준다. 그들에게도 또한 주연으로 빛날 수 있는 빛을 비춰 준 셈이다.

최곤에게 빛을 비춰 주기 위해 박민수는 오랫동안 자신을 희생해 왔으나, 최곤은 결국 그 빛을 다른 사람들에게 비추고 또 다른 사람들로부터의 빛을 반사하며 진정한 '스타', 말 그대로 '별'이 된다. 그래서인지 영화의 후반부, "다시 돌아와서 내게 빛을 좀 비춰 주라"며 라디오 방송 중 박민수에게 애절하게 간청하는 최곤의 울먹임은 더 이상 철없는 투정으로 들리지 않는다. 박민수의 빛에만 의존했던 과거와 달리 이젠 "함께 빛나고 싶다"는 소망에 더 가까울 것이기 때문이다.

빗줄기를 뚫고 돌아온 박민수와 최곤이 재회하는 마지막 장면에서 둘의 사이는 여전한 것 같으면서도 - 내심 반가움에도 툴툴거리는 최곤이나 그의 머리 위에만 우산을 펼쳐 주는 박민수의 모습을 보면 - 동시에 새로운 관계의 시작을 기대하게 한다. 서로 빛을 비춰 주는 관계, 주연과 조연의 구분이 없는 관계. 영화 포스터의 글귀를 빌리자면 "서로 '최고'라고 말해 주는 상대가 있어 행복한 관계" 말이다.

하나님의 영광과 사랑을 반사해야 하는 우리 또한 홀로 빛나기보단 다른 이를 비춰 주는 일에서 기쁨을 누릴 수 있으면 좋겠다. 모두가 밝게 빛나 어둠이 사라진 세상이라면 누가 더 강하게 빛나는지 그보다 조금 덜 빛나는지 굳이 구분할 필요조차 없을 테니까.

9

쇼생크 탈출 (The Shawshank Redemption)

희망과 구원에의 송가

영화 "쇼생크 탈출"은 "미저리", "샤이닝", "캐리", "공포의 묘지" 등의 여러 작품이 영화화되었을 만큼 호러의 대가로 유명한 스티븐 킹이 쓴 단편소설 "리타 헤이워드와 쇼생크 탈출"(Rita Hayworth and Shawshank Redemption)을 각색한 작품이다. 워낙 겁이 많다 보니 공포 영화라면 꿈도 못 꾸는 나로서는 그의 소설을 바탕으로 제작된 영화 가운데 "그린 마일"과 함께 거의 유일하게 좋아하는 작품이기도 하다. 비슷한 소재를 다루는 "그린 마일"이 사형 제도에 관한 우회적 회의감을 판타지적 요소를 통해 드러내는 것과 유사하게 "쇼생크 탈출" 역시 교도소 체제에 대한 씁쓸함을 담고 있는 작품이라고 볼 수 있다.

영화의 주인공 앤디 듀프레인(팀 로빈스 분)은 은행 부지점장으로 근무했던 엘리트 직장인 출신이지만 불륜에 빠진 아내와 그 애인을 살해한 혐의로 종신형을 선고받고 쇼생크 교도소에 수감된 인물이다. 그런 앤디의 마음속 생각이나 내밀한 사정에 직접 접근하지 못하는 관객들은 영화의 내레이터이자 실질적 주인공인 다른 수감자 레드(모건 프리먼 분)의 시선을 통해서만 그를 관찰하게 된다. 앤디의 교도소 적응기는 무척이나 험난한데, 1940년대에서 60년대를 관통하는 시대 배경에서 유추되듯 재소자들을 폭력과 협박으로 억압하는 교도관들의 괴롭힘은 물론 악질적인 죄수 무리(반어적으로 "The Sisters"라 불리는)에게 지속적으로 성폭행까지 당하는 그는, 레드의 눈에 당장이라도 무너질 것처럼 보이는 힘겹고 무기력한 시간을 겪는다.

그러던 어느 날, 앤디에게 교도소 지붕에 타르 바르는 일을 할 수 있는 - 교도소 영내가 아닌 '장외'에서 일을 할 수 있는 - 기회가 생기고, 이 일을 기점으로 그의 삶에 큰 변화가 일어난다. 재소자들에게 유난히 위압적이던 간수장이 유산 상속에 붙는 세금에 대해 불평하는 말을 듣게 된 앤디가 그의 세금 면제를 도와주면서 예전 직업의 특성을 살려 교도관들의 '비공식 회계사'가 될 뿐 아니라, 교도소장 노튼(밥 건튼 분)이 횡령한 돈을 세탁해 주는 중요한(?) 임무까지 맡게 되는 것이다. 교도관들의 비호를 받게 된 앤디는 교도소의 도서관 확장을 건의해 성사시키고 젊은 재소자들의 검정고시 준비를 돕는 한편, 레드를 통해 구한 작은 돌망치로 돌을 아름답게 조각하며 나름대로 의미 있는 생활을 이어 나간다. 그렇게 19년째 징역살이를 하던 앤디는 그의 지도 아래 검정고시를 준비하던 젊은 재소자 토미(길 벨로우즈 분)로부터 자신의 무죄를 입증할 단서를 얻지만, 노튼 소장은 본인의 비리에 깊이 관련된 앤디의 석방을 돕는 대신 토미를 살해하는 쪽을 택한다. 그렇게 모든 희망을 잃고 조용히 절망한 듯 보이던 앤디는 어느 비바람 치던 밤 마법처럼 교도소를 탈출해 버린다.

제목 자체가 스포일러로 보일 수도 있지만 사실 이 영화는 스티브 맥퀸 주연의 "대탈주" 같은 탈출기, 다시 말해 탈옥 그 자체를 주제로 하는 작품 이 아니다. 총 142분의 러닝타임 중 앤디의 '탈출'은 대략 5-6분에 걸쳐 아주 간략하게 묘사되며, 그전까지 영화는 앤디가 19년이라는 오랜 세월 동안 장 난감처럼 보이는 작은 돌망치로 교도소 벽을 뚫어 터널을 파 왔다는 사실을 전혀 알려 주지 않는다. 앤디의 주변인들과 교도관들처럼 관객들도 뒤통수 를 맞는 셈이다.

이쯤에서 작품의 제목에 대해 자세히 살펴볼 필요가 있는데, 한국에서 는 영화 제목을 "쇼생크 탈출"이라고 의역했지만 원제인 "The Shawshank Redemption"에 포함된 단어 redemption은 사실 "구원" 혹은 "속죄"를 의미 하는 개념이다(그렇기에 이 영화의 원래 제목은 "쇼생크의 구원"이나 "쇼생크에서의 속 죄" 정도로 직역이 되는 것이다). 이 사실이 설명해 주듯 영화는 교도소를 탈출한, 즉 쇼생크 '밖'에서의 앤디의 인생보다는 쇼생크 '안'에서의 그의 삶에 더 집 중한다. 주인공 앤디는 19년 동안 오싹할 정도의 집념으로 탈옥을 위한 터 널 파기를 계속하지만, 그와 동시에 어떤 '영적 여정'을 거치는 듯도 하다. 그리고 그 여정은 앤디가 우연히 야외에서 일하게 되었던 그날, 간수장에게 세금 문제로 도움을 주고 그 대가로 동료들과 함께 마실 맥주를 얻는 순간 부터 시작된다. 그보다 훨씬 더한 것도 요구할 수 있었던 앤디가 맥주 몇 병 만을 요청한 것은 간수들에게조차 의아한 일로 여겨지는데, 이 일을 회상하 는 레드는 잠시나마 "감옥에 갇힌 죄수"가 아니라, 친구들과 자기 집 지붕을 고치다 맥주 한 잔 마시며 쉬는 "자유로운 사람"으로 돌아간 기분을 원하는 마음에서 그가 그런 요구를 했을 것이라고 추측한다.

그 이후 앤디의 행보는 이 순간의 연장으로, 다시 말해 창살과 억압에 의해 신체의 자유를 빼앗긴 상황에서조차 그 누구도 앗아 갈 수 없는 존엄성과 '인간됨'을, 자신의 영혼의 자유를 지키기 위한 분투로서 이해될 수 있을 듯하다. 그는 6년간 꾸준히 주의회에 써 보낸 편지로 마침내 교도소에 큰 도서관을 지을 수 있는 자금을 지원받을 뿐 아니라, 감옥에 오기 전 가졌던 직업과 비슷한 일을 - 물론 검은돈을 세탁해 주는 범죄이긴 하지만 - 하면서 젊은 재소자들이 배움을 통해 새 삶의 기회를 얻을 수 있도록 돕기도 한다. 비록 생각지 못한 방향으로 인생이 꼬이긴 했으나 그 안에서 나름의 의미와 성취를 찾기 위해 최선을 다한 것이다.

엄청나게 건전한 방향으로 발현된 듯한 그의 노력에는 그럼에도 반항과 저항이 내재되어 있다. 교도소의 높은 담장이 - 그리고 인간을 통제하고 억압하는 모든 '제도'가 - 표면적으로는 신체만을 구속하는 것으로 보일 수 있지만 사실은 그 내면과 영혼의 생기마저 억누르고 짓밟기 때문이다. 교도소장의 사무실에서 LP판을 정리하던 앤디가 충동적으로 문을 잠근 채 쇼생크의 음향 시스템을 통해 오페라 아리아를 방송하는 장면이 그 사실을 잘 대변한다. 노튼 소장과 교도관들이 당장 문을 열라고, 즉시 음악을 끄라고 난리 치며 그를 위협하는 동안, 재소자들은 말을 잃고 아름다운 음악에 도취된 채 잠시나마 자신들의 영혼이 감옥 창살을 벗어나 자유로이 떠다님을 느낀다. 이 소동으로 한 달간 독방에 감금된 앤디는 그런 고초를 겪고 나와서도 확신에 찬 얼굴로 자신들 '안'에 아무도 건드릴 수 없고 빼앗을 수 없는 무언가가 있다고 말한다. 희망 말이다.

　이 희망이 탈출, 즉 탈옥에 대한 희망을 뜻하는 것은 아니리라고 생각한
다. 그렇다고 해서 언젠가 더 나은, 더 자유로운 삶을 살 수 있다는 막연한
희망 또한 아닌 것 같다. 물론 앤디가 언제든 멕시코의 바닷가 마을에서 작
은 호텔을 운영하고 싶다는 자신의 꿈을 레드와 공유하기는 하지만, 그가
말한 진짜 희망은 마지막까지 자신의 존엄성이, 인간됨이, 그리고 영혼이
온전할 수 있으리라는 희망이 아닐까 싶다. 실질적으로 죽음을 선고받아 몸
의 자유를 빼앗겼을 때조차.

　그래서 나는 앤디가 쇼생크를 탈출하기 전에 이미 '속죄'를 거쳤으며 '구
원'을 얻었으리라고 본다. 그가 자신의 영혼을 꼭 붙잡고 놓지 않았기에, 그
어떤 핍박과 가학도 이 독특한 인물 안에서 타오르는 불꽃을 꺼트리지 못했
기에 말이다. 그가 끝내 탈옥을 결심하는 시점이 토미가 살해되고 노튼 소
장이 도서관을 빌미로 앤디를 협박한 후라는 것, 다시 말해 그의 희망과 존
엄성의 상징들이 볼모로 잡힌 뒤라는 것도 비슷한 맥락에서 이해할 수 있
다. 앤디의 탈옥은 물리적 탈출 그 자체보다도 그의 영혼을 통제하고 뒤흔
드는 교도소장의 독재에 대한 - 노튼 소장이 '신실한' 기독교인임을 표방하
는, 바리새인과 비슷한 위선자라는 사실이 씁쓸하긴 하지만 - 마지막 저항
이자 승리로서의 의미가 더 크지 않을까 싶다.

　19년간의 그의 영적 여정에 "돌"이 떼어 놓을 수 없는 모티브로 함께했다
는 것도 재미있는 포인트다. 감옥에 오기 전에도 돌을 깎거나 모으는 게 취
미였다는 앤디는 그 오랜 시간 동안 돌(말랑말랑한)을 파내 탈주로를 마련하

고 돌(딱딱한)을 이용해 파이프에 구멍을 낸 뒤 하수구로 기어 들어가 탈옥에 성공한다. 교도소 마당에 굴러다니는 돌들은 흔히 눈에 띄는 것이란 점에서 평범함과 일상성을 표현하기도 하지만, 오랜 시간에 걸쳐 만들어진 물질이라는 점에서는 '인내'를 의미할 수도 있을 것이다. 다른 무엇보다, 오랜 시간이 지나도 좀처럼 닳거나 변하지 않는, '일정'하고도 '불변'하는 물체인 돌이 흔들리지 않는 앤디의 집념을 상징한다고 볼 수 있겠다. 성경에서 하나님을 변치 않는 굳건한 반석으로 묘사하곤 하는 것도 바로 그런 이유니까.

돌에 의지해 의미 있기도, 지긋지긋하기도, 아름답기도, 절망적이기도 한 긴 시간을 버텨 낸 앤디의 19년에서는 구원의 여정이 보이기도 한다. 세상의 불합리성과 불가해성이라는 억압 아래에도 우리의 영혼을 지켜 내기 위한 투쟁 말이다. 앤디의 구원이 쇼생크에서 탈출해 멕시코로 감으로써 이루어진 것이 아니듯, 믿는 이들의 구원 또한 이 세상에서 떠나 천국으로 가는 일만을 의미하지는 않을 것이다. 변하지 않는 반석 위에서 우리의 영혼은 끝까지 온전할 것이라는 희망, 즉 이 세상 무엇도 그것을 건드리거나 훼손할 수 없다는 확신이 견고히 자리 잡을 때, 우리의 자유와 구원은 창살로 둘러싸인 쇼생크 안에서도 이루어지는 것이라고 믿는다.

P.S. 앤디가 방송한 아리아는 모차르트의 오페라 "피가로의 결혼" 중에 나오는 "편지의 이중창: 저녁 산들바람은 부드럽게"("Duettino - Sull'aria" from "The Marriage of Figaro")이다. 들을 때마다 영혼이 하늘을 날아오르는 기분이 된다.

1994년 개봉되었던 "쇼생크 탈출"은 이 영화를 실제로 보지 못했거나 영화라는 매체에 별 관심이 없는 사람들에게도 제목만은 익숙할, 그리고 영화의 내용 중 묘사되는 감옥 안의 비리와 극적인 탈옥 장면 등을 모방한 아류가 이후 대거 생산되었을 만큼 "영화사에 한 획을 그었다"고 말할 수 있는 작품입니다(한국 영화의 경우, 주인공이 두 명의 재소자이고 그중 하나가 숟가락으로 감방 아래의 땅을 파 탈옥했는데 그것이 '마침' 비오는 날이라 두 팔을 벌려 비를 맞으며 자유를 만끽하는 전설적 장면을 그대로 따라할 수 '있었던' 코미디 "광복절 특사"가 가장 먼저 떠오릅니다). 개봉 당시엔 큰 관심을 얻지 못했지만 이후 비디오테이프와 DVD, 케이블 방송 등을 통해 널리 알려지면서 상당한 명성을 얻게 된 이 작품은, 2015년 기준 미국 네티즌이 선택한 최고의 영화인 동시에 AFI(미국 필름 연구소) 선정 역대 최고 할리우드 영화 100편 가운데에도 포함되었다고 하지요.

영화의 도입부는 전체 이야기가 다 끝난 시점에서 시작되는데, 두 명의 주인공 중 한 사람인 "레딩"(동료 죄수들 사이에서 "레드"라고 불리는)이 지난 일을 회고하며 독백하는 형식을 빌립니다. 중죄수들만 수감되는 교도소이자 살인범 레드가 장기 복역 중인 쇼생크에 아내와 그 정부(情夫)를 살해했다는 누명을 쓴 전직 고위 금융인 "앤디"가 입소하며 본격적인 이야기가 시작되고, 특별히 다른 볼거리가 없어 '신입'들이 들어올 때마다 기존 재소자들이 구경을 하러 몰려드는 이 현장에 영화의 투톱 악역인 교도소장 "노튼"과 간수장 "해들리"가 나타납니다. 풍기는 인상에서부터 완고하고 강퍅한 성격이 여실히 드러남에도 자신은 오직 두 가지, 즉 "훈육과 성경"만을 믿는다고 공언하는 노튼이 감옥 내에서 욕설을 허용하지 않는 이유로 "내 감옥에서 주님을 욕되게 할 수 없다"는 '신조'를 내세우는 모습이나, 발가벗은 채 각자의 감방으로 배치되는 죄수들이 양손에 각각 성경과 죄수복을 받아 들고 가는 장면에서는 부조화와 불일치의 전형을 그대로 목격하게 됩니다.

입소 후 한 달 동안이나 입도 떼지 않고 조용히 지내던 앤디가 맨 처음 말을 건 대상이 바로 레드였는데, 남다른 수완 덕에 감옥 안에서도 무엇이든 구해 들일 수 있는 레드에게 자신의 취미인 돌 조각에 필요한 암석 망치를 구해 달라고 앤디가 부탁하며 두 사람의 특별한 관계가 시작됩니다. 그 즈음 간수장 해들리가 세금에 대해 늘어놓는 불평을 우연히 듣게 된 앤디는 본인의 과거 경력을 사용하면 완벽한 면세가 가능할 것이라 제안한 뒤 실제로도 그렇게 되도록 서류 조작을 해 주는데, 소문을 들은 교도소장 노튼까지 그에게 돈세탁을 맡기면서 앤디의 수감생활은 탄탄대로를 걷게 됩니다. 재소자 중 최고령인 "브룩스" 혼자 관리하던 교도소 도서실의 편한 보직을 배정받은 후 밤마다 노튼의 뒷돈을 처리하는 일을 계속하던 앤디는, 어느날 절도죄로 수감된 청년 "토미"를 통해 충격적인 말을 전해 듣습니다. 여러 감옥을 전전하던 토미가 예전에 복역하던 교도소에서 앤디의 아내와 정부를 살해한 진범이 자기 죄에 대해 자랑하듯 떠벌리는 이야기를 들었다는 것이지요.

자신의 무죄를 입증할 절호의 계기라고 생각한 앤디는 노튼에게 즉시 그 사실을 알리지만, 쓸모 많은 앤디의 출소를 원할 리 없는 노튼은 해들리와의 공모하에 토미를 사살해 - 탈옥을 시도했다는 누명을 씌워 - 버립니다. 자신의 무죄 입증을 통해서는 도저히 출옥이 불가능함을 확인한 앤디는 세

찬 비가 내리는 밤 오랫동안 치밀하게 계획했던 탈옥을 감행해 성공함으로써 "쇼생크 탈출" 하면 떠오르는 그 유명한 장면을 연출하게 됩니다. 어느누구도 그런 도구로 땅을 파리라고는 상상하기 어려울 정도의 작은 망치(레드가 구해 주었던)로 19년간 밤마다 자신의 방 벽을 파냈던 앤디가 구멍 뚫린 벽을 당대 최고 인기 여배우인 "리타 헤이워드"의 사진으로 가려 두었던 것이지요(이 영화의 원작인 단편소설 제목이 "리타 헤이워드와 쇼생크 탈출"인 이유가 그것이기도 합니다). 노튼의 돈세탁 과정에서 자신이 직접 만들어 둔 가상의 인물 "스티븐스"의 자격으로 12곳의 은행을 돌며 노튼이 은닉했던 돈을 모두 출금한 앤디는, 탈옥 때 가지고 나온 그의 비밀 장부도 신문사에 보내 고발함으로써 해들리의 구속, 노튼의 자살이라는 결말까지 이끌어 냅니다.

앤디의 탈옥 후 쓸쓸한 시간을 보내다 마침내 가석방으로 출감하게 된 레드는 탈옥 직전의 앤디로부터 들었던, 나중에 출소하게 되면 자신이 과거 아내에게 청혼했던 장소(벅스톤 근처의 목초밭)에 꼭 들러 달라던 당부와 언젠간 가서 살고 싶다고 말하던 한 작은 마을의 이름(멕시코의 지후아타네호)을 기억해 내고는, 앤디가 알려 준 벅스톤으로 찾아가 숨겨 둔 돈과 편지를 발견한 후 그를 만나려고 태평양 연안에 있다는 작은 마을 지후아타네호로 향합니다. 사실 레드는 10년에 한 번씩 집행되는 가석방 심사에서 심사관들의 환심을 사기 위해 교화된 척 위장하며 가식적 태도를 취했으나 두 번(20년 차와 30년 차)에 걸쳐 "불승인"의 고배를 마셨고, 그 긴 시간 동안의 감옥살이에 너무 익숙해져 이제는 출소가 형벌처럼 느껴지게 된 - 그래서 자신의 본모습을 그대로 보이며 솔직한 답변으로 일관했던 - 40년 차 심사에서 도리어 "승인" 결정을 받은 것이었지요.

감옥에서 거의 평생을 보낸, 그래서 감옥 밖의 삶은 상상조차 할 수 없게 된 노인 브룩스는 가석방이 결정되자 다시 죄를 지어야 교도소에 남을 수 있다는 생각으로 동료 죄수의 목에 칼을 들이대는 일까지 시도했음에도 '어쩔 수 없이' 출소하게 되는데, 낯설기만 한 자동차(수감 직전인 50여 년 전 딱 한 번 봤을 뿐이라는)들로 북적이는 세상에의 적응도, 가석방자 수용소에 기거하며 일터인 식료품점에서 늘상 면박만 당하는 생활도 견디기 어려워 스스로 목숨을 끊고 맙니다. 뒤이어 출소하며 브룩스가 쓰던 방과 하던 일을 그대로 물려받은 레드 또한 다시 교도소로 돌아갈 방법만 궁리하면서 - 자신이 잘 아는, 두려움을 느끼지 않아도 될 익숙한 곳으로 돌아가고 싶다는 독백과 함께 - 삶을 포기하고 싶다는 유혹에 시달리지요. 그런 그들의 모습을 통해 인간이 곧잘 적응하는 심리적 안전지대라는 것이 어떤 모습으로까지 변질될 수 있는지, '시간'의 힘에 의해 비정상, 불건전 등에도 얼마나 쉽게 길들여질 수 있는지 참담한 심정으로 되돌아보게 됩니다.

그런 레드를 끈질긴 자살 충동에서 벗어날 수 있게 해 준 유일한 희망은 앤디가 남기고 간 재회에의 약속이었습니다. 극히 절망적인 상황에서도 '음악'과 '희망'을 논하는 앤디에게 "희망은 위험한 것이고 감옥 안에서는 더더욱 쓸모 없는 것"이라며 나무라던, 또한 전에는 그토록 바라던 가석방 처분을 오히려 두려워하면서 스스로를 "이 안에선 무엇이든 구할 수 있는 사람이지만 밖에 나가면 쓸모없고 불필요한 늙은이"라고 비하하던 그에게도, 앤디가 전해준 "아무도 빼앗아 갈 수 없는 마음속의 그 어떤 것"에 대한 바람은 뇌리에 깊이 새겨졌던 모양입니다. 레드를 위해 벅스톤의 목초지에 숨겨둔 편지에 "희망은 좋은 것입니다. 가장 좋은 것일지도 모르지요. 좋은 것은 절대 사라지지 않습니다"라는 글귀를 적어 놓은 앤디는, 어떤 상황에서도 변하지 않는, 누구도 빼앗아 갈 수 없는 희망의 당위성을 마침내 증명해 보입니다.

실제 소설에는 레드의 선택이 명확히 적혀 있지 않다지만, 레드가 앤디를 - 바닷가에 작은 호텔을 열고 낡은 배를 수리해 손님들을 태우고 낚시하는 것이 꿈이라던 - 찾아가 둘이 서로에게 가까워지는 모습을 먼 거리에서 보여 주는 영화의 결말이 저는 훨씬 더 좋습니다. 이 마지막 장면을 통해 앤디가 말하던 희망, 그동안은 눈에 보이지 않던 소망(롬 8:24; 히 11:1)이 실제로 구현되는 모습을 목격할 수 있으니 말입니다. 앤디를 만나러 버스를 타고 가는 동안 너무 기쁘고 흥분되어 가만히 앉아 있기도 어렵다던, 긴 여행을 떠나는 '자유로운 사람'으로서의 삶을 처음 경험한 레드가 과연 무슨 생각을 하고 있었을까 궁금하기도 하지만, 이런 친구를 얻게 되었으니 감옥에서 보낸 40년이 결코 청춘을, 인생을 낭비한 시간은 아니었구나 라는 생각이 아니었을까 흐뭇한 상상도 해 보게 됩니다.

성경을 손에 든 앤디를 보더니 마가복음 13장 35절("그러므로 깨어 있으라 집주인이 언제 올는지... 너희가 알지 못함이라")과 요한복음 8장 12절("나는 세상의 빛이니 나를 따르는 자는... 생명의 빛을 얻으리라")을 줄줄 외우던 교도소장 노튼은, 진짜 살인범을 알고 있다는 토미에게 탈옥 시도의 누명을 씌워 사살하기 전 성경에 손을 얹고 맹세하라면서 사실 확인을 하기도 하는데, 이런 그를 단지 가식적 기독교인의 희화화 정도로, 저나 제 주변 신앙인들과는 전혀 다른 위선자로 치부하고 넘기기에는 마음 깊이 걸리는 부분들이 있습니다. 영화의 내용처럼 대놓고까지는 아니더라도, 말로는 하나님을 인정하지만 "삶으로 하나님을 부인"하면서 말끝마다 주님을 앞세워 그 이름에 누를 끼치는 행위가 우리 믿는 이들에 의해 적잖이 범해지고 있는 현실을 돌아보게 되기 때문입니다.

이 모든 사실들에도 불구하고, 아내가 교회 모임에서 만들었다는 십자수 액자("심판의 날이 오리니 곧 오리라"라는 글귀가 새겨진) 뒤에 자신의 검은돈을 숨겨 두었던 노튼이 앤디의 탈옥 후 그 액자의 글들을 허탈하게 바라보는 장면을 통해 이 영화가 시사하는 바, 즉 모든 일에는 인과응보와 사필귀정의 원칙이 적용되며 하나님의 정의는 반드시 실현된다는 메시지가 보는 이들에게 위안을 전합니다. 많은 시간을 함께하며 서로에 대해 속속들이 알고 이해하는 과정에서 이제는 친구를 넘어 가족의 관계를 이룬 앤디와 레드가, 멕시코인들이 태평양을 일컫는 명칭이라는 "아무 기억도 없는 곳"에서 그 날씨만큼이나 따뜻한 여생을 보낼 수 있기 바랍니다. "새장 안에 갇혀서는 살 수 없는 새들이 있다. 그러기엔 그 깃털이 너무나 찬란하다"라는 말로 레드가 묘사한 앤디의 영혼도 그곳에서 변함없이 자유로울 것이라 믿습니다.

남한산성

그 산성이 무너지기까지

엄마 C의 시선

2017년 개봉되었던 "남한산성"은 인조 재위 14년인 1636년 겨울 발발한 쓰리고 아픈 실제 사건 "병자호란"을 다룬 영화로, "도가니"와 "수상한 그녀"를 통해 이름을 알리기 시작한 후 지금은 "오징어 게임"으로 전 세계적 관심을 모으고 있는 감독 황동혁이 연출한 작품입니다. 병자년 12월부터 다음 해(1637년) 1월까지의 두 달 동안 청나라의 공격을 피해 올라간 남한산성에서 고립 상태에 놓여 있던 조선 조정의 절박한 상황을 예조판서 "김상헌"과 이조판서 "최명길"의 논쟁을 중심으로 풀어 나가는 내용이지요. 압록강을 건너 한양으로 진격해 온 청나라 대군에 쫓겨 미처 강화도까지도 가지 못하고 남한산성으로 몸을 피한 무력한 왕 인조에게 나라와 백성을 살리기 위해서는 순간의 치욕을 참고 항복해야 한다고 주장하는 주화파(主和派) 최명길과, 그런 치욕을 견디고 살아남느니 차라리 죽는 편이 낫다며 결사항쟁을 고집하는 척화파(斥和派) 김상헌 사이의 대립을 중심 소재로 삼고 있는 이 영화는, 그 긴박하고도 가슴 아픈 이야기를 담담한 어조로 기술한 훌륭한 역사 드라마라고 말할 수 있습니다.

전체 병사의 수가 13,000명에 불과해 그보다 10배가량의 병력을 지닌 청나라 군에 수적으로 큰 열세인 데다가, 주변 민가에서 수탈한 곡식과 고기로 배를 불리며 사기를 올리는 청군과 달리 춥고 눈 많은 겨울 동안 고립된 성 안에서 식량과 난방 자원의 유입이 불가능했던 조선의 군신과 병사들은, 여러 당면 문제의 해결 방안에 대한 중신들 간의 의견까지 서로 충돌하면서 - 또한 문제 상황이 발생할 때마다 다른 사람에게 잘못을 전가하는 그들의 무책임도 이에 더해 - 내부로부터의 붕괴 조짐이 조금씩 드러나기 시작합니다. 외부의 적인 청의 군대가 수적으로나 여건상으로 위압적이었던 것은 분명하지만, 남한산성에 모여 있던 조선 군병과 백성들에게 오히려 더 큰 위협으로 작용한 요소는 명확한 판단을 보류하며 이리저리 눈치만 보는 유약한 왕과 지략도 능력도 갖추지 못한 무능하고 어리석은 관료들이었습니다.

식량의 비축분에 대해 논의하던 중 "아껴 먹으면 한 달가량은 버틸 수 있다"는 보고를 듣자 "아껴서 오래 먹이되, 너무 아끼지는 말아라"고 답하던 인조의 '해결책'은, 예전 군대에서 상급자가 하급자에게 명령하곤 했다는, 돈 1000원으로 이것저것 잔뜩 사고 500원을 남겨 오라는 식의 씁쓸한 농담을 떠올리게 합니다. 말들이 굶어 쓰러지자 병사들에게 보온 장구로 나눠 주었던 가마니를 다시 환수해 말의 먹이로 썰어 주었다가, 곧 병사들의 식량이 고갈되며 아사가 우려되니 이번에는 말을 잡아 그 고기를 병사들에게 먹이는 모습에서는, 인간의 우매함을 요약하는 단어라 할 '근시안'의 극치를 생생히 목격하게 됩니다. 애초 동상으로 고생하는 병사들을 위해 지급했던 가마니를 다시 거두자는 의견에 대해, "군마 없이도 전쟁은 치를 수 있지만 군병들 없는 전쟁이란 있을 수 없다"는 예판 김상헌의 직언과 "나눠 주기는 쉽지만 도로 빼앗기는 쉽지 않다"면서 "말은 짐승이라 마음을 다치지 않으나 군병은 사람인지라 마음을 다칠까 염려된다"고 한 이판 최명길의 혜언이 이미 있었음에도 말이지요.

자신의 과오에 대한 문책이 예상되자 주위의 관심을 다른 곳으로 돌리기 위해 미동도 없던 적을 먼저 도발하기 시작한 영의정 "김류"는, 바람이 심하고 적진의 동향도 알 수 없어 척후병의 탐지가 선행되어야 한다고 처음부터 건의했던, 또한 전세가 기울면서 병력의 신속한 퇴각이 필요하다고 간곡히 요청했던 수어사 "이시백"의 말을 무시한 채 그날이 무당으로부터 택일한 '길일'이라며 공격을 강행하더니, 수세에 몰린 시점 전병력을 투입해 아군을 전멸시킬 뻔한 상황을 자초하고도 모든 책임이 수어사에게 있으니 그를 참수해야 한다고 모함까지 합니다. 물론 내용 중 원작이나 실제 역사와 다르게 각색된 부분이 있고 고증 역시 완벽하지 않다는 지적도 있기는 하지만, 당시의 실상을 미루어 짐작케 하는 그 같은 상황들은 이 시기의 조선이 청의 공격이라는 외부적 요인보다 안으로부터의 분열과 갈등 때문에 먼저 무너졌다는 사실을 부인하기 어렵게 만듭니다.

이처럼 불필요했던 전투에 패하며 다른 방도가 없어진 후, 성 아래 흩어져 있는 병사들을 불러 모으기 위한 격서의 전달 임무(무척이나 위험한)를 대장장이인 자신에게 맡기던 김상헌이 "나라를 구하는 충절에 귀천이 있겠느냐"는 억지스런 명분을 덧붙이자, 그 말을 들은 천민 "서날쇠"는 "먹고 살며 때리고 가두는 일에는 귀천이 있지 않았느냐"는 가시 돋친 답을 건넵니다. 청나라의 역관이 되어 조선 아닌 청의 유익을 위해 일하던 "정명수"를 만난 영의정 김류가 같은 조선 사람으로 어찌 그럴 수 있느냐며 짐짓 나무라자, 자신은 부모가 노비라 태어날 때부터 노비였다는 그가 "조선에서 노비는 사람도 아니니 다시는 나를 조선 사람이라 부르지 말라"고 일갈하는 부분도 같은 맥락으로 이해할 수 있습니다. "사농공상"(士農工商)이라 하여 인도의 "카스트 제도" 못지않은 뚜렷한 계층 구분을 하며 '몸'을 써서 일하는 평민들을 한없이 천시하던 소위 양반/사대부들이 - 실제로는 자신들도 그들이 제공하는 노동력에 기대어 생활하는 입장이면서 - 막상 다급한 상황이 벌어지거나 목숨을 걸어야 하는 위험이 발생하면 그토록 천시하던 이들에게 애국과 충절을 강요하는 모습은, 평상시의 이권은 자신들이 다 차지하고 누리다가 나라 경제와 사회 상황이 어려워지면 서민들에게 "고통 분담"을 부르짖는 오늘날 기득권층의 모습과 판박이라 부를 만합니다.

결국 김상헌과 최명길로 대변되는 산성 안에서의 갈등은, 차라리 죽음을 택할 망정 오랑캐 앞에서 머리를 숙일 수 없다는 "명분론"과, 그러한 대의와 명분도 살아 있어야 존재하는 것이며 비록 비굴한 역사로 기록되더라도 백성과 군병들의 목숨을 지키는 일이 더 중요하다는 "현실론"의 갈등으로 이해할 수 있을 것입니다. "죽어서 살 것인가, 살아서 죽을 것인가"라고 하는, 즉 목숨을 버리더라도 명분을 고수해 명예를 지킬 것인가, 목숨을 구걸하는 치욕을 감수하면서라도 육체의 목숨을 지킬 것인가 라는 이 같은 논박은, "살고자 하면 죽을 것이요, 죽고자 하면 살 것이다"(必生則死 必死則生)라는 이

순신 장군의 경구와 "자기 목숨을 얻으려는 사람은 그 목숨을 잃을 것이요, 나를 위해 자기 목숨을 잃는 사람은 그 목숨을 얻을 것이다"라고 하신 예수님의 말씀(마 10:39)을 연상케도 합니다. 당시의 논란을 이러한 경구와 말씀에 대입시킨다면 당연히 전자인 "명분론"이 옳다고 해야겠지만, 자기 한 사람의 목숨 때문에 비굴하게 무릎 꿇는 일이 아니라 왕과 대신들의 결정에 따라 운명이 좌우되는 수많은 민초들을 위해 비난을 무릅쓰고 화친을 도모하려는 노력이라면 그처럼 간단하게 평가절하할 수 있는 문제는 아닐 것입니다.

청과의 화친을 주장한다는 이유로 적과 내통한, 참수해야 할 역적이라고 주위에서 퍼붓는 비난을 감내하며 스스로 옳다고 믿는 바에 따라 꿋꿋이 직언을 이어 가는 이조판서 최명길의 자세는, 유다의 패망을 예언하면서 적들에게 항복하라는 하나님의 명령을 흔들림 없이 전하던 선지자 예레미야의 모습을 떠올리게 합니다. 아무리 힘겹더라도 의롭다는 칭송을 받을 만한 일이라면 결단하기가 상대적으로 쉽지만, 모두의 비난이 예상되는 일을 결행함에 있어서는 자기 자신을 설득하는 데에서부터 어려움을 느끼지 않을 수 없을 것입니다. 유다 백성들이 예레미야의 조언을 무시함에 의해 더욱 굴욕적 형태로 바벨론에 굴복해야 했던 것(왕하 25, 대하 36:15-20; 렘 52)처럼, 조선도 최명길의 경고를 간과하면서 "삼전도의 굴욕"이라는 수모와 함께 왕과 백성의 목숨을 청에게 구걸하는 처지에 놓이게 되었지요. 진정한 용기란 과연 무엇일까를, 또한 각자가 의존하는 지혜나 지략, 남들에게 내세우는 대의와 명분조차 본래의 태생적 한계 앞에서 무용할 수밖에 없는 나약하고 어리석은 인간의 본질을, 이 영화를 통해 되짚어 보게 됩니다.

딸 J의 시선

　김훈 작가의 동명 소설을 원작으로 한 2017년 작 [남한산성]은 영상 예술로서의 영화가 지닌 힘과 가능성에 대한 경탄과 전율을 경험하게 하는 작품이다. 지금까지 다루어 온 영화들에 비교해 '최신작'에 속하기는 하지만, 몇십 년의 시간을 거쳐 검증된 명화들 못지않게 한국 영화사에 의미 있는 자취를 남기며 "이미 고전"(instant classic)으로 자리잡은 작품이라고 여겨지기도 한다. 병자호란과 삼전도의 굴욕이라는 치욕의 역사를 서슴없이, 그러면서도 담담하게 풀어낸 이 영화 안에서 전쟁이라는 요소는 특별히 부각되지 않으며, 전시 상황을 배경으로 하고 있음에도 실제 전투 장면이 그다지 자주 등장하는 것 또한 아니다. 전쟁이라는, 더욱이 외세의 침략과 압박이라는 극한적 상황 가운데 인간의 대응과 체제의 붕괴를 탐구하는 '철학적 고찰'로 이해하는 것이 더 적절한 해석일 듯도 하다.

　영화 속 서사는 주로 이조판서 최명길(이병헌 분)과 예조판서 김상헌(김윤석 분)의 대립 구도를 통해 펼쳐지는데, 나라를 지키고 후일을 도모하기 위해 수치를 감수하고라도 항복할 것을 권하는 최명길이 주화파의 대표적 인물이라면, "오랑캐에게 목숨을 구걸하는" 치욕을 견디고 살아남느니 죽는 한이 있더라도 끝까지 항전해야 한다고 주장하는 김상헌은 척화파를 대변하는 사람이다. 영화 시작부터 둘의 상반된 신념이 극명하게 드러나는 가운데, 더 큰 혼란과 희생을 막기 위해 청에게 고개를 숙일 수밖에 없다고 믿는 최명길은 남한산성으로 피신한 인조(박해일 분)를 향해 청과의 대화 통로를 열어 둘 것을 읍소한다. 비겁하게 들릴 수 있는 말이지만 청의 협박(세자를 볼

모로 삼겠다는)에 기껍한 왕의 비위만 맞추려는 다른 대신들과 달리 그는 자신의 목을 잘라 세자가 청으로 들고 가도록 제의할 만큼 진실된 충정을 가진 인물로, 한심한 이기주의자인 영의정 김류처럼 자신의 안위를 위해 항복을 논하는 사람이 아니다. 하지만 문제는 뒤늦게 산성으로 들어와 최명길의 의견에 반대하며 끝까지 싸우자고 외치는 김상헌 또한 진정한 충신이라는 것으로, 군신 관계에 있는 명나라를 저버리고 '오랑캐'에게 고개를 숙여 대의와 명분을 잃는다면 나라와 종사가 어찌 되겠냐는 그의 호소도 깊은 충성심 때문임에는 의심의 여지가 없다.

역사적 결말을 이미 알고 있는 관객들과 달리, 두 신하가 내놓은 상반된 - 그러나 양측 모두 충분히 납득되는 - 의견들 사이에서 번민을 거듭하는 인조가 이도 저도 결정을 못하고 머뭇대는 사이, 산성 안의 상황은 추위와 굶주림으로 급격히 악화되어 간다. 각자의 위치에서 난국을 타개할 방도를 찾으려 애쓰는 최명길과 김상헌의 몸부림에도 불구하고, 그들의 이런 노력은 다른 대신들의 무능과 이기심, 그리고 이미 청나라에 유리해진 현실적 상황의 벽 앞에 가로막히며 무산된다.

2시간 20분이라는 짧지 않은 러닝타임에도 불필요한 장면이 거의 없다고 느껴질 만큼 주요 메시지들을 간결하고 포괄적인 시각적 연출로 전달하는 이 작품은, 최명길과 김상헌이 소개되는 첫 장면에서부터 그런 특성을 유감없이 과시한다. 인조의 명을 받고 청군 기지로 찾아간 최명길은 "겁을 주기 위해" 자신에게 화살을 쏘아 대는 적의 횡포에도 눈 하나 깜짝하지 않는다. 옳음을 추구하고 자신이 해야 할 바를 실행하기 위해서라면 '죽는' 일도 불사하는 최명길의 품성이 축약된 대목이다. 그런가 하면 김상헌은 왕의 도주로를 따라 뒤늦게 산성으로 향하며 앞서 인조의 행렬을 인도했다는 늙은 뱃사공의 안내를 받던 중, 그와 손녀의 안전을 보장할 테니 함께 산성으로 가자는 자신의 설득을 노인이 끝내 거절하자 얼굴색 하나 변하지 않고 칼로 베어 버리며 뒤따르는 청군에게 그가 길을 인도하지 못하도록 손을 쓴다. 천민에게도 공손히 대하고 은혜 갚는 것을 중요시하는 듯 보이지만 스스로 옳다고 믿는 바와 해야 할 바를 위해서라면 누군가를 '죽이는' 일도 감행하는 김상헌의 인성이 함축적으로 설명된 셈이다. 최명길의 희생이 '자신'을 향하는(간신이나 역적 취급을 받더라도 나라의 안위를 우선에 두는) 것이라면, 김상헌이 추구하는 희생은 대부분 '타인' 쪽을 향하고 있다는(산성을 지키는 군병들과 백성들에게 계속된 항전을 요구하는 식으로) 커다란 차이점이 이 장면들에 의해 시사된다.

하지만 이 둘의 대립 구도를 옳은 자와 그른 자로, 또는 선과 악이 나뉘는 대결 구도로 보기는 어렵다. 병자호란의 역사적 결말을 알고 있는, 또 법적으로 신분제가 폐지된 세상을 살고 있는 우리로서는 김상헌이 케케묵은 전통이나 관습, 사대부의 명예 등을 고집하는 모습에 답답함을 느낄 수 있지만, 그럼에도 그의 주장이 "틀렸다"고는 말할 수 없기 때문이다. 신념을 위해 목숨마저 포기할 각오를 해야 하는 상황은 분명히 존재할뿐더러, 김상헌이 아무 대책 없이 항복하느니 죽자고 외치는 것도 아니다. "싸움으로 맞서자"는 자신의 주장에 책임을 지고자 그는 산성의 군병들이 어려움 없이 전쟁에 임할 수 있도록 이런저런 형편을 살피고, 성 밖 지원군에게 도움을 요청하는 격서의 전달을 위해 동분서주하면서 각고의 노력을 쏟는다. 나라의 운명이 촌각에 달린 상황에도 자신의 지위와 특권을 지키기에만 급급한 다른 대신들과 달리, 그는 대장장이 서날쇠(고수 분)의 의견에 귀를 기울이며 천민인 그의 도움을 요청하기까지 한다.

겉으로는 전혀 상반된 관점을 지닌 듯한 최명길과 김상헌에게 근본적인 공통점이 생각보다 많이 있는 셈인데, 표현하는 방식은 다를지언정 결국 이 둘 모두가 나라와 백성을, 어떤 '대의'를 지키고자 애쓰는 인물들이라는 사실이 특히 그렇다. 항복을 논하며 왕과 조정을 욕보이는 최명길을 죽여 마땅하다는 대신들의 아우성에 가장 먼저 나서 그를 두둔한 사람이 김상헌이고, 군병들의 추위를 막아 주던 가마니를 도로 회수해 군마들의 먹이로 쓰자는 제안에 김상헌이 반대하자 그런 그에게 힘을 실어 준 유일한 사람이 최명길이라는 설정도 주목할 만하다. 재미있는 것은 이런 장면들에서 두 사람이 서로를 돕는(back up) 역할로 상대의 '뒷쪽'에 위치하는 구도를 보인다는 점으로, 이때 둘은 서로가 서로를 뒤에서 받쳐 주는 듯한 시각적 효과를 만들어 낼 뿐 아니라 계속해서 시선이 엇갈리도록 연출되던 두 사람이 같은 곳을 바라보는 각도를 형성하기도 한다.

영화의 이런 다양한 연출 방식이 보여 주듯 최명길과 김상헌의 대립은 무척이나 깊고 오묘한 관계성을 띤다. 앞서 말한 것처럼 이들은 사실상 동일한 철학과 지향점을 가진 인물들로, 이들 사이의 비극은 최명길이 생각하는 '삶'과 김상헌이 생각하는 '삶'의 개념이 완전히 다르다는 데에 있다. 최명길은 초라하고 비루하게라도 "살아남아야만" 희망이 있다고 주장하는 반면, 김상헌은 명예가 상실된 삶이란 "죽음과 다름없다"고, 다시 말해 목숨을 포기하더라도 신념과 대의를 잃지 않는 것이 진정한 삶이라고 굳게 믿는다. 그런 면에서 본다면 최명길과 김상헌의 대립은 같은 목적을 가진 실용주의자와 이상주의자 간의 반목으로도 이해될 수 있을 듯하다.

그래서인지 이 영화를 처음 시청했을 때는 '같은 대의'를 품고서도 '다른 곳'을 바라볼 수밖에 없던 두 충신의 비극, 어쩌면 '현실'과 '이상'의 괴리라고 표현할 수 있을 측면에 주목했던 것으로 기억하는데, 이번에 영화를 재감상하는 동안 조금 다른 쪽으로 생각이 진전되었다. 언뜻 보기엔 김상헌이 인간의 목숨보다 대의와 명분 같은 이상을 더 중시하고, 최명길은 그와 반대로 대의나 이상보다 인간의(더 정확히는 백성의) 목숨과 안위를 더 걱정하는 듯하지만, 영화 속에서 실제로 백성들의 안위에 밀접히 관여하는 모습으로 그려지는 사람은 김상헌이라는 사실이다. 그는 대장장이 서날쇠의 건의를 듣고 나서 군병들을 위해 가마니를 나눠 주거나 무기 고치는 일을 도와주고, 자신이 죽인 뱃사공의 손녀 나루(조아인 분)가 산성으로 들어온 후엔 아이를 거두고 돌보아 준다. 최명길과 달리 '천민'들과 직접 대화하고 교감하는 김상헌의 모습을 영화 안에서 종종 목격하게 되는 것이다.

이런 설정들을 근거로 생각하면 인조의 항복에 의해 청과 맞서 싸우자는 김상헌의 주장이 실패로 끝난 일을 대의와 명분을 고집하던 그의 '이상'이 패배한 것으로 이해할 필요는 없을 듯하다. 그가 경험했던 패배의 본질은 도리어 자신이 진심으로 믿어 온 신념과 정의, 행해 온 모든 노력이 의도치 않게 백성을, 나아가 국가를 해치게 되었음에 대한 깨달음에서 비롯된 것으로 보인다. 지금까지 그는 명나라에 대한 군신의 예를 지키며 '오랑캐'에게 굴복하지 않는 것이 조선의 근간이 되는 대의이자 명분이라 믿었고, 다 함께 죽는 한이 있더라도 그 대의를 오염시키거나 타협하지 않는 것이 나라와 백성 또한 지키는 일이라고 확신했겠지만, 평화로운 세상에서는 굳건한 듯 보였던 구조와 체계가 전쟁의 혼란 가운데 허무하게 무너져 내리는 모습을 자신의 눈으로 목도하게 된다.

김상헌은 "맞서 싸우기 위해" 군병들을 보호할 가마니를 나눠 주지만, 군의 위엄에는 군마가 중요하다는 영의정의 주장에 따라 군병들로부터 가마니를 빼앗고 산성 안 주민들의 초가집에서 지붕과 땔감을 착취하는 만행을 묵묵히 지켜볼 수밖에 없다. 마지막 희망인 지원군을 불러오고자 서날쇠에게 격서를 맡긴 후에도 천신만고 끝에 전달된 격서를 받은 무관들은 천민이 가져온 격서라 믿기 어렵다고 의심부터 하다가 왕의 부름에 응하지 않았다는 사실을 숨기기 위해 - 대의와 명분을 '없애' 버리기 위해 - 아군인 서날쇠를 죽이려고까지 한다. 영화 속에서 중요하게 조명되는 역관 정명수(조선인이지만 청나라의 편에 서게 된) 또한 이런 현실을 상징하는 인물로, 노비로 살던 조선에서의 삶이 지긋지긋해 나라를 등진 그는 김상헌이 지켜 내려 애썼던 조선의 실체, 즉 낮은 신분인 백성 다수의 억압에 기반한 체제가 어떤 끔찍한 결과를 낳았는지 몸소 보여 준다.

영화의 후반부, 인조의 항복을 재촉하기 위해 청의 군사들이 산성에 포탄을 날릴 때 김상헌이 어린 나루를 품에 안고 보호하는 장면을 보며 여러 생각들이 오고갔다. 김상헌의 진짜 실책은 잘못된 외교적, 정치적 판단으로 청나라에 대적했던 일이 아니라, 포탄 더미만큼이나 해로운 사상과 체제를 백성들에게 강요하고 종용해 왔던 것임을 시사하는 대목처럼 느껴져서였다. 결국 김상헌의 잘못은 이상을 쫓은 행위 자체가 아니라 해롭고 옳지 않은 이상을 따랐던 데에 있는 것이다. 실제로도 그는 항복이 결정되자 왕에 대한 충성과 명예를 부르짖던 예전과 달리, 왕도 그리고 자기 같은 사람도 없어지는 것이 백성을 살리는 길이라는 의미 깊은 말을 남긴다.

그리고 마지막 순간, 김상헌은 어린 나루를 서날쇠에게 맡긴 뒤 그에게 예를 갖춰 절을 한다. 이 장면에서 그는 소위 '천한' 상대에게, 지금까지 윗분들의 위엄과 대의명분이라는 구실 아래 죽어 나가며 희생을 강요당했던 이들에게 진심으로 용서를 구하고 있는 것으로 보인다. 자신이 뱃사공을 베었던 그 검으로 자결하는 김상헌의 마지막은 스스로의 대의(차별과 억압에 기반을 둔 사상과 체제)를 한 인간의 목숨이나 존엄보다 중요시했던 어리석음에 대한 그의 속죄 행위로도 해석할 수 있을 듯하다.

그런 면에서 최명길의 마지막 또한 씁쓸한 인상을 남기는데, 진심으로 백성들을 생각하고 그들의 목숨을 구하려 했던 그가 오히려 "왕이 살아야 나라도, 백성도 산다"는 사상에서 끝까지 벗어나지 못한 듯 보이기 때문이다. 청나라의 칸에게 절하는 인조를 바라보던 최명길은 결국 자신의 감정을 주체하지 못하고 눈물을 쏟는데, 언제나 감정을 억누르며 모든 것이 송구하다는 듯 시선을 내리깔고 지내면서도 현실만은 똑바로 직시해 왔던 그가, 자신의 주군인 왕과 그 왕이 대표하는 조선의 모든 체계가 무너지는 현장을 차마 보지 못하고 눈을 감은 채 오열하는 모습을 보이는 것이다. 어떻게든 살아남아야 한다는 그의 신념이 영화 속에서는 승리한 셈이지만, 기어코 왕을 살려 다시 수도로 돌아온 최명길의 지친 표정에서는 자신이 대체 '무엇'을 위해 살아남았는가에 대한 허무감이 읽히는 듯도 하다.

하지만 영화는 김상헌의 죽음이나 최명길의 회의로 마무리되는 대신, 전체 내용 중 유일하게 따뜻하고 평안한 순간으로 그 끝을 맺는다. 작품의 후반부 나루가 김상헌에게 들려주었듯, 민들레가 피고 얼었던 강이 녹아 싱싱한 물고기를 잡을 수 있는 봄이 돌아온 것이다. 윗분들의 사정이 어떠하든 어느 나라의 황제를 섬기게 되었든 다시 봄을 맞아 피어나는 민들레를 보고 씨를 뿌려 결실을 거두는 일상을 백성들이 되찾는 마지막 장면에서는 진정한 '대의'가 무엇인지를 혼동한 자들에 대한 책망이 느껴진다.

　창조주의 피조물인 인간 누구나 봄이 되면 꽃이 피는 것을 보고 가을에는 노력의 결실을 즐기며 자유와 풍요를 누릴 수 있어야 한다는, 그 당연하고 단순하면서도 쉽게 손에 닿지 않는 일상이야말로 진정한 정의이자 대의가 아닐까 싶다. 이 땅에 천국이 임하기를 바라는 소망의 근본적 지향점도, 곳곳에 산재한 불평등과 부당함, 억압과 차별에 맞서야 하는 이유도 그와 다르지 않을 것이다. 우리가 어떤 길을 걷고 어떤 선택을 하더라도 그것의 근원이 되는 희망은 언제나 변함없기를 바란다. 다시 올 봄을 '모두'가 '함께' 맞을 수 있기를 꿈꾸는 소망 말이다.

11

빌리 엘리어트 (Billy Elliot)

함께 높은 곳으로

[빌리 엘리어트]는 내가 무척 좋아하는 배우들 중 하나인 제이미 벨이 2000 대 1의 경쟁을 뚫고 캐스팅되면서 아역으로 처음 데뷔했던 작품이다. 가장 근래 개봉한 [스파이더 맨] 시리즈의 주인공 톰 홀랜드 또한 이 영화를 각색한 "뮤지컬 빌리 엘리어트"(Billy Elliot the Musical)에서 주연을 맡으며 연기 활동을 시작했는데, 성공의 기회를 얻기 어려운 작은 시골에서 태어나 끝내 자신의 꿈을 이뤄 내는 소년의 이야기를 다룬 이 작품이 현실에서도 두 아역 배우의 등용문 역할을 했다는 사실이 흥미롭게 느껴진다.

이 영화의 주인공 빌리(제이미 벨 분)는 고단한 현실 가운데 고군분투하는

11살 소년으로, 영화의 시대 배경인 1984년, 영국 북동쪽 지역 "더럼" 주의 탄광촌에서 무뚝뚝한 아버지 재키(게리 루이스 분)와 동생을 '쥐 잡듯' 잡는 나이 차 많은 형 토니(제이미 드레이븐 분), 정신이 온전치 않아 눈을 뗄 수 없는 할머니(진 헤이우드 분)와 함께 산다. 가족의 정서적 기둥이던 어머니를 잃은 후 모두의 삶이 점점 더 황폐해지고 있는 데다, 설상가상으로 1984-85년 일어난 광부들의 파업(UK miners' strike)에 아버지와 형이 둘 다 참여하면서 경제적인 어려움도 함께 겪고 있는 처지이다.

암울하기 짝이 없는 현실임에도 이 어린 소년의 삶은 다행히 그렇게 각박하지 않다. 영화의 첫 장면은 빌리가 형의 레코드를 몰래 틀어 놓고 마치 하늘을 날듯 껑충껑충 뛰며 춤을 추는 모습으로 시작하는데, 그때 빌리가 입고 있던 총천연색 옷을 포함해 이후 카메라에 비춰지는 빌리 가족의 좁은 집 안엔 촌스러울 정도의 샛노란 페인트로 대변되는 어떤 밝음과 활기, 생동감이 함께한다. 이 아이가 광부로 일하느라 새카만 '재'와 '흙'이 익숙한 아버지나 형과는 근본적으로 다른 종류의 사람임을 암시하는 장치가 아닐까 싶다.

그리고 실제로, 어려운 형편에도 아들에게 복싱을 가르치고 싶어 하는 아버지의 바람과 달리, 빌리는 마을 회관의 체육관 한 귀퉁이에서 여자아이들이 배우고 있는 발레에 더 큰 관심을 보인다. 아버지가 복싱 연습하는 자신의 모습을 보러 왔을 때는 상대 소년에게 주먹을 날리지 못하고 '춤추듯' 피하기만 하다 결국 얻어맞기나 하고 만다. 빌리 스스로도 발레를 "여자애들이나 하는 것"이라며 애써 외면하려 들지만, 연습장 주변을 기웃거리는 모습을 본 발레 선생님 윌킨슨 부인(줄리 월터스 분)에게 이끌려 얼떨결에 무료 수업을 받기 시작한다. 빌리의 재능을 알아본 선생님은 완고한 빌리 아버지 몰래 개인 교습을 해 주며 아이가 런던에 있는 "국립 발레 학교"의 오디션을 볼 수 있도록 주선하기까지 한다.

오랜 전통과 사회적 통념에 반하는 인물로 그려지는 빌리는 영화 초중반 내내 구시대적 편견과 성 역할 개념에 부딪히게 된다. 빌리가 사는 마을에서 남자아이는 복싱(혹은 축구나 레슬링)을 하고 여자아이는 발레를 하는 것이 너무나 당연한 이치처럼 받아들여지고, 해서 아이가 춤을 출 때 얼마나 행복한지 관객들에게는 뻔히 보이는데도 빌리의 아버지는 아들이 발레를 한다는 사실에 기절초풍한다. 흔히 말하는 '마초' 중에서도 상마초인 아버지 재키가 다시는 발레 할 생각을 말라며 아들에게 으름장을 놓지만, 빌리는 그런 아버지에게 반항하고 대들면서 발레와 춤, 궁극적으로는 "온전한 나 자신이 될 자유" 쫓기를 멈추지 않는다.

주제가 주제인 만큼 이 작품은 아버지와 형으로 상징되는 가부장적이고 전통적인 '남성성'과, 빌리가 대표하는 유연하고 자유로운 '정체성' 사이의 충돌을 동작과 움직임(motion)을 통해 구현해 낸다. 빌리는 춤을 출 때뿐 아니라 걷거나 달릴 때도 늘 우아하고 아름다운 움직임을 유지하지만, 아버지와 형의 동작은 대부분 공격성과 격렬함(파업 과정 중 경찰과의 무력 충돌이나 가족들 간의 다툼에서 보여지는 폭력성)으로 일관한다. 대물림된 가난, 탄광업이라는 직종에 내재된 위험과 고됨에 익숙해진 아버지와 형이 육체적 움직임을 불만이나 분노 같은 부정적 감정들의 '폭발'에만 사용하는 반면, 빌리는 자신의 몸과 육체적 활동 능력을 감성과 영혼을 '표출'하는 매개체로 활용하는 것이다.

비밀리에 국립 발레 학교 오디션을 준비하던 빌리는 시위에 가담한 형이 진압 경찰에게 잡혀가는 바람에 오디션 날짜를 놓치게 되는데, 이로 인해 빌리의 집까지 찾아온 윌킨슨 선생님에게서 동생이 발레를 배운다는 말을 듣고 분통을 터뜨리는 형 때문에 선생님과의 관계는 파국으로 치닫는다. 그 뒤로 이어지는 내용은 앞서 말한 움직임의 차이가 절정에 이르는 장면들로, 형과 선생님이 얼굴을 붉히고 소리 지르며 싸운 기억을 머리에서 지워 버리기 위해, 그리고 발레를 하고 싶다는 자신의 외침을 들은 척도 하지 않는 가족에 대한 실망과 분노를 이기지 못해 빌리는 춤을 춘다. 감정 표현에 미숙한 아버지와 형이 분노와 짜증, 힘과 공격성에 근거한 움직임만을 반복하고 있다면, 표현에의 갈망이 큰 빌리는 자신의 부정적 감정을 춤이라는 아름답고 우아한 움직임으로, 다시 말해 예술로 승화시키고 있는 것이다. 이 영화에 나오는 여러 주요 장면들 중에도 이 부분은 빌리의 성숙함, 아이의 내적 단단함을 가장 잘 보여 주는 장면이라 여겨진다.

빌리의 아름다운 움직임이 가족들의 단순하고 폭력적인 움직임과 대비될수록 아버지와 형이 안쓰럽게 여겨지는 측면도 있다. 아이의 꿈을 훼방 놓는다는 점에서는 전통적 '악역'의 위치에 선 사람들이라 할 수 있지만, 빌리의 움직임과 동작들이 정교하고 우아해질수록 그의 형과 아버지가 얼마나 제한된 삶을 살고 있는지와의 대비가 더욱 뚜렷해지기 때문이다. 복합적 의미를 상징하는 인물인 빌리의 아버지가 발레를 하는 아들에게 착잡한 심정을 갖는 이유에서도 엿보게 되는 사실들이 있다. "여자애들이나 하는" 발레를 좋아하는 아들을 '남자의 수치' 정도로 생각하는 듯도, 빌리의 성적 정체성을 의심하는 듯도 하지만 사실 근본적 원인은 따로 있는 것 같은데, 춤추는 행위를 통해 '전통적 남성성'을 거부하는 빌리의 행동을 가장이자 가족의 부양자인(혹은 그래야만 하는) 자신의 힘과 권력에 대한 거부 혹은 도전으로 여겨서라고도 볼 수 있다는 것이다. 실제로 파업 사태 때문에 수입을 잃어 경제적 능력을 상실했을 뿐 아니라 아내가 죽은 뒤 가정을 제대로 꾸리지 못해 가장으로서의 정체성도 흔들리고 있는 빌리의 아버지는, 경제적 부양 능력과 가족 내의 권위라는 가부장적 체계의 특성들이 사라지며 혼란을 겪는 기성세대의 남성들, 경제적이고 물리적인 '힘'으로 대표되는 남성성 혹은 남자다움을 당연하게 받아들였던 세대를 대변하는 인물로 그려지고 있다.

그러던 중 언제나 교착 상태일 것만 같던 아들과 아버지의 신념이 마침내 접점을 찾는 사건이 발생한다. 집으로 찾아온 발레 선생님이 형과 크게 다툰 후 발레를 포기한 듯 보이던 빌리는, 더 이상 견디기 어려워진 크리스마스날 텅 빈 체육관에서 혼자 춤을 추다가 불빛을 보고 찾아온 아버지와 마주치게 된다. 잠시 당황해하다 곧 다시 정색하는 그는, 마치 반항하듯 아버지를 똑바로 바라보며 자유롭게 춤을 춘다. 반항의 몸짓인 동시에 제발 나를 제대로 봐 달라는 애원이기도 할 아름다운 춤이 끝나자 아버지는 아무말 없이 몸을 돌려 체육관을 나간다. 언뜻 차가워 보일 수 있는 반응이지만 아버지는 그 길로 윌킨슨 선생님의 집으로 향하고, 빌리의 꿈을 지원하기로 마음을 바꾼다.

그러니까 아버지는 결국 그 체육관에서야, 수없이 만류하고 협박했음에도 아이의 열정이 사그라들긴커녕 오히려 더 불타오르고 있음을 깨닫고 난 뒤에야, 빌리를 '제대로' 보게 된 것이다. 발레가 어떻고 남자가 어떻고, 그런 외적 판단을 차치한 채 새로운 눈으로 아이의 춤추는 모습을 '처음' 본 순간, 자식에 대한 사랑을 넘어선 아이 자체에 대한 이해와 깨달음이 그의 견고하던 고정관념, 의심, 걱정 등을 기어이 깨부순 셈이다. 직접 만들어 낸 일정한 틀 안에 갇힌 자신이나 큰 아들과 달리 자유롭게 춤추고 움직이는 빌리를 보며 그 자유를 지켜 주고 싶다는 생각이 들었을 듯도 하다.

그리고 마초적 남성성 그 자체였던 아버지는 빌리를 뒷바라지할 돈을 벌기 위해 참여하던 파업을 멈추고 동료들을 배신할 마음까지 먹는다. 자존심에 살고 죽었던 그로서는 뼈를 깎는 고통이자 수치심이었을 텐데 말이다. 큰 아들 토니가 아버지를 말리기 위해 달려오자 아버지는 토니를 붙잡고 흐느끼는데, 여기에서 그의 대사가 무척이나 마음 아프다. "빌리는 아이일 뿐이니" 빌리에게 기회(자신들은 갖지 못했던)를 주자는 것이다. 사실 빌리의 아버지가 갑자기 발레를 좋아하게 되었다거나 긍정적으로 생각하게 되었다거나 하는 상황은 당연히 아닐 것이고, 어린 아들이 도대체 왜 그렇게 춤을 추고 싶어 하는지 정확히 이해하고 공감하게 되었으리라는 생각 또한 들지 않는다. 다만 자식에게 좀 더 나은 삶의 기회를 부여하고 싶다는, 자기 자신을 검열하며 제한하는 일에서 조금은 자유로워질 수 있기를 바라는 마음이 작동했을 듯하다. 그저 사랑에서 비롯될 수밖에 없는 그런 마음 말이다.

결국 빌리는 아버지와 함께 오디션을 보러 국립 발레 학교로 향하고, 아버지와 아들은 처음으로 나란히 앉으며 '같은 방향'으로 움직인다. 춤을 출 때 어떤 기분이 드냐는 면접관들의 질문에 "하늘을 나는 새가 된 듯한" 기분이라고 대답한 빌리는 마침내 오디션에 합격한다. 무척이나 감동적인 결말임에도 영화는 빌리의 이 대단한 성취를 그닥 유난스럽게 다루지 않는다. 빌리에게는 이제 꿈을 이룰 수 있는, 더 '높은 곳'으로 갈 수 있는 기회가 열렸지만 탄광 파업이 결국 실패하며 동네는 침울해지고, 아버지와 형을 포함한 노동자들 모두는 결국 아무것도 얻어 내지 못한 채 다시 예전의 삶으로 돌아가 탄광 속으로 '내려가야' 한다.

어떤 면에선 영화가 빌리의 오디션 합격보다 아버지의 변화, 아들과의 관계 회복이 더 중요한 성취이자 성공이라고 말하고 있는 듯도 하다. 합격 소식을 들은 후, '나란히' 앉아 있던 빌리와 아버지는 서로 농담을 주고받으며 소리 내어 웃고 장난치면서 풀밭을 뒹굴기도 한다. 아버지는 처음으로 아들을 안아 주는데, 언제나 '아래'에서 위로 아버지를 올려다 보던 빌리가 이 장면에서는 아버지의 '위'에 올라와 있다. 이와 비슷한 결로, 런던을 향해 혼자 떠나는 빌리를 버스 정류장에서 배웅하는 장면에서 빌리의 눈높이는 아버지나 형의 것보다 위편에 놓인다. 그 무뚝뚝하던 아버지가 아들을 아기 안듯 꼭 껴안고, 까칠하게 굴던 형은 버스 창문 사이로 동생을 올려다보며 보고 싶을 거라고 말한다. 훗날 빌리가 가족들보다 더 나은 삶, 더 높은 위치에 다다를 것이라는 암시이기도 하겠지만, 기성세대가 편견과 아집을 버리면 다음 세대를 자신들보다 더 높이 올려 줄 수 있다는 격려로도 해석하게 되는 장면이다.

그리고 십여 년이 지난 미래, 아버지와 형은 성인이 된 빌리의 발레 공연을 관람하러 런던으로 향한다. 무대 뒤에서 준비를 하다가 가족의 도착 소식을 듣고 웃음짓는 빌리와 달리, 아버지는 시작 전부터 눈물이 그렁그렁하다. "백조의 호수" 공연이 시작되자 빌리가 무대에 올라 높이 뛰어오르고, 아버지가 그 모습을 지켜보며 조용히 숨을 들이키는 장면에서 영화는 막을 내린다. 이 영화를 생각할 때마다 떠오르는 아름답고 애틋한 장면이다. 아이가 자유롭게 날아오를 수 있도록 오랜 관념과 아집을 버릴 결정을 내린 아버지에겐 무엇보다 확실하고 만족스러운 결말일 테니까. 공연을 보기 위해 극장으로 향하는 길, 지금까지 주로 제한되고 수평적인 움직임만을 보여주던 아버지와 형이 에스컬레이터를 타고 아래에서 위로 올라가는 모습이 등장하는 것도 의미심장하다. 빌리가 더 자유롭게 살 수 있도록, 더 높은 곳으로 오를 수 있도록 도움으로써 그들 또한 고정된 관습을 따라 탄광 안으로 '내려가기'만 하던 삶을 넘어 결국 함께 위로 '올라가게' 된 것은 아닐지.

빌리 엘리어트라는 인물 자체의 서사도 물론 감동적이지만, 아버지와 형의 변화와 희생이 그보다 더 의미 있게 다가온다는 것이 오랜만에 영화를 다시 보며 느끼는 감상이다. 그저 아이가 시골을 떠나 도시로 상경해 성공할 수 있도록 물질적 지원을 했다는 의미에서가 아니라, 빌리의 꿈과 소망을 제대로 이해하지 못한 채 그의 '움직임'을 제한하려 들던 가족이 마침내 새로운 삶으로 자유롭게 나아가는 아이의 움직임을 지지하게 되었다는 것. 또한 지금까지 당연하다고 여겨 왔던 상식과 고정관념, 주위의 이목보다 아이에 대한 이해와 사랑을 우선시하게 되었다는 것. 그럼으로써 분노와 폭력을 위해서만 움직이던, 한정된 방향 안에서 밀고 밀리며 땅속으로 내려가기만 했던 그들의 제한된 삶 또한 높은 곳으로 올려지며 새로운 모습으로, 자유로운 움직임으로 변하게 되었다는 것.

여러모로 과도기에 놓인 세상을 살아가는 오늘, 서로 다른 신념과 각기 다른 세대 사이의 수많은 갈등을 해소하는 방법은 결국 사랑과 이해뿐이라는, 다소 교과서적 답변으로 느껴질 수 있는 결말이지만, 이미 완벽한 주님의 사랑과 이해 안에서 자유를 누리고 있는 사람으로서 조금은 위로를 얻게 되는 느낌이다. 결국은 우리 모두 함께 더 높은 곳에 다다를 수 있기를.

2000년 개봉된 영국 영화 "빌리 엘리어트"는 "디 아워스"나 "더 리더: 책 읽어주는 남자" 등 작품성을 인정받는 영화들을 연출해 온 스티븐 돌드리가 메가폰을 잡아 제작된 작품입니다. 한국에서는 2001년 초의 첫 개봉 후 2017년 재개봉되기도 했을 만큼 나름대로 큰 반향을 일으켰다고 하는데, 영국 로열 발레단 댄서인 실존 인물을 바탕으로 각본이 쓰여졌다는 말도 있었으나 시나리오를 쓴 작가 리 홀이 영화를 준비하는 과정에서 만난 발레리노 필립 모슬리의 성장담을 스토리에 참고한 정도라고 합니다. 이 영화의 내용이 2010년 판 중학교 1학년 국어 교과서와 중학교 2학년 영어 교과서, 고등학교 2학년 영어 교과서 등에 실린 일이 있다는 것도 이번에 새롭게 알게 된 사실입니다.

73회 미국 아카데미상에서는 감독상, 각본상, 여우조연상 등의 3개 부문에 후보로 오르는 데에 만족해야 했지만, 이 영화에서 주인공 "빌리" 역을 맡은 제이미 벨은 54회 영국 아카데미 시상식(BAFTA)에서 같은 해 후보에 올랐던 쟁쟁한 작품, "글래디에이터"와 "캐스트 어웨이"의 주연 배우들(러셀 크로우, 톰 행크스)을 제치고 최연소 남우주연상 수상자로 등극하는 영예를 안았습니다. 이제는 성인이 된 제이미 벨이 이름만으로는 조금 생소할 수 있겠지만 봉준호 감독의 영화 "설국열차"에서 주인공 격인 "커티스"(크리스 에반스 분)를 믿고 따르는 "에드거" 역으로 출연했던 배우이기에 한국 팬들에게도 얼굴은 제법 알려져 있지 않을까 생각합니다. 발레와 탭댄스에 뛰어난 소년을 찾았다는 이 영화의 오디션에서 엄청난 경쟁률을 뚫고 당당히 합격

했던 그는, 영화의 내용처럼 실제로도 남자가 발레를 한다며 친구들로부터 놀림을 받곤 했다고 하지요.

겨우 11살의 나이에 일찍 엄마를 여읜 채 잉글랜드 북부 탄광촌에서 광부인 아버지와 형, 치매기가 있는 할머니와 함께 살고 있는 "빌리"는 무심한 아버지와 형 대신 아침마다 할머니께 삶은 달걀과 토스트를 챙겨 드릴 만큼 착하고 세심한 아이입니다. 방을 함께 쓰는 어린 동생에게 퉁명스럽게 대하는 형 "토니"에게서 따뜻한 배려를 받지 못하는 빌리는 "남자는 강해야 한다"는 생각을 철칙처럼 갖고 있는 아버지 "재키"의 뜻에 따라 하루에 50펜스씩 내고 체육관에 다니며 복싱 연습을 하는 나날을 이어 가지요. 그러나 발레 강습소가 사용하던 자리를 파업하는 광부들이 차지하면서 복싱 체육관 한 구석으로 옮겨 진행되던 발레 수업을 아이가 자연스레 접하게 되고, 그것이 그로 하여금 자신 안에 숨겨져 있던 적성과 재능을 깨닫도록 하며 결국 가정 내에 갈등을 일으키는 도화선으로도 작용합니다.

발레 교사인 "윌킨슨" 부인의 적극적 도움과 아버지의 어려운 결심으로 마침내 빌리가 외진 탄광촌 마을을 떠나 자신의 꿈을 이루는 내용으로 영화는 끝을 맺지만, 그런 결말이 있기까지 빌리는 무척이나 길고 힘든 과정을 거쳐야 했습니다. 유난히 가부장적인 아버지와 남자다움을 생명처럼 여기는 형이라는 두 개의 벽뿐 아니라, 경제적 어려움이라는 이름의 더욱 크고 높은 또 하나의 벽도 넘어야 했으니까요. 이런 벽들을 아이가 모두 넘어설 수 있었던 데에는, '발레 수업'을 포기해야 하는 현실적 상황 속에서도 '춤추는 일'만은 포기할 수 없었던 빌리 자신의 끈질기고 굳건한 자세가 가장 큰 견인차가 되었을 것입니다.

그러나 빌리 스스로의 굳건함 못지않게 현실의 난관을 타개하는 데에 실질적 도움이 되어 준 주변 사람들의 사랑과 생각의 변화도 큰 역할을 했습니다. 비록 자신도 가정적으로 불행한 상황에 처해 있었지만 사방의 몰이해에 둘러싸여 해결책을 찾지 못하던 빌리에게 가장 먼저 손을 내밀어 준 윌킨슨 선생님의 사랑이 그 첫 번째 실례입니다. 저의 어린 시절인 60-70년대만 해도 여자아이는 소꿉놀이나 인형 놀이, 남자아이는 칼 싸움과 전쟁놀이하는 것을 불문율처럼 여기는 사회 분위기가 압도적이었음에 비하면 그런 식의 고정관념을 비웃을 만큼의 변화가 제법 자리 잡게 된 것은 다행이지만, 여전히 직업은 물론 취미 분야에서까지 일정한 남녀의 구분이 존재하는 세상에서 발레를 너무도 하고 싶다는 소년의 '꿈'은 주위 사람들로부터 이해받기 어려운 '망상'으로 끝날 수도 있었을 것입니다. 그렇기에 그 분야에 대해 잘 알고 도움을 줄 수 있는 어른(윌킨슨 선생님)의 "누구든지" 발레를 할 수 있다는 열린 생각이 아니었다면 빌리가 가졌던 굳건한 의지는 오히려 그에게 큰 상처만 남기고 말기 십상이었겠지요.

탄광 마을 특유의 고착된 관념과 가치관에도 불구하고, 또 아끼며 간직하던 아내의 시계와 목걸이를 전당포에 맡기면서까지, 아들의 발레 공부를 위한 뒷바라지를 결심하며 과감히 '생각'을 바꾸는 용단을 내린 빌리 아버지 재키가 실제로 그 꿈을 실현시키는 데 결정적 공헌을 했음 역시 두말할 나위가 없습니다. 런던이 어떤 곳이냐고 묻는 빌리에게 한 번도 고향 "더럼"을 떠나 본 적이 없어 모르겠다고 대답하고, 나라의 수도인데도 못 가 본 거냐고 아이가 다시 묻자 "런던에는 탄광이 없으니까"라는 대답을 건넬 만큼 평생을 좁은 틀 안에 갇혀 살아 왔던 그가, 아들을 위해 그 억센 틀을 스스로 깨겠다고 마음을 바꾸기까지의 과정이 그리 쉽지는 않았을 것입니다. 영화가 제작된 당시보다 세상이 많이 바뀌었을 오늘날도 부모 세대의 사람들이 자녀 세대에 의해 새롭게 깨치고 변화되어 나가기로 결단해야 할 일들은 여전히 많을 줄 압니다. 자신이 지니고 있는 굳고 단단한 잣대로 섣불리 판단하려 들기보다 젊은 사람들에게 배우며 그들의 말을 귀 기울여 들을 줄 아는 유연함으로 '휘어질' 준비가 되어 있는 어른들이 더 많아져야 할 것입니다.

예전의 영화나 TV 프로그램에서 다루어지던 소재이긴 하지만 - 이제는 더 이상 그렇지 않기를 바랄 뿐이지만 - 간호사인 남성이 결혼을 준비하는 과정에서 겪는 해프닝을 재미 삼아 다루는, 혹은 의상 디자이너, 헤어 디자이너 등의 직업을 가진 남성을 성정체성에 문제 있는 사람들인 양 희화화해 그리는 코미디들을 보며 무척 화가 날 때가 있었습니다. 그런 편견을 깨기 위해 수많은 사람들이 오랜 시간 지난한 과정을 거치면서 오늘날에 이르렀음에도 그처럼 편협한 생각을 계속 버리지 못하는 태도는, 각 사람에게 저마다 다른 은사를 주셨으며(롬 12:4-5; 고전 12:12) 어떠한 차별이나 편애도 없으신 하나님(신 10:17; 욥 34:19; 행 10:34; 롬 2:11; 갈 2:6; 엡 6:9; 골 3:25; 벧전 1:17)의 뜻에 맞지 않는 비성경적 자세임을 지적하지 않을 수 없습니다. 물질 '문명'이 하루가 다른 속도로 변화, 발전하는 세상 가운데 정신적, 영적 '문화'에서 여전히 제자리를 고집하려는 사람들의 영역과 공간은 점점 좁아지고 제한될 수밖에 없을 테니 말이지요.

12

아라한 장풍대작전

싸우지 않고 이기는 법

만화영화가 아닐까 하는 추측을 불러일으키기에 충분한 제목을 가진 - 실제로도 그런 요소가 적지 않은 - "아라한 장풍대작전"은, "주먹이 운다", "부당거래", "베를린", "군함도", "베테랑", "모가디슈" 등을 통해 이제는 탄탄한 지명도를 자랑하게 된 류승완 감독의 2004년 발표작입니다. 액션 영화로 점철되다시피 한 초기 작품들 때문에 "충무로 액션 키드"라는 별명을 얻기도 했던 류승완은, 자신의 연출작을 포함한 총 10편 정도의 영화에 배우로 출연했을 만큼 연기 분야에도 일가견을 보이는 감독이지요. 어려운 가정 형편에서 함께 자라다 보니 배우의 길로 이끌지 않으면 사고나 치고 다닐 것 같았다는 동생 류승범의 범상치 않은 연기력을 생각할 때, 두 사람의 그 같은 재능은 타고난 자질이 아닐까도 짐작해 봅니다.

감독 류승완과 배우 류승범에 대해 제가 개인적으로 남다른 '친밀감'을 느끼는 이유가 한 가지 있는데, 딸의 어린 시절 새로 문을 열었다는 "서울종합촬영소"(지금은 "남양주종합촬영소"로 명칭이 바뀌었다는)에 저희 가족들이 방문했을 때 "다찌마와 Lee"라는 단편영화를 촬영하던 그들의 모습을 우연히 목격한 일이 있기 때문입니다. 물론 그 당시엔 영화 제목뿐 아니라 류승완 감독이나 류승범, 임원희, 안길강 같은(지금은 가까이에서 얼굴 보기도 쉽지 않을) 배우들이 모두 낯설기만 하던 터라 '조악한' 세트에서 '어설픈' 연기를 펼치던 그들을 곁눈으로 보며 무심히 지나쳤지만, 시간이 꽤 지난 후 저희가 목격한 것이 '희대의 걸작'을 촬영하던 그들의 모습이었음을 깨닫고 나니 당시의 장면들을 사진으로라도 남겨 둘 걸 하는 아쉬움이 크더군요.

서론이 좀 길어지기는 했으나 "한국형 도시무협" 영화를 표방하는 "아라한 장풍대작전"은 동양 문화권에서 영적 힘에 대해 다룰 때 종종 언급되곤 하는 "기"(氣)라는 것의 존재와 그 '사용 방식'에 초점을 두고 있는 작품입니다(물론 코미디이기에 해학적 느낌이 주조이기는 합니다). 영화의 주인공이자 신참 경찰인 "상환"은 국회의원 차량에도 주저 없이 신호 위반 스티커를 발부하고 뇌물을 받으면서 조폭과 공생하는 선배 경찰에게 강력히 항의할 정도로 정의감과 준법 정신이 투철하지만, 실제 현장에서는 그 의원의 운전기사에게 반말이나 듣고 조폭들에게 비 오는 날 먼지 날 만큼 얻어맞거나 하는 힘없고 어리버리한 청년입니다. 교통 단속 중 우연히 목격한 소매치기범을 쫓다가 그 범인을 먼저 쫓아와 혼내 주고 있던 또 다른 주인공 "의진"의 장풍에 잘못 맞아 기절한 뒤 자기도 모르게 실려 간 그녀의 집에서 수상한 중년 남녀에게 둘러싸여 깨어났던 그는, 본인들을 "칠선"(七仙)이라 자칭하며 상환에게서 남다르고 특별한 기운이 느껴진다고 부추기는 그들에게 조소를 보내곤 곧바로 그 집을 떠나 버립니다.

그러나 조폭들에게 무참한 폭행을 당하면서 장풍을 배워 복수하고 말겠다는 결의를 다지게 된 상환은 다시 의진의 집으로 찾아가고, 이후 길고 지루한 수련 기간을 보내며 자신이 전혀 모르던 사실들도 전해 듣게 됩니다. 보통 사람은 잘 깨닫지 못하지만 세상에는 '도'의 경지에 이른 이들(고층 빌딩에서 외줄을 타고 작업하는 노동자, 여러 층의 쟁반을 머리에 이고 음식을 나르는 식당 아주머니, 산처럼 쌓인 물건을 흔들림 없이 실어 나르는 오토바이 배달 기사 등등)이 곳곳에 있는데, 그 가운데에서도 인간과 신선의 사이에 위치하는 득도한 남녀가 "마루치"와 "아라치"이고, 이 마루치와 아라치의 경지에 오른 자가 "아라한"(阿羅漢: 깨달음을 얻어 더 이상 배울 것이 없는 성자를 일컫는다는)의 열쇠를 가지면 세상을 다스릴 수 있는 위치와 능력에 이르게 된다는 전설(?) 등이 그것이지요. 상환의 연마를 돕는 칠선은 그 열쇠가 악의 무리에게 넘어가지 못하도록 지키는 도인들이고, 그들 가운데 하나였지만 무력으로 평화를 회복하겠다는 생각에 악의 화신이 되었던, 그리고 이후 특정 지역에 가두어졌던 "흑운"이 봉인의 차단이 깨어지며 얼마 전 부활했다는 섬뜩한 사실도 그에 더해집니다.

뛰어난 무술 실력을 습득하게 된 상환이 자신에게 모욕을 가했던 조폭 집단에게 똑같이 복수하는 액션 신을 제외한다면, 이후 대부분의 장면들은 마루치와 아라치, 즉 상환과 의진이 흑운과 대결하며 아라한의 열쇠를 지키기 위해 벌이는 처절한 싸움으로 채워집니다. 자신의 영화를 통해 소수의 악랄한 특권층과 선하지만 약한 대다수 소외 계층 간의 갈등 구도를 그리곤 하는 류승완 감독의 작품인 만큼, 더운 계절에 가볍게 볼 수 있는 액션/코미디 장르에 속하는 영화임에도 그 안에서 발견되는 메시지들이 그리 가볍지만은 않습니다. 상환의 직속 상관인 "최 경장"이 임무 수행에 최선을 다하려 애쓰는 그에게 "열심히 뛰는 것보다 사람들 보는 앞에서 뛰는 것이 더 중요"하다는 조언을 하거나, 조폭들에게 실컷 맞고 나온 상환을 향해 "세상이 원래 그런 거야, 너무 세면 부러져" 같은 말을 대놓고 건네는 등의 장면을 통해서 말이지요.

나름대로 '영적인' 문제를 다루고 있는 영화이기에 신앙인의 시각에서 적용할 만한 부분도 적지 않습니다. '맑은' 기운과 '탁한' 기운으로 양분되는 기(氣)라는 것 간의 충돌은 기독교에서 말하는 영적 전쟁에 대입해 볼 수 있는 측면이고, 처음에는 신선들 중 한 명이었지만 자신의 '의'에 빠져 스스로 "아라한"이 되겠다고 나서면서 폐쇄 지역에 봉인되는 흑운은 애초 천사였다가 악마로 전락해 암흑 속에 갇히게 된 타락 천사(벧후 2:4; 유 1:6)의 존재를 연상시킵니다. 물론 한국을 포함한 동양권에서는 영(spirit)의 영역을 '기'라는 개념으로 해석하며 주술적, 샤머니즘적 관점에서 이해하는 미신적 접근 방식을 보이기도 하지만, 저 개인적으로는 그런 사고 자체도 "신(gods) 중의 신(God)"이신 하나님을 알지 못해 생겨난 왜곡된 관념일 뿐 같은 본류를 근간으로 하는 신념 체계일 수 있으리라 추정합니다. 역시 동양적 사고를 바탕으로 한 "아라한"이라는 존재(세상에 숨어 있는 신성한 기운을 '깨워' 사람들을 옳은 길로 '인도'한다는)의 표상처럼 그려지는 상환이, 처음에는 평범하고 어리숙한 인물에 불과했지만 점차 잠재된 자신의 힘을 발견하며 놀라운 능력을 펼쳐 보이는 - 영화 "매트릭스"의 주인공 "네오"(Neo: The 'One'의 알파벳 순서를 뒤섞은 이름인)를 떠올리게 하는 - 과정도 '구원자'라는 존재를 향한 인간의 잠재적 열망을 시사하는 요소로 해석해 볼 수 있습니다.

영화에서 흑운의 분노한 모습과 오버랩되며 보여지는 성수대교와 삼풍백화점의 붕괴, 고층 건물들에 발생한 화재 현장 등을 보면서 떠올랐던 생각은, 물론 그와 같은 사고들을 '사탄'이 일으킨 재앙으로가 아니라 미리 점검하고 예방할 수 있었던 인재(人災)로 우선 이해해야 함은 분명하지만, 공사비를 줄여 착복하겠다는 탐심, 그런 부패 행위를 눈감아 달라며 건넨 뇌물을 챙기는 이기심 등이 야기한 부실 공사, 부실 행정의 결과인 경우가 흔한만큼, 결국 악한 일의 배후에는 어둡고 타락한 영적 세력이 도사리고 있음도 인정하지 않을 수 없다는 것이었습니다.

본향인 천국에 이를 때까지 우리가 머물어야 하는 이 세상이 "공중의 권세를 잡은 자", 즉 "지금 불순종하는 이들 가운데 활동하고 있는 영"에 의해 다스려지고 있음은 성경에도 기록(엡 2:2)되어 있는 새삼스러울 것 없는 사실이지만, 한 세대 전만 해도 상상조차 못했을 끔찍한 일들이 연일 뉴스를 채우는 세상이 된 현실 자체를 어두운 영의 득세가 점점 심해진다는 신호로 받아들이는 것이 지나친 일은 아닐 듯합니다. 영화에서 언급하는 "손자병법"도 가르쳐 주듯 "적을 알고 나를 알면 백 번 싸워도 위태로울 것이 없다"(知彼知己 百戰不殆)는 사실을 특히 명심해야 할 때가 바로 지금이라고 여기게 되는 이유이기도 하지요. 물론 하나님께서 '대신' 싸워 주시는 전쟁을 치루고 있는 우리는 그보다 더 높은 경지인 "[스스로 나서] 싸우지 않고 승리하기"(不戰而屈人之兵 善之善者也)의 묘책을 이미 알고 있지만 말입니다.

류승완 감독의 2004년 작품인 [아라한 장풍대작전]은 엄마와 나의 최애 코미디 영화 중 하나로, 이 영화 속의 재기발랄한 대사들 역시 거의 20년이 지난 지금까지 우리 사이의 인사이드 조크처럼 쓰이곤 한다. 해외에서도 인정받는 최근작들을 통해 메이저 오브 메이저가 된 류승완 감독이지만 [아라한 장풍 대작전]에서는 그의 신인 시절 두드러지던 의도된 촌스러움과 소위 "B급 감성"의 재미가 여전히 남아 있다. 그의 최근 작품들이 보여 주는 매끈하고 세련된 멋은 부족하더라도 무더운 여름에 잘 어울리는 시원시원하고 생기 가득한 매력을 가진 영화라고는 표현될 수 있을 테고 말이다. 영화 내용의 설명에 앞선 사족으로, '도'와 '도인'이 존재한다는 세계관을 기반으로 하기에 성경적 가치관과 다소 거리가 있다고 느낄 만한 작품이라는 점을 언급해 두어야겠다. 하지만 강동원 배우가 도사를 연기했던 [전우치]가 사실은 판타지 액션이었듯, 이 작품 역시 도나 도술을 진지하게 다룬다기보다 한국형 수퍼히어로물의 장치 정도로 쓰였다고 보는 쪽이 더 적절하지 않을까 싶다.

영화의 주인공인 상환(류승범 분)은 지역구 국회의원의 차를 막아서며 교통 위반 딱지를 붙이려 들 정도로 의욕과 정의감이 넘치는 순경이지만, 안타깝게도 눈치나 실력은 그런 열정을 따라가지 못한다. 어느 날 복잡한 도로에서 오토바이 소매치기 현장을 목격한 그는 금방 쓰러질 것처럼 힘들어하면서도 범인의 뒤를 끝까지 쫓는데, 그러다 자기처럼 그 소매치기범을 쫓던 - 그러나 자기와는 전혀 달리 건물 사이를 휙휙 날아다니는 - 초인적 무술 실력의 의진(윤소이 분)과 마주치게 된다. 범인을 잡으려던 의진은 만화나 영화에 나오는 무림인처럼 장풍을 쏘다가 자신의 조준 실수로 바람을 대신 맞은 상환이 그대로 기절해 버리자, 어쩔 수 없이 아버지 자운(안성기 분)과 함께 사는 자기 집으로 그를 '실어' 간다.

그곳에서 정신을 차린 상환은 자운을 포함한 "칠선"이라는(칠선임에도 총 다섯 명이라는 점이 코미디다) 무도인들을 만나게 되는데, 자운은 상환에게서 아무나 가질 수 없는 강한 '기운'을 느꼈다며 자신들의 가르침을 받아 세상을 구하는 힘을 가진 영웅 "마루치"가 되라고 권한다. 어처구니없는 이야기를 들은 상환은 이들을 이상한 사람이라 생각하고 도망치다시피 자리를 빠져 나오지만, 곧 선배 경찰과 함께 신고를 받고 나간 단속 현장에서 폭력 조직의 두목인 깡통(안길강 분)에게 - 부패 경찰들에게 뇌물을 주며 상부상조하던 - 수치스러울 정도로 얻어맞게 된다. 그 치욕스런 경험 이후 실전에서 사용할 수 있는 힘과 '싸움 기술'을 원하게 된 상환은 다시 칠선들을 찾아가고, 그들의 지도하에 무술을 배우면서 이상하고 우스꽝스러워 보이는 훈련과 수행을 거듭한다.

그러나 허술한 무협극, 혹은 스포츠 성장 드라마처럼 진행되던 그들의 일상은 칠선 중 하나이던 흑운(정두홍 분)이 깨어나며 갑작스런 전환점을 맞게 된다. 흑운은 자기 스스로 마루치가 되어 힘으로 세상의 평화를 지키기 원했지만 그를 경계한 다른 칠선들에 의해 용이 노닌다는 "영산"에 봉인 당했던 존재로, 지하 공사 때문에 봉인진이 깨지면서 갑작스레 부활한 것이다. 먼 과거 칠선들이 자신에게서 빼앗았던, 세상을 다스릴 수 있는 힘을 가진 '열쇠'를 되찾으려는 흑운은, 현대 칠선들을 하나씩 찾아가 제압하는 과정에서 칠선 중 막내 격인 자운이 지금껏 그 열쇠를 지키고 있었음을 알게 된다. 흑운에 의해 선배 칠선들이 당하는 모습을 본 자운은 상환과 의진의 몸에 열쇠를 반씩 나눠 전달하고 대피시킨 뒤 혼자 남은 집에서 흑운을 맞이한다. 열쇠를 품고 몸을 숨기려다 아버지만 남겨 두고 떠날 수 없다는 생각에 집으로 되돌아왔던 의진은, 이미 인질로 잡혀간 아버지를 구하고 흑운을 막아 내기 위해 상환과 함께 그의 본거지인 영산으로 뛰어든다.

이렇게 삭막하게 내용 정리만 하고 보니 약간 유치하게 들리기도 하지만 (사실 개인적으로도 "무협"이라는 장르를 그다지 좋아하는 편은 아니다) 실제로는 관객들이 '힘'에 대한 정의를 새롭게 내릴 수 있도록 해석의 여지를 충분히 남겨 둔 작품이라고 생각된다. 이번에 영화를 다시 감상하며 전에는 눈요기처럼 펼쳐지는 화려한 액션 신들 사이에서 놓치고 지나쳤던 두 개의 장면이 새롭게 눈에 들어왔는데, 모두가 무도인인 칠선들 간의 초인적 결투가 아니라 모자라고 찌질한 인간들 사이, 정확하게는 깡통과 상환 사이에서 일어난 '쌈박질' 장면이 그 첫 번째였다. 앞서 말했듯 영화 초반의 상환은 그 구역 조직이 운영하는 유흥주점에 단속을 나갔다가 조직 두목인 깡통으로부터 엄청난 폭행을 당하지만, 따지고 보면 우리 사회에 도인과 신선들이 버젓이 돌아다닌다는 판타지적 설정보다 더 비현실적이라고 해야 할 경찰 구타 사건 속에 영화에서 전하고자 하는 숨은 메시지가 있지 않을까 생각한다.

사실상 깡통이 상환에게 폭력을 가하는 것은 그가 정말로 경찰을 우습게 보아서, 한갓 순경 따위는 찍어 눌러도 괜찮을 정도의 '빽'과 권력을 가지고 있어서가 아니다. 자신들을 "깡패"라고 불렀던 상환을 때리면서 "경찰이 무슨 벼슬이냐"며 윽박지르는 깡통의 다소 어이없는 대사에서 이 사실을 확인하게 되는데, 그러니까 깡통은 상환이 가진 반듯하고 번듯한 경찰이라는 정체성을, 자신은 아무리 노력해도 가질 수 없을 사회적 평판과 도덕적 우위를 철저히 부인하고 짓밟음으로써 스스로의 결핍을 해소하려는 듯 보이는 것이다. 거의 발작적으로 상환을 때리고 수모를 주며 바닥에 쓰러진 그에게 발길질까지 하는 그의 행위는 글자 그대로 상환을 자신의 "발 아래" 깔고 눌러 경찰인 상환이 상징하는 사회적, 도덕적 '힘'을 자기가 가진 '완력'으로 압도함으로써 그렇게나마 스스로를 높이려는 시도로 해석된다. 어떤 면에서 깡통은 힘이 있어서 상환을 폭행한 것이 아니라 힘이 없기에 더더욱 난폭하게 몸부림을 쳤다고 봐야 할 대목이기도 하다.

시간이 흘러 상환의 무술이 일정한 경지에 이르고 난 뒤 두 번째의 '중요한' 쌈박질이 펼쳐지는데, 수련을 함께하며 제법 가까워진 의진과 상환이 식사를 하러 고깃집에 갔다가 깡통과 그 부하들을 마주치면서 벌어지는 싸움 장면에서이다. 첫 번째 쌈박질 때 상환이 깡통을 깡패라 불러 갈등이 초래되었다면 이번엔 깡통의 부하 한 명이 굳이 상환과 의진에게 다가와 시비를 걸며 싸움이 시작된다. 자신의 두목에게 짓밟히는 상환을 보았던 부하가 두목인 깡통의 힘이 자신의 것인 양 기세등등하게 다가와 벌어진 일이지만, 상환을 자극하던 부하는 그동안 무술 실력을 갈고닦은 상환에게 보기 좋게 당하고 만다.

물론 이 장면이 누가 봐도 느낄 수밖에 없을 통쾌함을 선사하기는 한다. 예전에 상환이 깡통에게 억울한 피해를 입었던 것도, 그의 부하가 가만히 있는 상환에게 시비를 걸었던 것도 사실이니 말이다. 하지만 이 쌈박질 역시 씁쓸한 뒷맛을 느끼게 하는 이유는 결국 이 싸움이 상환의 분풀이에 지나지 않기 때문이다. 어쨌거나 깡통의 부하인 폭력배는 말로 시비를 걸었을 뿐 자신에게 물리적 위협이나 위해를 가한 것이 아닌데도 상환은 그들 일당을 사정없이 '밟아' 버린다. 예전의 깡통이 자신에게 그랬듯 상환은 더 이상 위협이 될 수 없을 만큼 무력하게 쓰러져 있는 깡통에게 - 말하자면 폭력에 대한 아무런 '명분'이 없어진 상태에서 - 계속해서 발길질을 하는데, 그러면서 읊어 대는 "미란다 원칙"에서는 일종의 아이러니까지 느껴진다. 이것이 단지 자기가 당했던 억울한 피해와 수모의 복수이자 분풀이, 즉 '사적' 응징일 뿐임에도 마치 자신이 '공적'인, 그러니까 정의로운 일을 하고 있는 양 스스로를 속이는 행위에 불과한 것이다.

반면에 의진은 상환과 달리 최소한의 '힘'만 사용한다. 덤벼드는 깡통의 부하들을 간단히 제압하고 혈을 눌러 무력화하는 것으로 상황을 정리한 그녀는 불필요할 정도의 힘과 난폭함을 쏟아 내는 상환과는 전혀 다른 모습을 보인다. 그럼에도 여기에서 더 세고 강해 보이는 것이 오히려 의진 쪽인 이유는 첫 싸움 때의 깡통처럼 힘이 있어서가 아니라 힘이 없어서 - 혹은 힘이 없었을 때의 분함을 해소하기 위해서 - 상대를 때렸던 상환의 난동과 정반대의 자세로 대응하고 있기 때문이다. 싸움판이 정리되고 난 후 "누굴 그렇게 이기고 싶으면 네 자신부터 이기라"며 상환에게 쏘아붙이는 의진의 말은, 힘을 상대에게 무기처럼 이용해야 한다고 생각하는 상환과 달리 힘은 다른 누구보다 자신을 절제하는 데에 써야 한다는 - 어찌 보면 힘은 "쓰지 않음으로 인해 의미를 갖는다"는 - 그녀의 가치관을 잘 드러내고 있다.

작품 속 악역인 흑운 역시 힘을 '이용'해야 한다고 생각하는 인물이라는 점에서 이러한 차이는 영화의 갈등 요소들과도 직접적으로 맞닿게 된다. 사실 흑운은 칠선 중의 하나, 말하자면 신선과 유사하게 어떤 깨달음과 선함의 경지에 이르렀던 존재이며, 그를 움직이게 하는 동기 또한 보편적으로 악하다고 여겨지는 종류의 것들이 아니다. 과거의 그는 세상을 다스릴 힘을 지닌 열쇠에 의해 혼돈이 초래되며 인간계에 생겨난 고통과 불의에 함께 괴로워했던 인물로서, 평화와 질서를 지키려는 목표(충분히 납득 가능하며 '대의'라고도 부를 수 있을)를 가지고 있기도 했다. 그러나 평화를 위해 싸우는 과정에서 점점 이성을 상실하며 결국은 분노에 사로잡혀 길을 잃게 되었던 것으로, 말하자면 그는 "자기 자신을 다스리는 힘"을 잃었기에 "세상을 다스릴 수 있는 힘"에 적합하지 못한 존재로 전락한 셈이다.

어쩌면 대부분의 사람들도 이와 같지 않을까 생각한다. 힘을 가졌다면 그것을 쓰고 휘두르는 것이 당연하다고 믿고 행동한다는 점에서 말이다. 조금의 불편과 불이익도 참지 않으려는 태도, "사이다" 전개와 "참교육"을 부르짖는 문화 역시 힘은 마땅히 사용되는 것이어야 한다는 가치관의 다른 표현으로 이해할 수 있다(물론 불의를 참아야 한다는, 특히 약자를 향한 불의와 폭력에 침묵해야 한다는 뜻은 절대 아니다). 이런 세상에서 싸우지 않음으로 이길 수 있다는 믿음, 상대보다 나를 다스리는 데에 힘을 써야 한다는 가르침이 외면 당하는 것은 어쩌면 당연한 현상일지 모른다. 이해되지 않는 수련 과정을 답답해하고 장풍 쏘는 법이나 빨리 가르쳐 달라는 상환의 태도에는 우리 대다수의 모습이, 심지어 많은 크리스천들의 모습이 담겨 있는 듯도 하다. 주님에게서 '힘'을 전해 받기를 구하며 기도할 때 우리가 진정 바라는 것이 내 자신을 다스릴 수 있는 힘, 나를 버리고 제어하는 지경에 이를 때까지의 지난한 과정을 인내할 수 있는 능력일지, 아니면 일상의 불이익과 갈등 상황이라는 실전에서 써먹을 수 있는 기교로서의 한입 거리 계시와 기적일지 돌아보게 된다.

그런 의미에서 영화의 후반부, 마침내 각성한 상환의 모습은 꽤나 고무적이다. 남을 제압하여 자신의 우위를 증명하려고 상대를 "죽일 수도 있다"는 마음으로 달려들어 싸우는 것이 아니라, 나 자신을 버리고 내가 "죽을 수도 있다"는 각오로 힘을 사용한 순간의 그가 진정한 힘을 얻게 되기 때문이다. 세상을 구하기 위해 흑운과 맞선 그는 상대가 무력해진 다음에도 계속 발길질을 하던 과거와 달리, 흑운이 더 이상 반격할 수 없는 상태로 쓰러지자 자신의 주먹에서 힘을 푼다. 사용함을 통해 가치를 부여 받고 "할 수 있다"는 것을 증명하는 힘이 아닌, 사용하지 않음으로 의미를 드러내고 할 수 있으나 "하지 않는" 힘에 대해 드디어 그가 깨우쳤음을 보여 주는 순간이다.

　마지막 장면에서의 의진과 상환은 마침내 힘에 대한 공통된 시각과 가치관을 보여 주는 듯하다. 영웅적 투지로 세상을 구한 두 사람은 그럼에도 여전히 미용사가 될 공부를 하고 경찰관으로서의 근무를 수행한다. 힘으로 대단한 경지에 이르고서도 보통 사람들처럼 평범한 일상을 살고, 영화 초반부에 나왔던 소매치기범과 동네 양아치들이 나쁜 짓 못하게 겁 주는 소소한 용도로만 장풍을 날리면서 말이다. 어떻게 얻은 힘과 능력인데 좀 아깝지 않나 생각될 수도 있지만, 어쩌면 그들이 가진 엄청난 파워를 소비하기에는 가장 적합한 방식일지 모르겠다.

　주님으로부터 오는 어마어마한 힘의 잠재력을 가진 우리에게도 그들의 삶의 방식은 좋은 팁이 될 수 있을 듯하다. 세상을 살며 만나게 되는 불편과 불이익들을 이 정도의 귀엽고 사소한 반항으로 대응하면서 그저 툴툴대는 정도로 해소하는, 힘을 쓰지 않음으로 진정한 힘을 누리는 삶을 사는 것도 괜찮은 일이 아닐지.

13

라이온 킹 (The Lion King)

진정한 왕은 누구인가

딸 J의 시선

　부활절이 다가오던 즈음, 부활의 기사와 관련되었지만 기독교적 세계관을 전면에 내세우지 않는 작품들을 떠올려 보다가 [라이온 킹]이 문득 생각났다. 혹시나 해서 덧붙이자면 2019년 발표된 실사판이 아니라 내 마음속의 영원한 클래식이자 '원조'인 1994년 개봉작 애니메이션 이야기다. 이렇게 말하면 어이없어 할 분들도 있을지 모르지만 나는 주인공 "심바"의 여정이 예수님의 생애와 일정 부분 유사하다고 생각해 왔다. 그런데 이번에 나름의 '비평적' 시선으로 영화를 다시 감상하고 나서 생각이 조금 바뀌게 되었다. 이 영화의 진짜 주인공은 심바가 아닐지도 모른다는 쪽으로 말이다.

워낙 유명하고 오래된, 또 뮤지컬로도 만들어진 작품이라 내용이 익히 알려져 있으리라 짐작되지만, 영화의 줄거리를 한 단어로 요약한다면 심바의 "복수기", 더 정확히는 "왕좌 탈환기" 정도로 정의될 수 있을 듯하다. 영화 초반엔 아프리카의 거대한 대륙 안에서 동물들을 다스리는 사자 왕 "무파사"와 그의 보호를 받는 아들 심바가 행복한 나날을 보내는 모습이 펼쳐지지만, 소소한 말썽을 일으키며 "빨리 왕이 되고 싶다"는 철없는 소리나 일삼던 심바는 곧 엄청난 시련에 맞닥뜨리는데, 왕의 동생이자 심바의 삼촌인 "스카"가 하이에나와 결탁해 무파사를 살해할 계획을 세우고 있기 때문이다. 심바가 위험에 처해지도록 함정을 판 스카는 아들을 구하다 위험에 빠진 형 무파사를 살해하고, 아빠를 잃고 절망에 빠져 있는 어린 심바에게 "아빠의 죽음은 너 때문"이라는 말로 책임감과 죄책감을 전가하며 고향을 떠나라고 종용한다.

한순간에 모든 것을 잃은 심바는 사막을 헤매다 죽음을 맞을 뻔하지만, 자신을 구해 준 미어캣 "티몬"과 흑멧돼지 "품바"와 함께 살며 과거의 일들을 잊으려 애쓴다. 그러던 어느 날 어른이 된 심바 앞에 옛 친구 "날라"가 나타나는데, 그녀는 무파사의 죽음 이후 왕위에 오른 스카가 그들의 지역으로 하이에나를 끌어들이고 폭정을 일삼아 황무지로 변해 버리고 만 고향의 근황을 전한다. 가슴 아픈 소식에 고민하던 심바는 그동안 외면하던 자신의 과거, 아버지와의 기억에 직면할 것을 결심하고, 고향으로 돌아가 스카와 맞서 싸운다.

이렇게 글로 요약하고 보니 꽤나 장엄한 내용이기는 하다. "부모의 억울한 죽음과 그에 대한 복수"라는 설정 때문에 연극 [햄릿]의 줄거리와도 궤를 같이하는 측면이 있어 더욱 그런 모양이다. 그러나 앞서 말했듯, 이 영화가 심바의 여정을 쫓으며 전개된다고 해서 작품의 실질적 주인공을 심바라고 할 수 있을지의 의문을 이번 감상 중 새삼 갖게 되었다. 일단 딴지를 조금 걸고 넘어가자면 심바는 객관적으로 매력적인 캐릭터는 아닌 듯하다. 아기 사자였을 때부터 겉모습은 정말 귀여운데 하는 짓은... 왕이 되면 뭐든 자기가 하고 싶은 대로 할 수 있을 테니 빨리 왕이 되고 싶다는 패륜적(?) 언행을 서슴지 않는 데다, "빛이 닿지 않는 땅"에는 절대 가지 말라던 아빠의 경고를 무시하고 스카의 꼬임대로 위험한 하이에나의 구역으로 들어갔다가 큰일을 당할 뻔하기도 한다.

물론 유년기의 미숙함은 큰 결함이 아니지만 - 어렸을 때 철없고 오만한 주인공일수록 이어지는 성장과 성숙의 스토리에서 오히려 더 강력한 카타르시스를 선사할 수도 있으니까 - 심바는 어른이 된 후에도 여전히 어중간하다는 게 문제다. 그는 티몬과 품바를 따라 "하쿠나 마타타"를 삶의 모토로 삼는데, 세상을 살면서 슬프고 나쁘고 억울한 일들이 일어나는 것은 내 힘으로 어쩔 수 없으니 그냥 아무 걱정하지 말자는 식의 철학이다. 언뜻 들으면 지혜로운 가치관이라고 생각될 수도 있으나 사실 영화 속 심바는 이 개념을 모든 아픔과 고뇌, 그리고 그에 따르는 성장과 깨달음, 의무와 책임 등을 거부하는 무책임한 삶의 구실로 삼는 듯 보인다. 말하자면 어린 시절의 트라우마 때문에 자기 삶의 방향을 '회피'로 정해 버린 것이다.

심바는 그렇다치고, 영화에서 다음으로 큰 비중을 차지하는 캐릭터는 그에 맞서는 악역 "스카"다. 사실을 말하자면 지금까지 이 영화에서 내가 가장 좋아하던 배역이 스카였고, 그가 반역을 꾀하며 하이에나들과 함께 부르는

"Be Prepared"가 이 영화의 삽입곡 중 내가 가장 좋아하는 노래였다. 그런데 이번에 영화를 다시 보면서 스카를 매력적인 악역으로 기억하고 있었던 인상이 통째로 흔들렸는데, 왕위에 오른 후의 그의 행보가 너무도 실망스러웠기 때문이다. 왕이 되고 말겠다고, 그렇게 되면 모두가 자신을 인정할 수밖에 없을 거라고 포부를 펼치던 것에 비해 막상 왕이 되고부터 스카는 '통치' 영역에서 손을 놓아 버린 듯 보이는데, 결국 땅은 황폐해지고 아군인 하이에나마저 계속되는 굶주림에 불평불만을 쏟아 낼 지경이 된다. 형의 조언자였던 자주를 가둬 두고 노래나 부르게 하며 광대처럼 써먹을 뿐 아니라 암사자 무리를 이끄는 전 왕비(무파사의 아내) "사라비"의 직언도 철저하게 무시한다. 물론 심바가 아버지의 복수 외에도 고향으로 돌아와 왕좌를 탈환해야 할 정치적, 도의적 타당성을 부여하려는 의도였겠지만 아무리 그래도 이렇게까지 무능할 필요가 있나 싶다. 자고로 악역은 좀 **빠릿빠릿**하고 빈틈이 없어야 매력적이지 않은가?

그런데 여기에서 흥미로운 점은 이 두 캐릭터의 "매력 없음"이 오래전 극에서 퇴장한 무파사와의 비교에 따른 '상대평가'라는 사실이다. 무파사는 영화 초반 잠깐 등장했다가 곧 사라지지만 그럼에도 계속해서 이 두 '주연' 캐릭터들을 지배한다. 일단 스카의 (무능력한) 폭정은 무파사의 영향을, 그가 남긴 유산을 완전히 말살하려는 노력에 기반하고 있다. 스카는 무파사가 퇴출시켜 격리하던 하이에나들과 결탁하지만, 어쩌다가 그들로부터 무파사의 이름이 언급되기만 해도 경기하듯 치를 떤다. 사실 따지고 보면 그가 왕위에 오른 뒤 직접적으로 휘두른 폭력은 누군가가 스카 앞에서 무파사의 이름을 입에 올리거나 그를 무파사와 비교함으로써 빚어진 것들이다. 무파사의 존재를 철저히 거부하고 배척하고 잊고 덮어 버리려 함으로써 오히려 무파사의 그림자에 눌려 헤어나지 못하는, 그의 영향력 아래 갇힌 모습을 보여 주는 것이다.

스카의 정체성이 무파사의 '부정' 혹은 '부재'로 정립된다면, 심바의 정체성은 그와 반대로 무파사와의 '일체감'이라고 할 수 있겠다. 친구들과 속 편히 살고 있던 심바 앞에 과거의 상징인 날라가 나타난 후부터 계속 그에게 요구되는 정체성은 자기 자신이 아니라 "무파사의 아들"로서의 그이다. 날라가 심바에게 다시 돌아와 왕이 되라고 부탁하는 이유도 그가 무파사의 아들이기에 왕좌의 정당한 주인이라는 것이고, 마찬가지로 그를 고향에 데려가려고 찾아온 예언자 원숭이 "라피키" 역시 "내가 누구인지 이젠 잘 모르겠다"는 심바를 "무파사의 아들"로 규정한다. 라피키가 보여 준 신비한 공간 안에서 심바는 호수에 비친 자신의 모습이 아버지 무파사의 모습으로 변하는 것을 목격하는데, "네가 누구인지 잊지 말라"고 당부하는 무파사의 환영 또한 "너는 내 아들이고, 그러므로 적법한 왕"이라고 말한다. 심바 자신이 왕의 재목이어서라기보다 그가 왕의 후사이기에, 왕좌를 계승해야 할 적자이기에 왕이 되어야 한다는 것이다.

스카와의 싸움에서 이기고 왕좌를 차지하는 과정 또한 심바 자신의 승리로서보다는 심바의 내면에 잠재하는 무파사의 승리 혹은 귀환으로 보이는 측면이 있다. 심바 스스로의 능력과 노력, 잠재력에 대한 설명이나 설득 없이 이루어진 왕좌 탈환 이후, 과거의 풍요를 되찾은 고향의 '회복'은 심바가 무파사로부터 자동적으로 물려받은 권한과 지위에 기댄 것과 마찬가지이다. 무파사의 아들이라서 왕이 된 것처럼 무파사의 아들이기에 모든 것을 성공적으로 성취해 내는 구도라고나 할까. 모두가 '죽은' 줄만 알았던 심바가 무리로 돌아오며 그가 '부활'했다고 표현할 수도 있겠지만, 사실 심바가 돌아와 왕위에 오르면서 진정으로 부활하게 된 것은 무파사의 유산과 영향력, 다시 말해 무파사 그 자신이 아닐까 싶다.

그런 이유에서 이 영화의 진짜 주인공, 정신적 토대는 무파사라고 해야 옳겠다. 글의 도입부에 심바의 삶이 예수님의 부활 기사를 따르는 것처럼 느껴졌었다고 말했는데, 이 영화에서 예수님의 위치에 가장 근접한 캐릭터도 사실은 무파사일지 모른다. 그렇게 이해했을 때의 스카는 잘못된 교리, '종교인'들의 죄와 위선, 왜곡된 권위주의 등에 질려 신적 존재를 무시하고 거부하게 된, "전능자의 부재"라는 세계관을 택한 이들의 표상으로 해석될 수 있을 것이다. 왕좌에 오른 뒤 보여지는 스카의 무능력한 행보 역시 신의 권위와 규율처럼 자신들이 혐오하는 통제적 질서를 거부하느라 신이 존재해야만 성립할 수 있는 선함과 아름다움, 확실성까지 함께 내버린 이들의 방황이라고 말할 수 있겠다. 하나님을 거부하면서 그분의 사랑마저 포기하는 세계관과 철학은 결국 황폐해질 수밖에 없다는 깨달음을 전하기 위함인 듯도 하다.

그런 맥락에서는 심바를 세상의 고난과 고통을 애써 피하며 무시하려 드는 소심하고 겁 많은 보통 신자로 해석하는 것이 보다 정확하지 않을까 싶다. 그렇게 되면 심바가 아버지 무파사 없이는 아무것도 할 수 없다는 설정이 너무나 공감된다. 자신만의 독립적 능력이나 자질이 보이지 않는 심바의 모습에서 우리 안에 계신 아버지의 힘을 빌려다 쓸 뿐인 우리 자신의 모습이 저절로 떠오르니 말이다. 심바의 주된 정체성이 무파사의 '아들'인 것처럼, 하나님의 '자녀'라는 지극히 의존적인 정체성을 통해서만 오롯한 나를 찾을 수 있다는 패러독스도 그렇다.

실제로 무파사(Mufasa)는 아랍어로 "왕"을 뜻한다고 한다. 심바(Simba)는 스와힐리어로 "사자"라는 뜻을 가졌다고 하고. 지나치게 직관적인 작명이기는 하지만 앞선 해석과도 통하는 부분이 있다. 진정한 '왕'인 무파사와 왕의 힘을 빌린 평범한 '보통 사자' 심바. 이처럼 아프리카 언어로 된 아름다운 이름의 무파사나 심바와 달리, 스카(Scar)는 말 그대로 "상처"라는 뜻을 가진, 식민지 정책을 주관했던 가해자들의 언어인 영어 이름이라는 사실도 의미심장하다. '왕'을 - 다시 말해 '신'을 - 거부하고 배척한 세계관 속에서 자신의 정체성을 세우려는 노력은 결국 상처와 고통만이 그의 삶과 정체성을 결정 짓게 만들 것이라는 암시는 아닐지.

심바의 '귀환'을 통해 무파사가 부활했듯, 믿음을 가진 평범한 우리들이 하나님의 자녀라는 정체성으로 새롭게 '돌아올' 때마다 그분이 끊임없이 부활하심을 믿는다. 그를 통해 상처뿐이던 황무지들 역시 아름다운 낙원으로 회복될 수 있음도...

엄마 C의 시선

디즈니에서 제작한 32번째 장편 애니메이션이자 자신들의 순수 창작 각본에 의해 만들어진 최초의 영화라는 "라이온 킹"은, 개봉 당시 "서클 오브 라이프"나 "하쿠나 마타타" 같은 삽입곡이 크게 유행하며 아이들은 물론 음악을 사랑하는 어른들로부터도 큰 호응을 얻게 되었던, 게다가 이 곡들로 인해 아카데미 음악상과 주제가상을 수상하며 유명세를 확장하기도 한 작품입니다. 사자가 주인공이고 모든 등장인물(?)이 동물들이라는 점에서 지금까지 다루어 온 여타 영화들과 다르다고 할 수 있을 이 작품은, 뮤지컬은 물론 실사로도 다시 제작되었을 만큼 디즈니 영화 중에서도 특별한 반응을 얻은 애니메이션입니다.

어린이들을 주요 대상으로 하는 디즈니 애니메이션 대다수가 권선징악을 주제로 하는 것과 마찬가지로, "라이온 킹" 역시 선한 편이 악한 쪽의 억압에 의해 수난과 고통을 겪다가 결국 선이 악을 물리치고 최종적 승리를 거둔다는 내용을 중심에 담고 있습니다. 아버지가 억울하게 죽고 그 아들이 아버지의 죽음에 복수한다는 기본 뼈대는 "햄릿"의 줄거리에서 차용한 것이라고 볼 수 있지만, 그 외의 여러 측면에서도 나름의 메시지를 얻을 수 있다는 사실이 이 영화에 의미를 두고 살펴봐야 할 점들이라고 생각됩니다.

영화의 배경은 아프리카의 동물 왕국 "프라이드 랜드"로, 그곳의 왕인 "무파사"가 어린 아들 "심바"를 자신의 후계자로 지명하는 의식이 영화의 첫 장면에 등장합니다. 평온하게만 보이는 이 왕국의 숨겨진 문제는 자신이 승계할 줄 알았던 왕위를 아무것도 모르는 철부지 조카에게 빼앗겼다며 분개하는 무파사의 동생이자 심바의 숙부, "스카"의 존재입니다. 외모와 이름에서부터 '악한' 역할이라는 분위기를 고스란히 드러내는 스카는 자신이 아깝게 잃은 왕권을 탈취하기 위해 호시탐탐 기회를 노리는데, 하이에나들로 가득한 코끼리 무덤으로 조카를 유인해 살해하려던 첫 번째 계획이 실패한 후 그가 다시 생각해 낸 계략은, 심바를 깊은 골짜기로 데려가 엄청난 수의 영양 떼들이 그를 향해 돌진하도록 주위를 교란한 후 무파사에게 가서 심바가 위험에 처해 있다고 알리는 것이었습니다.

아들을 구하기 위해 서둘러 골짜기로 갔던 무파사는 결국 스카의 계략대로 죽음을 맞게 되고, '제때' 나타난 스카로부터 아버지의 죽음이 자신 때문이라는 비난을 들은 심바는 도망치듯 그곳을 떠나 버립니다. 고향과 사자무리를 벗어나 다른 동물들과 함께 살면서 과거를 잊으려는 노력 속에 어른 사자로 성장한 심바는, 먹이를 찾아 그 지역까지 온 어릴 적 여자 친구 "날라"와 우연한 일로 재회하게 되지요. 자신이 아버지를 죽였다는 죄책감에서 여전히 헤어나지 못한 심바로서는 스카의 집권 이후 처참한 지경이 되었다는 고향의 소식을 듣고도 선뜻 돌아갈 결심을 하지 못하지만, 그가 살아 있음을 알고 찾아온(자신의 후계자 지명식을 거행했던) 원숭이 "라피키"의 설득으로 그들과 함께 프라이드 랜드로 돌아갑니다. 어머니 "사라비"와 다투고 있던 스카에 맞서 대결하는 과정에서 그간의 모든 사태가 그의 간계에 의한 일이었음을 알게 된 심바는 분노를 이기지 못한 채 스카에게 공격을 퍼붓고, 절벽에서 떨어진 스카는 자신이 배신한 하이에나들에 의해 처참한 죽음을 맞이합니다.

기본 줄거리는 "햄릿"에서 차용했음이 분명하지만 그 밖의 다른 측면에서도 나름의 교훈을 얻을 수 있다고 앞에서 언급한 이유는, 무파사와 심바 간의, 혹은 그들의 관계와 관련한 대화들에서 발견되는 신앙적 메시지 때문입니다. 예수님을 일컫는 "사자와 어린 양"이라는 명칭이 알려 주듯, 그리고 C. S. 루이스의 소설 "나니아 연대기"에 등장하는 사자 "아슬란"이 예수님을 상징하는 것과 같이, 이 이야기에 등장하는 왕이자 아버지인 무파사와 그 왕위의 계승자이자 아들인 심바는 하나님과 예수님을 떠올리게 하는 이미지로의 역할을 합니다. 또한 그렇기에 라피키의 말대로 연못을 들여다보던 심바가 물에 비친 자신의 모습을 통해 들려오는 아버지의 음성에서 "너는 내 아들이자 유일무이한 진짜 왕"이라는 전언을 깨닫게 되는, 또한 그 모습을 지켜보던 라피키 역시 "왕이 돌아왔다"며 기뻐하는 장면들은 '부활'의 의미에 정확히 부합하는 선언으로 해석하기에 무리가 없습니다.

　왕인 자신의 명을 어기고 코끼리 무덤에 갔던 아들 심바가 "아빠처럼 용감해지고 싶어서" 그랬다고 하자 "난 필요할 때만 용감해진단다. 용감하다는 건 일부러 위험을 찾아다니는 게 아니야"라고 답하는 무파사의 대사에서 발견하게 되는 메시지도 있습니다. 사실 심바는 위험의 요소가 산재한 코끼리 무덤에 굳이 갈 필요가 없었음에도 '불필요하게' 위험한 곳을 찾아가 자신의 용맹성을 과시하려다 화를 자초한 것이지요. 신앙인의 입장에서 유혹에 맞서고 대항해 '이기는' 것이 용감한 일이라고 생각하기 쉬운 우리에게 극작가 오스카 와일드는 "나는 유혹 '외에는' 모든 것을 이겨 낼 수 있다"라는 의미심장한 말을 남겼고, 목사이자 작가인 릭 워렌 또한 "성경의 어디에도 '유혹에 맞서라/대항하라(resist)'라는 구절은 없다"는 경고를 건넵니다. 믿는 자인 우리가 이 영화의 심바처럼 유혹을 피하지 않고 찾아다니며 그에 맞설 수 있는지 스스로 '시험'하다 넘어진다면 실로 어리석은 행동이 될 것입니다.

자신의 지시를 어긴 데 대해 꾸중하고 나서 다시 아들과 장난을 주고받다가, "아빠는 두려운 게 없잖아요"라고 말하는 심바에게 "아까는 나도 두려웠단다"라면서 "널 잃는 줄 알았으니까"라고 솔직하게 답하던 무파사의 '고백' 또한, 제 귀에는 우리에게 건네시는 하나님의 음성처럼 느껴져 가슴이 뭉클했습니다. 물론 하나님께서 인간과 같은 방식으로 두려움을 느끼시지는 않겠지만 그럼에도 가장 싫어하시고 또 '두려워하시는' 일은 우리가 자신도 모르게 하나님과 멀어지는, 그래서 하나님께서 우리를 잃게 되시는 일일 테니까요. 어리석은 선택이나 불필요한 오만으로 하나님의 마음을 아프시게 하는 일은 없어야겠다는, 영화를 보는 동안 제가 했던 작은 다짐이, 이 영화를 보게 될 다른 분들의 마음에도 동일하게 공명하기를 바라 봅니다.

14

괴물

다가오는 구원, 깨닫지 못하는 우리

엄마 C의 시선

2006년 개봉되었던 영화 "괴물"은 별도의 설명이 필요 없을 감독 봉준호가 연출과 각본을 맡고, 역시 다른 설명을 덧붙일 필요가 없는 배우 송강호와 박해일 등이 출연했던, 한국인이라면 모르는 사람이 없을 만큼 잘 알려져 있는 영화입니다. 개봉 당시 누적 관객수가 1,300만을 넘었다는 통계가 있지만 그후에도 여러 경로를 통해 이 영화를 본 사람이 극장에서 직접 관람한 사람보다 훨씬 더 많을 것이라고 추측되는 작품이지요. 다루는 주제가 워낙 다양하고 내용 또한 무척 독특한 만큼 어떤 한 가지 장르로 제한하기에 무리가 있어서인지 "호러", "코미디", "공상과학", "사회 풍자" 등의 모든 요소를 포함하고 있는 것으로 분석되곤 함에도, 긴장과 흥분, 박진감과 안타까움 등을 고루 느끼며 감상을 마친 후 차분히 전체 내용을 곱씹어 보던 저에게 가장 먼저 떠오른 이미지가 '가족'이었을 정도로, 저 개인적으로는 "가족애에 관한 영화"로 분류하는 것이 가장 적절하다고 여기게 되는 작품이기도 합니다.

영화 중반과 마지막 장면에 등장한 후 TV 프로그램들에서 자주 사용되며 대중에게 친숙해졌을 배경음악은 물론이지만, 주인공인 배우 송강호를 비롯해 영화 "살인의 추억"에서 그와 함께 호흡을 맞췄던 박해일과, 봉준호 감독의 첫 장편영화 "플란다스의 개"에 캐스팅되면서 감독과 인연을 맺었다는 배두나 등 연기력에 있어 타의 추종을 불허하는 배우들의, 전혀 '연기'로 느껴지지 않는 연기를 감상할 수 있는 것도 이 영화가 가진 매력들 중 하나입니다. 역시 저의 개인적 의견이긴 하지만 다양한 주제를 조화롭게 녹여 내며 여러 각도의 분석을 가능하게 하는 이 영화가 봉준호 감독의 수많은 걸작 중 최고의 작품으로 불린다 해도 큰 무리는 없지 않을까 생각합니다.

이 영화의 영문 제목을 "The Host"(숙주)로 붙인 것에 대해 괴물이 죽을 때 떨어져 나간 물고기가 괴물에 기생하는 '숙주' 물고기였기 때문이라고 영화사 측에서 확인해 주었다는 이유로 - 그런데 이 숙주 물고기가 한국의 생태계를 교란하는 "배스"라는 어종의 미국 물고기와 닮았다고 하여 - '반미'를 주제로 삼았다는 평을 듣기도 했던 작품답게, 영화는 주한 미군 부대 내의 한 의사가 포름알데히드라는 독성 물질을 한강에 방류하도록 명령한 후 그 것이 괴 생물체 생성으로 이어지게 됨을 시사하는 첫 장면으로 시작합니다. 2000년 당시 전국을 떠들썩하게 했던 "주한 미군 독극물 한강 무단 방류 사건"과 그 사건의 주범인 육군 군무원 앨버트 L. 맥팔랜드를 모델로 했다는 사회적, 정치적 의미는 차치하더라도, 영화의 시작 부분 발생한 독극물(모든 생명체에 유해한) 방류가 탄생시킨 괴물을 죽이겠다고 마지막 부분에서 다시 유독가스(역시 모든 생명체의 살상이 가능한)를 살포해 대는 모습은, 환경오염에의 경각심 부재, 국가 간 이해 관계의 차원을 넘어선 생명 경시, 단편적이고 근시안적인 문제 대처 방식 등에 대한 진지한 성찰을 요구하지요.

바이러스에 전염되었다는 누명을 쓰고 격리된 "강두" 가족의 탈출을 도와준 대가로 터무니없는 돈을 강탈하는 흥신소 직원의 등장이 부패한 사회상에 대한 해학과 풍자라면, '매점 서리'로 어린 동생과 근근이 살아가며 "먹고살기 힘들다"고 신세 한탄을 하는 "세진"의 처지나, 대학 재학 중 운동권에 몸담은 이력 때문에 취직도 안 되더라는 "남일"의 푸념, 아직 정확한 검사와 분석 결과가 나오지 않았음에도 사람들을 강제로 수용하고 마치 죄인이나 되듯 억압하며 윽박지르는 공권력 행사 등이 묘사되는 장면에서는 좀 더 심각한 사회 비판적 시각이 읽힙니다. 먼지가 쌓인 것이 눈에 거슬린다는 이유로 독극물을 한강에 방류하도록 지시하는 의사가, 그 일에 이의를 제기하는 한국인에게 한강은 넓다면서 "좀 큰 시야를 가져 보라"고 훈계하듯 말하는 대목에서는, 그 "크다"는 개념이 대체 무슨 의미이며 과연 누구를 위해 그런 시야가 필요하다는 것인지 되묻고 싶은 마음이 절로 들지 않을 수 없습니다.

하지만 시작 부분에서 언급했듯 전체적 측면으로는 결국 '가족애'에 초점을 둔 영화라고 이 작품을 이해하는 저로서는, 여러 번 반복해서 볼수록 최종적으로 머리에 남는 인상은 심각한 사회·정치적 문제 의식이나 손에 땀을 쥐게 하는 스릴 등이 아니라 잔잔하면서도 애틋한 가족 간의 사랑입니다. 딸 "현서"에게 새 휴대폰을 사 주려고 모아 둔 동전을 바라볼 때 아빠 강두의 흐뭇한 표정, 학교에서 돌아온 딸을 만나자마자 메고 있는 가방이 무거울 것을 염려해 가방 바닥을 받쳐 주는 - 저도 예전에 그렇게 하다가 딸에게 구박받은 적이 종종 있어 대본과 연출의 세심함에 더 탄복할 수밖에 없던 - 애틋한 마음, 괴물에 쫓겨 달리다 넘어진 후 다시 일어나 돌아봤을 때 자기의 손은 낯선 여학생을 잡고 있고 막상 자신의 딸 뒤로는 괴물이 다가오는 광경을 목격한 그의 새파랗게 질린 얼굴 등으로 대변되는, 진하디 진한 사랑 말입니다.

할아버지와 삼촌, 고모가 보여 주는 현서에 대한 사랑도 그 못지않은데, 손녀를 찾기 위해 가지고 있던 돈을 모두 털어 낡은 차와 지도를 구입하는 할아버지나, 체포당할 위험에 직면해서도 끝까지 조카의 위치를 확인하고야 탈출을 시도하는 삼촌, 오빠와 헤어져 혼자만 남은 후에도 그 위험한 한강변을 떠나지 못한 채 어린 조카를 찾으러 헤매고 다니는 고모의 모습 등이 이를 증명합니다. 하지만 그보다 더 제 가슴을 뭉클하게 했던 것은, 평소에는 바보 같은 아들, 형, 오빠라고 강두를 무시하던 가족들이 모두 죽은 것으로 여기는 현서에게서 전화를 받았다는 그의 한마디에 - 다른 사람들은 아무도 믿어 주지 않던, 그리고 사실 앞뒤가 맞지 않아 보이는 - 그 말을 철석같이 믿고 아이를 구하기 위해 똘똘 뭉치는 모습이었습니다. 맞아, 저게 바로 가족이지, 라는 생각을 절로 들게 하는 그들이 한강변 매점에 도착해 컵라면으로 끼니를 때우는 동안, 꿈인지 환상인지 밥상 한가운데에 앉은 현서가 다른 가족들이 건네주는 음식을 받아먹는 장면은, 상대방의 '존재'가 곧 자신이 살아갈 이유가 되는 가족의 진정한 의미를 포착하는 순간인 듯합니다.

책을 읽거나 영화를 보면서 안타까운 상황을 접할 때마다 지나치게 감정이입을 하며 "시간을 되돌려 이렇게 저렇게 된다면 좋을 텐데"라는 생각을 자주 하는 저로서는, 강두가 현서에게 좀 더 일찍 새 휴대폰을 사 주지 못해 결국 목숨을 잃게 되었을지 모른다는 아이러니로 영화를 보는 내내 마음이 아프기도 했지만, 사실 그보다 더 우려되며 머릿속을 떠나지 않던 하나의 생각은 생사의 기로에 놓여 있던 현서가 과연 아빠와 할아버지, 삼촌과 고모가 자신을 찾기 위해 모든 것을 걸었고 또 자신을 구하기 위해 동분서주하고 있다는 사실을 알고 있을까, 아니 정확히는 알지 못한다 해도 그러리라고 짐작하거나 그럴 것임을 믿고 있을까 라는, 고통스럽게까지 느껴지는 의문이었습니다. 그 사실의 여부가 저에게 그토록 중요한 이유는, 아무리 절박한 입장에 처해 있더라도 그 같은 사랑이 '몰려오고' 있음을 알기만 한다면 충분히 견디며 기다릴 수 있었을 현서의 상황이 바로, 하나님을 알지 못하던 때의 제가 처했던 상황이자 지금도 하나님을 알지 못하는 많은 이들이 겪고 있을 상황이라는 가슴 아픈 사실 때문입니다.

하나님을 만나기 전, 어떤 간절한 바람이 이루어지지 않을 때 저 스스로 늘 했던 생각은 "그러면 그렇지, 나한테 무슨 대단한 기적이 일어나겠어"라는 것이었습니다. 영안으로 아무것도 보지 못하는 영적 사망 상태에서 하나님의 은혜와 도우심이 '달려오고' 있다는 사실을 짐작조차 할 수 없던 저로서는 그렇게밖엔 달리 생각할 수 없었으니까요. 그렇기에 조금 더 기다리지 못하고 스스로 탈출을 시도하다가 결국 괴물에게 먹혀 목숨을 잃고 만 현서에게로 향하는 안타까움이, 그리고 마침내 딸이 있는 곳을 찾아내 "현서야, 아빠야"라고 소리치며 달려오는 강두를 볼 때마다 느껴지는 가슴 저림이, 유난히 절절한 것인지도 모르겠습니다.

하지만 어떤 상황에서도 선을 이루어 내시는 하나님의 일하심이 늘 그렇듯, 현서와 함께 괴물의 뱃속에 있던 "세주"에게 "우리 현서 알아? 우리 현서랑 같이 있었어?"라고 부르짖던 강주가 그 세주를 자신의 아이로 받아들이면서 현서가 그토록 지키려 했던, 그리고 현서에게 매점에서(먹을 것이 풍족할) 살고 싶다고 말하던 세주의 소망이 결국 아름답게 실현됩니다. 물론 현서뿐 아니라 가족들을 대신해 목숨을 잃은 할아버지도 가엾고, 유독가스 때문에 귀에서 피를 철철 흘리면서도 조카를 부여안고 통곡하는 삼촌과 고모 역시 너무나 안쓰럽지만, 이렇게 해서 또 다른 "가족의 탄생"이 신비롭게 이루어지지요. 영화의 결말이 다르기를 기대하던 관객들처럼 다른 모습의 삶을 소망하는 우리의 기도를 무시하시는 듯한 하나님을 이해하기 힘들 때가 종종 있지만, 이처럼 생각지 못한 방식으로 그분의 뜻이 이 땅에서 이루어지기도 하는 것 아닐까, 영화의 마지막 장면을 통해 묵상해 보게 됩니다.

나는 봉준호 감독을 무척 좋아한다. 조금 뒤틀린, 비관적이고 냉소적인 시선을 갖고 있는 창작자라고도 느껴지지만 그의 작품에는 더운 여름날 붙잡게 된 누군가의 손처럼 불쾌할 수도, 또한 추운 겨울 밤 맞잡은 사랑하는 이의 손처럼 다감한 열기로 느껴질 수도 있는 다양한 면들이 공존한다고 생각한다. 인간의 초라한 본성을 정확히 간파해 그 볼품없는 밑바닥을 가차없이 들춰내는 동시에 연민의 마음으로 최대한 따뜻한 빛깔의 조명을 투사하는 것 같다고 할까. 뭐 쉽게 말하자면 봉준호 감독의 작품들 대부분에서 보여지는 감성과 세계관이 나의 취향과 잘 맞는다는 뜻이다.

그중 [괴물]은 내가 특히 좋아하는 "생활밀착형" 판타지이다. 물론 개봉 당시만 해도 한국 영화계에서 괴수물은 낯선 장르에 속했지만, 한강에 괴물이 나타났다는 설정의 생소함만 극복하고 나면 이 영화는 지극히 현실적이고 한국적인 작품이 된다. 괴물의 습격으로 목숨을 잃은 사람들을 위해 마련된 합동분향소에서 바닥에 뒹굴며 통곡하는 유족들의 모습을 찍으려고 기자들이 달라붙는다거나, 경비원이 들어와 주차가 잘못된 자동차의 번호판을 호명하며 차주를 찾는다거나, 조의를 표한다며 방문한 정치인의 사진 촬영을 위해 그 수행원이 오히려 유족들을 밀어낸다거나, 한강 소독 업무를 시작하러 들어가는 방역 업체에게 공무원이 노골적으로 뇌물을 요구한다거나 하는 모습들을 보고 있자면 실제로도 정말 저럴 것 같다는 생각이 저절로 들게 되니 말이다.

흥행에 크게 성공했던 만큼 많은 사람들이 이미 본 작품일 것이라 짐작되지만, 영화의 내용을 핵심적 부분만 추려 정리해 보면 "어느 날 갑자기 한강에 나타난 - 한강에 버려진 독극물이 만들어 낸 돌연변이 생물체로 추정되는 - 괴물이 여중생 박현서(고아성 분)를 낚아채 사라진 뒤 남겨진 가족들이 아이를 찾기 위해 고군분투하는 과정을 그린 영화"라고 요약될 수 있다.

현서를 잃고 난 뒤 그녀의 가족인 할아버지 희봉(변희봉 분)과 아빠 강두(송강호 분), 삼촌 남일(박해일 분)과 고모 남주(배두나 분)는 실의에 빠진다. 현서 아빠 강두는 아버지 희봉이 운영하는 한강변 매점에서 설렁설렁 일을 도우며 손님에게 배달해야 할 오징어 다리를 몰래 뜯어먹는 '아무 생각 없는' 사람이지만, 낮잠을 자다가도 지나가는 학생의 "아빠" 하고 부르는 소리에 벌떡 일어나고 딸에게 새 휴대폰을 사 주기 위해 컵라면 용기에 몰래 동전을 모아 둘 정도로 딸을 사랑하는 아빠다. 동생인 남일과 남주에게는 그저 한심한 형이자 오빠일 뿐인지라, 안 그래도 그다지 화목하지 못했던 가족 관계는 모두가 사랑했던 아이의 '죽음' 때문에 최악으로 치닫는 듯하다. 그러나 죽은 줄 알았던 현서에게서 온 전화를 강두가 받은 이후, 박씨 삼남매와 아버지는 한강 하수구 어딘가에 있을 현서를 찾기 위해 괴물이 옮긴다는 바이러스를 들먹이며 그들을 격리하려는 정부의 통제에서 벗어나 위험 지역으로 선포된 한강으로 돌아간다.

영화 [괴물]은 환경오염의 심각성과 안일하고 무능한 공권력에 대한 비판뿐 아니라 한국 사회에 여전히 잔존하는 제국주의와 식민주의에 대한 고찰 등 여러 테마를 고루 다룬다. 현서에게서 전화가 왔다는 강두와 가족들의 호소를 아이가 "사망자 명단"에 있다는 사실만으로 망상이라 치부해 버리는 경찰과 의료 기관의 모습은 슬프게도 무척이나 현실적이다. 코로나 바이러스로 전 세계가 몸살을 앓았던 과거 몇 년간의 기억 때문인지 바이러스의 '숙주'로 설명되는 괴물과 그에 관련된 음모(사실상 "가짜 뉴스")를 다루는 부분들은 섬뜩하기까지 하다. 위험한 독극물을 한강에 폐기하며 모든 사태의 주범이 된 후에도 괴물에 대한 주요 정보들을 한국 정부와 공유하지 않은 채 본국에만 전송하는 미군은 물론이고, 이 상황에 대한 한국 정부의 대처를 신뢰할 수 없다는 식으로 개입하려 드는 미국 정부나 WHO(세계 보건 기구)의 모습을 보고 있자면 허구의 내용임을 알면서도 씁쓸하지 않을 수 없다.

그러나 이번에 다시 감상한 이 작품에서는 비극의 어쩔 수 없는 '개인화'라는 문제에 좀 더 초점을 맞추게 되었다. 경찰과 정부, 국제 사회 등이 보다 적극적으로 이들을 돕지 못한 것은 분명 잘못이지만, 현서의 실종은 결국 박씨 가족의 지극히 개인적인 비극일 수밖에 없을지 모른다. 국가와 사회에게 그 구성원들을 도와야 하는 법적, 도덕적 책임이 있는 것은 분명하나 그것이 현서의 아버지, 할아버지, 삼촌과 고모가 느끼는 절박함이나 다급함과 똑같은 '온도'가 된다는 건 무척 어려운 일일 테고, 그렇기에 모든 비극은 그 당사자들(주로 소수의 인물인)에게만 국한되는 방향으로 끝나기 쉽다. 물론 자신과 상관없는 비극에도 당사자들과 같은 온도의 침통함과 절박함을 느끼는 마음이 신앙의 본질이겠지만 그렇기 때문에 진정한 신앙인으로 사는 일이 그토록 어려운 것일 듯도 하다.

그래서 현서의 가족들은 마땅히 받아야 할 지원을 전혀 얻지 못한 채 오히려 정부의 추적과 방해를 겪으면서 현서를 찾으러 동분서주한다. 할아버지가 모아 둔 돈 전부를 털고, 가족이 가진 모든 것과 목숨까지 걸어 가며 아이를 찾는다. 이런 장면들을 보면 현서가 그들에게 사랑하는 자식, 조카, 손녀를 넘어선 어떤 순수하고 완전한 '희망'의 상징이 아니었을까도 생각하게 된다. 자식들(특히 큰아들)을 잘 키워 내지 못했다는 죄책감을 가진 할아버지에게, 모자라고 변변찮아 남에게 짐만 되어 온 아빠 강두에게, 민주화 운동 당시 시위에 참여하며 신념을 위해 싸웠지만 그 과거 때문에 취직조차 되지 않는 삼촌 남일에게, 뛰어난 재능을 가진 양궁 선수임에도 화살을 당겨야 할 순간 지나치게 머뭇대느라 매번 금메달을 놓치는 고모 남주에게, 현서는 그들 모두의 삐걱대는 인생에서 유일하게 오점 없는, 가능성과 잠재력으로만 가득한 사랑스런 미래였을지 모른다.

그 때문에 현서가 결국 숨진 후 아이를 애타게 찾던 아빠와 삼촌, 그리고 고모가 함께 현서의 시신을 안고 울부짖는 장면에서는 더더욱 가슴이 미어진다. 솔직히 이럴 때 보면 봉준호 감독은 관객들에게 정말 너무한다 싶다. 꼭 이렇게까지 해야 속이 시원했을까? 때로 영화를 풀어 나가는 봉준호 감독의 방식이 많은 사람들이 생각하는 모호한 "신"의 개념을 닮았다고 생각하게 되는데, 영화 속의 창조된 공간에서 그가 아주 냉철하고 '공정한' 신의 모습을 취할 때가 있기 때문이다. 그의 영화에서는 인과관계가 뚜렷하고(인간이 환경에 해를 끼치며 창조해 낸 괴물이 다시 인간에게 해를 끼치는 이 영화 속 구도처럼) 각자의 무지와 실수에 대한 대가를 철저히 지불하게 하며(남은 총알 개수를 잘못 계산한 강두 때문에 그 아버지에게 일어나는 비극과 같은) 기적이나 우연에 따른 승리는 결코 일어나지 않는 것 등이 그렇다. 얼마나 철저하게 현실적인지 강두와 가족들은 갖은 고생 끝에 현서의 위치를 알아내고도 결국은 한발 늦게 그곳에 도착한다.

다만 '복선'은 충실히 회수되고 논리적인 '성장'은 허락되는데, 데모하던 과거에 발목을 잡혀 살던 남일이 당시의 경험을 활용해 경찰의 포위에서 벗어나거나 화염병으로 괴물을 공격하고, 경기 때마다 머뭇대느라 기회를 놓쳐 온 남주가 결정적 순간 망설임 없이 불화살을 날려 괴물을 맞추게 되는 장면 등이 그 예다. 가장 상징적 사례는 영화 초반, 표지판이 붙은 장대로 괴물을 때렸지만 죽이는 데는 실패했던 강두가 마지막 부분엔 비슷한 장대를 이용해서 괴물을 처치하는 순간일 듯하다. 한심해 보이던 강두는 딸을 찾는 과정 중 조금씩 변화하고 성장하며, 결국은 괴물을 무찌른 뒤 그 입속에서 현서의 시신과 함께 끌어낸 남자아이 세주(이동호 분)를 딸 대신 키운다. 이처럼 봉준호 감독은 어떤 시적 정의는 착실히 이루어 내지만 우리가 원하는 따뜻하고 이상적인, 그러니까 현서와 가족이 재회해 행복하게 사는 식의 엔딩에는 큰 관심이 없는 듯하다. 많은 사람들이 불신하고 원망하는 "신"의 모습 그 자체가 아닐까 싶다.

그럼에도 오랜만에 이 영화를 다시 감상하는 동안 의외의 인물들에게서 내가 사랑하는 하나님을 발견할 수 있었다. 우리는 대체로 이런 영화 속 상황을 보거나 끔찍하고 비참한 실제 사건에 직면할 때 주로 피해자의 입장에 스스로를 대입하면서 그 상황에 적극적으로 개입하지 않는 듯한, 보이지 않는 신을 원망하곤 한다. 만약 현서가 괴물의 은신처에서 기도하며 '신으로부터의 구원'을 기대했다면 결국 그는 끝까지 응답하지 않은 신으로 남게 되니 말이다. 하지만 그 비극의 관련자, 즉 피해자를 사랑하던 사람들이나 그들을 구하고 도우려 애쓴 이들, 다시 말해서 현서의 가족 같은 사람들의 입장에 하나님을 대입해 생각하는 경우는 그리 흔치 않은 듯하다.

나는 끝까지 밝고 강하며 용감했던, 본인은 결국 목숨을 잃었지만 자신보다 어린 세주만은 기어이 지켜 낸 현서에게서 나를 사랑하시는 예수님의 모습을 보았는데, 그렇다면 강두와 희봉, 남일과 남주를 당신의 아들을 내어 주면서까지 우리를 구명하길 원하셨던 하나님의 모습으로 이해할 수도 있지 않을까 싶다. 하나님께서 허락하신 '자유의지'를 잘못된 곳에 사용해 이기적이고 잔인한 결정들을 내림으로써 우리가 직접 탄생시킨 많은 비극과 고통들이 갑자기 우리를 덮쳐 오는 날, 하나님이 무능하거나 혹은 무정해서서 끔찍한 공포와 위험 속에 우리를 버려 두시는 것이 아니라, 뜨거운 절망과 사랑을 토해 내며 개개인의 비극을 막고자 달려오고 계신 중이라면… 그럼에도 불구하고 죄 많고 불완전한 세상이, 또한 우리들 각자가, 영화 속 공권력과 여러 방해물처럼 그분을 가로막고 있는 것이라면. "신이 계시다면 왜 이런 비극들이 세상에 일어나고 있는가"라는 질문은 애초부터 잘못된 대상을 향하는 것일지 모른다. 현서를 찾기 위해 모든 것을 내걸었던 가족에게 관객들이 미안함 외에는 그 어떤 책임도 물을 수 없는 것과 마찬가지로.

　죄가 세상에 들어오며 함께 따라온 비극들을 제어할 수 있는 방법은 결국 신적인 존재의 초월적 개입이 아니라 남의 아픔을 자신의 것으로 받아들이는, 다시 말해 비극을 '개인적 문제'가 아닌 '공동의 현상'으로 이해하는 사랑의 회복이 아닐까 싶다. 우리에게 달려오시는 하나님의 발 앞에 그를 저지하는 어떠한 방해물도 없도록 말이다.

15

붉은 수수밭 (Red Sorghum)

참을 수 없는 존재의 어두움

엄마 C의 시선

1988년 발표된 중국 영화 "붉은 수수밭"(紅高粱)은 중국 최초 노벨 문학상 수상자인 작가 모옌의 첫 장편소설 "훙까오량 가족"(紅高粱家族)을 - 한국에서도 "붉은 수수밭"이라는 제목으로 번역, 출간되었던 - 영화화한 작품입니다. 이제는 세계적 거장의 반열에 오른 장이머우 감독의 첫 연출작이자, 아시아권을 넘어 할리우드에까지 영향력을 미치며 "대륙의 별"이라 불리게 된 배우 궁리의 데뷔작이기도 하지요. 중일전쟁이 일어난 1930년대를 시대 배경으로, 짧지만 다사다난한 인생을 살다 간 한 여인과 그 주변 민초들의 삶을 당시의 봉건제도, 항일 투쟁과 연결해 그려 낸 이 작품은, 강렬한 색감과 이미지 등 환상적 미장센으로 중국 예술영화를 세계 수준에 올려 놓았다는 호평을 이끌어 냈습니다. 이로 인해 "중국 5세대 영화"로 명명된 사조가 큰 관심을 모으기 시작했고 장이머우와 궁리라는 두 인물이 국제적인 명성을 얻게 되기도 했지요.

일본 영화에 대한 선입견 못지않은 중국 영화들에의 편파적 관념(대체로 황당한 무협 활극이 주류라는) 때문에 별다른 관심이 없던 저도, 셰진 감독의 "부용진"(芙蓉鎭)이라는 작품을 우연히 접한 이후 천카이거의 "패왕별희", "현(絃) 위의 인생"과 함께 장이머우의 "국두", "홍등", "인생", "귀주이야기", "책상 서랍 속의 동화", "집으로 가는 길" 등을 찾아 보게 되면서 "5세대 감독"이라고 불리는 이들의 작품 수준에 적잖이 놀랐던 기억이 있습니다. 마오쩌뚱의 "문화대혁명"으로 폐교되었던 "북경전영학원"(Beijing Film Academy)이 다시 문을 연 1978년에 입학해 1982년 졸업생이 된, 그리고 "문화대혁명"과 "천안문사태"을 경험했던 세대인 이들 감독은, 새로운 영상 언어와 미학을 추구하고 리얼리즘을 통해 민중들의 삶을 상징적으로 대변하면서 "5세대"라는 명칭과 정체성을 얻게 되었다고 합니다.

화면에는 등장하지 않은 채(목소리만으로) 할머니가 중심인 자신의 가족사를 소개하는 손자의 내레이션으로 이야기가 전개되는 이 영화에서, 주인공 역할인 열여덟 살 처녀 "추알"이 '붉은' 가마에 실려 - 그리고 나귀 한 마리에 팔려 - 한센병(나병) 환자인 양조장 주인에게 시집가는 모습으로 그녀의 기구한 인생 여정이 시작됩니다. 가난한 집안의 아홉째 아이로 태어난 '죄' 때문에 얼굴도 모르고 50세가 넘도록 장가도 들지 못한, 무엇보다 누구나 꺼릴 만한 질병을 가진 "리씨"에게 팔려 가게 된 그녀는, 가마를 타고 "십팔리" 시댁으로 향하는 길 어귀의 청살구 수수밭을 지나다 그 지역의 흉악한 도적

"신창삼포"(를 자처하는 가짜 도둑)와 맞닥뜨리는데, 이 과정에서 자신의 가마꾼 중 한 명인 - 인근에 잘 알려진 이름난 가마꾼이기도 하다는 - "위잔아오"에게 도와 달라는 눈길을 보내면서 둘 사이의 '심리적 연대'가 미묘하게 형성됩니다.

당시의 풍습대로 혼인 3일 후 친정 나들이를 나왔던 추알이 마지못해 다시 십팔리로 돌아갔을 때 그곳에는 이미 숨진 남편이 기다리고 있었습니다. 영화의 내용상으로는 단서가 발견되지 않아 사건이 그대로 묻혀 버림에도, 이 사실을 내레이션하는 손자는 추알에게 마음을 둔, 그리고 결국 자신의 할아버지가 된 위잔아오가 벌인 일일 것으로 추측합니다. 원래의 주인이 죽고 없는 집에서, 더욱이 낯선 여성의 수하에서 일하기를 원치 않던 양조장 일꾼들이 그곳을 떠나려 하자, 나이에 비해 현명하고 성숙한 추알은 그들 중 가장 연장자인 "라오한"에게 집사 일을 맡기면서 수익이 생기면 다 함께 나누자고, 또한 자신을 "마님"이 아닌 그냥 이름으로 불러 달라며 남아 줄 것을 간청합니다. 이렇게 다시 양조장의 체계가 잡혀 갈 즈음 술에 취한 모습으로 나타난 위잔아오가 자신과 추알의 관계를 떠벌이며 안방 차지를 하려 들지만, 이때 등장하는 진짜 "신창삼포"에게 납치되는 소동까지 치른 후의 추알은 홍까오량주(紅高粱酒) 빚는 일에 본격적으로 팔을 걷어붙이지요. 그런데 하필 첫 술이 완성되던 날 다시 나타나 바깥 주인 행세를 '제대로' 시작한 위잔아오 때문에 집사 직을 수행하던 라오한은 조용히 그곳을 떠나고 맙니다.

9년의 세월이 흐르며 "십팔리 홍고량"으로 이름 붙여진 추알의 술이 인근에서 유명한 고량주로 자리 잡고 추알과 위잔아오 사이에 태어난 아들 "두쿠안"도 어느새 아홉 살이 되는 등 평안한 나날이 이어질 즈음, 중일전쟁에서 우위를 점한 뒤 청살구로 진군해 온 일본군이 군용도로를 건설한다며 수수밭을 제거하기 시작합니다. 작업에 비협조적인 중국인들을 공개 처형하는 과정에서 신창삼포와 함께 잡혀 온 라오한이 - 양조장을 떠난 뒤 항일 게릴라를 조직해 일본군에 저항했다는 - 입에 담기도 힘든 잔인한 방법으로 고통스럽게 죽음을 맞이하자, 끔찍한 광경을 직접 목격한 추알은 그의 원수를 갚자며 가족과 일꾼들을 모아 결의를 다집니다.

그날 밤 위잔아오와 일꾼들은 일본군이 지나갈 수수밭 도로에 폭약과 고량주를 묻어 둔 채 밤이 새도록 기다리지만 다음날 한낮이 되도록 일본군은 나타나지 않고, 허기진 일꾼들을 위해 음식을 가지고 추알이 밭에 나간 순간 때맞춰 출동한 일본군이 그녀를 향해 기관총을 난사하면서 추알은 그 자리에서 숨을 거두고 맙니다. 아내의 죽음에 분노한 위잔아오와 그녀를 존경하던 일꾼들은 묻어 두었던 폭약을 터뜨리고 고량주 단지에 불을 붙여 일본군 트럭을 향해 던지며 돌진하지요. 맹렬한 공격을 퍼붓던 일꾼들 모두가 기관총에 맞아 숨을 거두는 한편 일본군들 역시 화염에 싸인 트럭 속에서 목숨을 잃은 후, 수수들이 마구 꺾인 채 온통 시신으로 가득한 벌판에서 혼자 살아남은 위잔아오가 아들 두쿠안의 손에 이끌려 먼 하늘을 바라보는 것으로 영화는 대단원의 막을 내립니다.

격랑의 시대사를 배경으로 하고는 있지만, 그렇다고 중국의 특정 시대를 대서사시 형식으로 그렸다거나 중일전쟁과 일본의 침략상을 거시적 관점에서 다루었다기보다 외딴 산골 마을에서 태어나 힘겨운 삶을 살다 간 한 여성의 희노애락에 앵글을 맞춘 이 작품에서, 주인공 추알은 세상의 풍파를 온몸으로 맞으며 하루하루 버텨 내는 '소시민'들의 애환을 투영하는 인물로 해석될 수 있을 듯합니다. 영화의 마지막에 등장하는 일식 현상, 즉 달이 태양을 가리면서 온통 붉던 화면이 잠시 어두워지는 장면을 보는 동안 믿는 자의 입장에서 가장 먼저 들었던 생각은, 하나님께 의지하는 사람은 그 같은 '일식'이 삶에서 잠시 일어난다 해도 다음날 아침 새로운 태양이 뜨듯 그 상황이 자신의 삶을 궁극적으로 잠식하지 못하는 반면, 하나님을 모르고 사는 사람이라면 그의 삶은 날마다, 그리고 끝없이 이어지는 일식으로 일관된 인생일 수 있겠구나 하는 것이었습니다. 더불어, 신앙인들의 일식(고난)은 그것이 일어나고 있는 순간조차 태양(하나님)의 일부만이 가려진 '부분일식'일 뿐, 태양 전체가 가려져 보이지 않는 '개기일식'일 수는 결코 없다는 안도감도 함께 들었고 말이지요.

원작 소설에 관한 여러 해설들 가운데, "등장인물"과 "화자"가 구분되는 내레이션 형식을 채택한 작품임에도 그 화자가 '3인칭' 시점이 아니라 '제 3의 서사' 시점을 취하는 기법을 사용함으로써 "주관적 내면 묘사와 객관적인 관찰자적 묘사를 자유롭게 넘나들며 표현의 영역을 확장했다"라고 분석한 평론이 특히 마음에 와닿았습니다. 작품 안에서 서술자의 역할을 하는 손자가 할머니인 추알이 겪은 삶의 외적 상황뿐 아니라 그녀의 내면적 고뇌와 아픔까지 알고 있는 것으로 전제된 설정이 저에게 특별한 의미로 다가왔기 때문입니다.

최근 한 TV 프로그램의 제목으로 사용되며 많은 사람들에게 익숙해졌을 "전지적 시점"("전지적 작가 시점" 혹은 "삼인칭 전지적 시점"으로도 불리는)이란 본래 소설에서 작가와 등장인물 간의 관계를 묘사하는 개념으로, "서술자가 소설

바깥에서 전지적인 '신'처럼 각 인물의 내면을 관통하며 사건의 전말을 알고 있는 듯 서술하는 방식"이라고 풀이됩니다. '전지자'의 통찰적 관점에 서 있는 작가가 등장인물들의 행동이나 태도는 물론 그 내면의 생각까지 알고 있음을 전제로 하는 이러한 설정은, 우리 삶의 "작가"(author)로 묘사되는(히 12:2; KJV) 하나님의 '전지'(全知)를 떠올리게 합니다. 우리의 삶을 주관하며 모든 스토리를 이미 완성해 둔 완벽한 작가이신 주님께서 삶의 전말을 책임져 주신다는(사 46:10; 마 10:30-31; 눅 12:7) 사실로 인해 우리 모두는 자기 삶의 드라마가 결국 '승리'로 마무리될 것임을 염려나 두려움 없이 확신할 수 있는 것이니까요. 하나님을 몰랐던 주인공 추알은 손자가 요약해 주는 말들로 생이 정리되었지만, 하나님 안에 있는 우리는 그분께서 서술해 주시는 새로운 문장으로 매일매일이 채워지는 삶을 살고 있음을 믿습니다.

어린 시절 펄 S. 벅의 소설 [대지]를 무척 좋아했던 기억이 있다. 몇 번이나 반복해 읽을 만큼 좋아했던 데에는 여러 가지 이유가 있었겠지만 그 가운데에는 중국 민초들의 삶이 한국인의 그것과 닮은 점이 많다는 생각도 있었던 듯하다. 물론 한국이 이겨 내야 했던 고통과 수모의 역사에 중국의 지분도 적지 않은 것이 사실이기는 하나 제국주의를 앞세운 일본에게 저항했던 경험을 공유해서인지 중국 민중들에 대한 이야기에서는 어떤 정서적 친근감 비슷한 감정을 느끼게 된다.

이제는 거장이라 불리는 장예모 감독의 1988년 작 [붉은 수수밭]도 그처럼 평범한 서민들의 삶을 그려 낸 작품으로, 한 여인의 굴곡진 삶을 통해 시대의 비극과 아픔을 표현한 이야기라고 요약될 수 있겠다. 할머니와 할아버지의 삶을 되짚는 내레이터의 목소리로 진행되는 이 영화는, 중일전쟁이 발발하기 직전인 1930년대의 중국을 배경으로 결혼을 위해 고향을 떠나는 18세 추알(궁리 분)을 조명하며 시작된다. 가난한 집의 아홉째로 태어나 나귀 한 마리 값에 팔린 채 십팔리 고개에서 양조장을 하는 리씨에게 시집을 가게 된 그녀는 리씨가 "문둥이"라 불리며 경멸 받는 한센병 환자인 데다 나이도 50이 넘었다는 사실로 인해 큰 절망에 빠져 있다.

하지만 신부의 얼굴을 가리는 붉은 면사포를 계속 쓰고 있어야 불행해지지 않는다는 어른들의 당부에도 가마를 타자마자 홱 벗어 버리는 추알의 모습에선 어떤 반항심, 혹은 고집스러운 의지가 느껴진다. 그래서인지 그녀는 자신을 낯모르는 남편의 집으로 데려다주고 있는 이름난 가마꾼 위잔아오 (장 웬 분)를 흘끔대며 훔쳐볼 정도의 당돌함도 드러낸다. 그렇게 가마를 타고 가던 신부 일행은 씨를 뿌린 자도, 거둔 자도 없이 자라 귀신의 것이라고 불린다는 붉은 수수밭을 지나게 되고, 어딘가 으스스한 느낌에 걸음을 재촉하다 얼굴에 자루를 쓰고 권총을 든 도적과 맞닥뜨리는데, 자신을 유명한 무법자 "신창삼포"라고 소개한 그는 일행의 돈을 뺏는 것도 모자라 어리고 아름다운 신부를 수수밭으로 끌고 들어가려 한다. 태연하게 가마에서 나온 추알은 자신이 훔쳐보던 가마꾼 위잔아오에게 미묘한 눈길을 계속 건네고, 결국 위잔아오는 용감하게 도적을 덮쳐 그녀를 위기에서 구해 낸다. 함께 그를 제압했던 일꾼들이 난리통에 죽어 버린 도적을 살피다가 그가 실제 신창삼포가 아니며 갖고 있던 총도 가짜라는 사실을 알게 되는 동안, 다시 가마에 오르는 추알을 위잔아오가 뒤따라와 챙겨 주면서 둘은 다시 한 번 은밀한 교감을 주고 받는다.

신부의 행렬이 어찌어찌 십팔리 고개 리씨의 양조장에 도착한 뒤, 먼발치에서 미련 가득한 눈빛만 교환하던 추알과 위잔아오는 각자의 길로 아쉽게 헤어진다. 풍습에 따라 3일 후 친정으로 다니러 간 추알은 돈 많은 사위를 잘 모시라는 아버지의 속물스런 잔소리를 피해 나귀를 타고 수수밭을 지나다가 다시 한 번 얼굴을 가린 남자를 만나 수수밭 속으로 끌려 들어간다. 도망치던 그녀를 뒤쫓아 온 남자가 복면을 벗어 얼굴을 드러내자 그가 가마꾼 위잔아오임을 알게 된 추알은 저항을 멈춘다. 이후 그녀가 친정에 머무는 사이 양조장에서는 살인 사건이 발생하는데, 추알의 남편 리씨가 살해당한 이 일을 내레이터인 손자는 자신의 할아버지 위잔아오가 할머니인 추알을 위해 벌였을 것으로 추정하지만, 어쨌건 증거가 나오지 않아 범인은 끝내 잡히지 않는다.

주인을 잃은 양조장의 일꾼들이 고향으로 돌아가려 하자 추알은 그들을 붙잡고 양조장의 문을 닫을 수 없다며 설득하고, 그들 중 가장 연장자인 라오한(텡 루준 분)이 집사의 자리를 맡아 추알을 충실히 보필하면서 양조장의 분위기는 한결 밝아진다. 그러나 이후에도 그녀의 삶은 그다지 평탄하게 흐르지 못하는데, 술에 취한 위잔아오가 나타나 자신과의 불륜 관계를 떠벌리는 통에 망신을 당하는 것도 모자라 십팔리 고개에 '진짜' 신창삼포가 출몰하며 납치를 당하는 등의 고초까지 겪게 되는 것이다. 라오한과 일꾼들이 마련해 온 몸값으로 무사히 풀려난 추알은 다시 고량주 빚는 일에 열정적으로 매진하지만, 첫 술이 나온 감격스런 순간 위잔아오가 한 번 더 나타나 고무되었던 분위기에 찬물을 끼얹고 만다. 추알의 납치 소식에 분노하며 신창삼포를 찾아가기도 했던 그는 일상으로 돌아온 양조장의 모습에 심술이 났는지 고량주가 담긴 술독에 생물학적 테러(!)까지 가하는데, 뜻밖에도 그것이 지금껏 담갔던 고량주 중 가장 달고 맛있는 술로 변하면서 양조장을 크게 부흥시킨다.

그렇게 양조장은 번창하고 추알은 위잔아오와 나름의 평안을 누리지만, 둘 사이에 태어난 아들(공공연히 "수수밭의 사생아"로 불리는) 두쿠안이 아홉 살 되던 해, 중일전쟁에서 승기를 잡은 일본군이 청살구까지 진군해 오며 마을의 평화는 깨져 버린다. 군용도로 건설을 위해 수수밭 제거를 시작한 일본군은 어린아이를 포함한 마을 주민들을 수수를 밟아 쓰러뜨리는 일에 동원한 뒤, 자신들에게 저항하는 민간인을 그 수수밭으로 데려와 본보기로 처형하기까지 한다. 9년 전 양조장을 떠났던 충실한 집사 라오한이 일본군에게 붙잡혀 온 것을 본 추알은 경악하고, 그동안 공산당원이 되어 항일 투쟁에 몸담았다는 라오한은 살갗이 벗겨지는 잔인한 고문을 당하며 끔찍한 고통 속에 눈을 감는다.

양조장에 돌아온 추알이 9년 전 라오한과 함께 담갔던 술을 전제물처럼 따라 부으면서 위잔아오와 일꾼들에게 복수를 요구하자, 위잔아오와 일꾼들은 그녀의 말대로 고량주를 나눠 마시며 복수를 결의한 뒤 한밤중 수수밭에 나가 폭약과 고량주를 묻어 둔다. 하지만 다음 날 오후가 되도록 일본군의 움직임이 없자 수수밭에 매복한 채 기다리던 위잔아오와 일꾼들은 더위와 허기에 지치고 마는데, 복수를 끝내고 돌아올 그들을 위해 식사를 준비하던 추알은 어린 아들에게 상황을 전해 듣고 음식을 챙겨 수수밭으로 향한다. 그러나 하필 그때 수수밭 안으로 들어서던 일본군들이 그녀를 보자마자 기관총을 난사하고, 추알은 그 수수밭에서 허무한 죽음을 맞고 만다.

이 모습을 본 위잔아오와 일꾼들은 화약을 터뜨리고 불붙인 고량주 단지를 던지며 일본군 트럭을 향해 돌진하지만, 빗발치는 총알 세례와 연이은 폭발 사이에서 위잔아오와 두쿠안을 제외한 그들 모두가 피에 덮인 시신으로 산화한다. 참혹하게 피로 물든 수수밭 속에서 아들의 목소리도 들리지 않는 듯한 위잔아오가 추알의 시신 앞에 멍하니 서자, 순간 일식 현상 속에서 하늘과 땅은 기괴할 정도로 새빨갛게(영화적 묘사이기는 하지만) 물든다. 온통 붉은 빛 속에서 마찬가지로 붉게 물든 수수는 바람에 휘날리고, 엄마의 영혼을 달래는 어린 두쿠안의 노랫소리가 그 위로 내려앉으며 영화는 조용히 막을 내린다.

영화의 제목에서 나타나듯 이 작품의 테마와 미장센의 정점은 '붉은색'이라고 할 수 있다. 마지막 장면에서 끔찍할 정도로 강조되는 비현실적 붉음 외에도 영화 속에서는 붉은색이 중요한 의미와 요소로 등장한다. 추알은 붉은 옷을 입고 붉은 가마에 타고 있을 때 그녀의 연인이 될 위잔아오를 만나고, 딸을 사고 파는 악습에 저항하며 자신의 사랑(혹은 적어도 열정)을 따라 연인과 함께하는 여정 내내 붉은 예복을 입고 있다. 양조장을 일꾼들과 함께 꾸려 가기로 결정한 뒤 희망에 가득 차 있을 때는 붉은 종이를 가위로 잘라 방을 장식하고, 고량주를 만드는 데에 필요한 열기를 공급하는 붉은 불을 일꾼들과 함께 때며 기뻐하기도 한다. 양조장 벽에 그려진 "술의 신" 벽화가 붉은색일 뿐 아니라, 원래는 투명한 액체인 고량주까지도 걸쭉한 피처럼 보일 만큼 붉게 연출된다.

중국인들이 전통적으로 붉은색을 행운의 색, '길한' 색으로 여겨 왔다는 점에서, 또한 최근에는 그것이 국기의 색이나 공산 혁명의 상징에 사용될 만큼 중요한 정체성 중 하나가 되었다는 점에서, 영화에 사용되는 붉은색, 특히 붉은 수수는 중국의 '민족정신'을 표현한다고 봐도 무방할 듯하다. 쉽게 꺾이지 않고 재해에 휩쓸리지 않는 키 큰 붉은 수수가 외압과 격변 속에서도 굴하지 않는, 즉 외세를 몰아내고 혁명을 이루어 낸 민중들의 힘과 의지를 상징하는 매개로 해석되는 것이다. 추알이 자신을 옭아매려는 관습과 혼인 제도에 반항한 곳이 붉은 수수밭이었다는 설정도 같은 맥락으로 이해할 수 있다. 마을 주민들을 공포로 억누르려 한 일본군의 잔인함이 펼쳐진 무대도, 추알과 양조장 일꾼들이 그러한 억압에 대항한 장소도 붉은 수수밭이라는 점 또한 마찬가지이다.

수많은 고초를 당하고도 꿋꿋이 일어선 추알의, 그리고 고된 노동과 가난 속에서도 술을 빚고 노래를 부르며 일상의 고단함을 버틴 서민들의 끈기와 생명력을 상징하던 이 붉은색은 마지막 장면에서 그로테스크해 보일 정도로 관객을 압도한다. 여기에서 조금 흥미로웠던 점은 이 영화 속의 붉은색이 '길함'을 넘어 '불길함'에까지 닿은 것 같다는 사실로, 그처럼 붉음이 지닌 '양면성'을 이 작품은 여과 없이 드러내 보인다. 일본군이 점령해 쓰러뜨린 붉은 수수는 어딘가 스산한 빛을 띠기 시작하고, 쓰러진 수수 위에서 그 마을 백정들은 고기로 사용될 짐승의 가죽을 벗기는 정상적 도축 대신 사람의 살갗을 벗기라는 기괴하고도 비정상적인 '피흘림'을 강요 받는다. 이와 같이 붉은색은 신부의 예복에 쓰이고 신방을 장식하며 복을 기원할 만큼 화려하고 매혹적으로 열정과 사랑, 희망을 의미할 수 있지만, 그와 동시에 인간이 인간에게 가해서는 안 되는 광기와 분노와 절망을 신호할 수도 있는 것이다. 혈관에 도는 피가 생기와 활력, 생명을 뜻한다면 몸에서 빠져나온 피, 누군가가 뒤집어 쓴 피는 폭력과 파멸, 죽음을 의미하게 되듯 말이다.

사실 감독의 시선에서는 이 광기 어린 '붉음'마저 민중의 맥동하는 열정과 원시적 생명력으로 찬탄되는 대상에 더 가깝다고 생각되지만, 나에겐 삶과 죽음이, 열정과 광기가 뒤섞인 이 새빨간 '혼란함'이 무척이나 안타깝게 느껴졌다. 앞서 이 작품 속의 붉은색과 붉은 수수가 민족정신을 나타내는 도구라고 말하기는 했으나, 개인적으로는 씨 뿌린 이 없고 거둔 이 없이 자라난 영화 속의 수수밭이 우리가 어찌할 수 없는, 말하자면 인간이 보기엔 명확한 인과관계 없이 때로 재앙처럼 때로는 축복처럼 우리에게 일어나는 운명의 잔혹성과도 닮아 있다고 느끼게 된다. 좀 더 정확히 말한다면 그것이 구원자 없이 스스로 운명을 더듬며 나아가야 하는 삶의 혼돈과 무질서처럼 여겨진다는 것이다.

추알의 삶이 안타깝게 다가오는 본질적 이유는 그녀가 굴곡진 인생을 살았기 때문도, 역사의 거대한 흐름 속에 짓눌려 고통 받았기 때문도 아닐 것이다. 그보다는 오히려 스스로를 '구원'하려 애썼으나 결국 실패로 끝나고만 삶의 이야기가 주는 안타까움 때문일 듯하다. 타인에 의해 좌지우지되는 삶을 살던 그녀는 처음엔 자신을 '구원해 줄' 연인을 선택하지만, 그 연인은 고통의 대상인 자기 남편을 '죽여 주었'을지언정 그녀에게 진정한 자유를 부여하진 못한다. 추알에 대한 사랑만은 진심인 듯 보이는 그임에도 자신의 자존심이 다른 무엇보다 중요한 위잔아오는 일꾼들 앞에서 그녀에 대한 '소유권'을 주장하며 추알의 명예를 실추시킬 뿐 아니라, 독립적으로 양조장을 꾸려 가려는 그녀의 노력에 재를 뿌리고 "이제부터 술은 내가 빚을 것"이라는 말로 주인 행세를 시작하여 그녀의 자율권까지 빼앗아 간다. 추알을 진심으로 존중하고 양조장의 주인으로 인정해 주었던 라오한 또한 그녀에게 구원자가 되어 주지 못한다. 위잔아오가 양조장의 실질적 주인 노릇을 하려들자 라오한은 그날로 떠나 버리고, 항일운동을 하다 잡혀 온 뒤로는 도리어 추알이 복수심에 휩싸여 파멸에 이르도록 하는 촉매가 되고 만다.

그렇기에 일본군의 만행에 분노한 추알이 복수와 응징을 요구하고 독려한 일은 그때까지 온전한 자의로 한 행동이 거의 없던 그녀가 처음이자 마지막으로 스스로 내린 결단, 다시 말해 그 누구도 구원자가 되어 주지 않은 삶에서 자신을 직접 구원하려 한 노력으로 이해할 수 있을 듯하다. 그러나 예기치 못한 끔찍한 운명의 흐름 안에서 자신의 구원자가 되려 했던 추알의 행동은 도리어 지금까지 그녀에게 삶과 일과 열정을 뜻했던 모든 붉은 것들이 광기와 위험과 죽음으로 뒤바뀌는 혼돈을 초래하게 만든다. 누가 죽고 누가 살았는지 분간할 수 없는 기이한 붉음 속에 바람을 따라 고요히 나부끼는 붉은 수수는 그래서 그저 무력하게만 보일 뿐이다. 그 어떤 폭발적인 생명력도, 강한 의지나 결단도, 결국은 죽음, 절망, 광기와 표피 한 장 차이일 뿐인 이 세상의 새빨간 혼돈 속에서, 스스로 길을 내고자 발버둥치는 인간은 영영 혼들리며 헤매일 수밖에 없음을 암시하는 듯한 영화의 결말이다.

16

극한직업

알고 보면 '극히 평범한' 직업

누군가의 첫인상이 생성되는 과정과도 비슷하게 첫 장면부터 "이거다" 싶은 느낌이 오는 영화들이 있다. 개인적으론 이병헌 감독의 2019년 작 [극한직업]이 그랬다. 주연 배우 대부분이 내가 좋아하는 사람들이었던 데다 2015년 작 [스물] 이후 나름대로 눈여겨(?) 보고 있던 감독의 연출작이라 이미 기대치가 꽤 높아진 상태였음에도 예상을 뛰어넘는 유쾌함에 기분 좋게 놀랐던 기억이 있다.

영화는 열정은 넘치지만 실적은 부진한 고상기(류승룡 분) 반장 휘하의 마포경찰서 마약반을 둘러싸고 펼쳐지는 이야기로, 고 반장은 자신을 닮아 어수룩한 부하 형사들이 거하게 친 사고 때문에 경찰서장에게 팀 해체를 경고 받을 뿐 아니라 자신의 후배가 먼저 과장으로 진급한다는 수치스런 소식까지 전해 듣는다. 그럼에도 뻔뻔하게 팀원들을 데려와 자기 팀(강력반) 회식 자리에 끼어드는 그를 한심하게 바라보던 최 과장(송영규 분)이 도와주겠다며 슬쩍 흘려 준 정보는, 다름 아닌 마약계 거물 이무배(신하균 분)의 국제 마약 조직 밀수 정황이다. 적선하듯 공조를 요청한 최 과장의 제안대로 다음 날부터 고 반장은 자신의 팀원인 장연수(이하늬 분), 마봉팔(진선규 분), 김영호(이동휘 분), 김재훈(공명 분) 형사와 함께 이무배 패거리의 아지트 근처에서 잠복근무를 시작하지만 철옹성 같은 아지트 내부에 잠입할 방법이 없어 골머리를 앓는다. 그러던 중 인근 치킨집에 터를 잡으면 아지트로 배달을 갈 수 있으리란 아이디어를 얻은 그들은 파리만 날리다가 가게를 내놓았다는 치킨집 주인의 말을 듣고 덜컥 가게를 인수해 버린다.

그렇게 치킨집을 본부로 삼은 마약반이 이무배 패거리의 아지트에 감청 장치를 설치하고 본격적인 수사를 개시하려던 중, 준비도 안 된 치킨집에 손님들이 몰려드는 의외의 상황이 벌어진다. 결국 이무배 조직원들까지 가게로 주문을 하러 오자 형사들은 의심을 피하기 위해 본격적인 '장사'를 시작하는데, 수원에 본가를 둔 갈비집 아들인 마 형사가 얼떨결에 만들어 낸 갈비양념 치킨(그 이름도 찬란한 "수원왕갈비통닭")이 선풍적인 인기를 끌면서 입소문을 탄 이들의 가게는 엄청난 핫플레이스가 되어 버린다. 처음에는 난색을 표하던 형사들도 쌓여 가는 매출을 보며 점점 장사에 재미를 붙이지만, 이들이 치킨집 운영에 정신이 팔린 사이 이무배 조직이 아지트를 다른 곳으로 옮기면서 안 그래도 대충대충이던 잠복 수사에 비상등이 켜진다. 게다가 하필 이때 한 방송국 PD의 악의로 치킨집이 고발 프로그램의 타깃이 된 후

매출은 바닥을 치게 되고, 업무 시간에 장사를 하고 있었다는 사실이 밝혀지며 마약반은 전원 정직되기까지 한다.

고 반장이 경찰직을 사임하기로 결심한 것에 모두가 침울해진 와중, 거물급 사업가로 보이는 정 실장(허준석 분)이 이들 앞에 홀연히 나타나 갈비양념치킨집을 프랜차이즈화하자는 사업 제안서를 내민다. 형사들은 반신반의하지만 결국 그 동아줄을 외면하지 못하고, 계약을 마친 뒤 열심히 프랜차이즈를 홍보하며 한 번 더 치킨 장사로 재기에 도전한다. 하지만 "수원왕갈비통닭" 분점의 질 낮은 서비스와 불친절한 직원들, 이상한 맛 등이 SNS에서 엄청난 혹평을 받자 이에 놀란 마약팀은 '분점 관리' 차 가게들을 조사하기 시작하는데, 이 과정에서 사실은 정 실장이 이무배의 부하이고 실제로는 전국의 치킨 분점들이 마약 판매와 유통에 이용되고 있었다는 것을 깨닫게 되면서, 이무배의 마약 조직을 일망타진하려는 결의를 새롭게 다지며 그의 뒤를 쫓기로 한다.

선한 삶을 살기 위해, 적어도 남에게 해가 되지 않는 삶을 살기 위해선 엄청난 노력과 능력이 필요하다는 나의 평소 지론과 무관치 않게, 이 작품 또한 상당히 영리한 방법으로 관객에게 '무해한' 웃음을 제공한다. 데뷔작 [스물]에선 가끔 과해지기도 했던 이병헌 감독 특유의 유머 코드는 이 작품에서 적절한 완급을 통해 B급을 넘어선 세련됨을 보여 주고, 통통 튀는 대사와 재치 넘치는 장면 전환으로 마치 코믹 만화 같은 시원시원한 전개와 흐름을 자랑한다. 다른 꿍꿍이가 있어 시작했던 어설픈 사업이 예상 외로 대박을 터뜨린다는 설정은 2000년 작 [스몰 타임 크룩스]나 1942년 작 [절도 주식회사] 등과도 비슷하지만, 범죄자들이 주인공이던 여타 영화들과 달리 경찰들이 장사를 하는 상황은 꽤 신선한 설정이다. 주연에서 조연까지 하나하나 존재감이 확실한 캐릭터들의 매력과 물을 만난 고기처럼 활개치는 배우들의 연기 또한 작품에 쉴 새 없이 에너지를 불어넣고 말이다(개인적으로는 오정세 배우가 연기한 테드 창을 최고로 애정한다).

대부분의 한국 코미디 영화들이 후반부에 억지로라도 '감동'을 욱여넣는 일을 하나의 공식처럼 여겨 왔던 것과 달리 이 작품은 처음부터 끝까지 '웃음'에만 집중한다. 하지만 앞서 말했듯 이 영화가 영리하다고 할 수 있는 이유 중 하나는 감동에 집중하지 않음으로써 오히려 더 자연스럽게 페이소스를 끌어내기 때문으로, 살짝 비현실적이고 우스꽝스러운 설정과 상황들 속에서도 작품 자체의 테마라고 볼 수 있을 '평범함'에 근거한 뿌리가 영화를 흔들리지 않게 지탱해 준 결과일 듯도 싶다.

사실 마약 수사, 범죄자와의 두뇌 싸움 같은 부차적 요소들을 걷어 내고 나면 이 영화의 본질적 뼈대는 평범한 사람들이 어떻게든 먹고 살기 위해 고군분투하는 이야기다. 고 반장과 마약팀 형사들은 엄청나게 뛰어나거나 특별한 인물도, 그렇다고 직업적 사명감에 투철한 사람들도 아닌 그냥 보통의 직장인일 뿐이다. 표면적으론 범죄자들과 맞서 싸우면서 멋지고 정의로운 임무를 감당하는 듯 보이지만, 결국엔 상사에게 구박받고 후배와 승진 경쟁을 벌이며 온갖 더러운 꼴을 당해도 꾹 참고 다시 출근하는 평범한 사람들인 것이다. 실제로 마약팀 팀원들은 영화 속 최고의 악역으로 간주될 수 있을 이무배라는 인물과 개인적 원한이 전혀 없고 심지어 영화의 후반부까지 제대로 마주치지도 않는다. 그가 죄질이 나쁜 범죄자인 것과 별개로 마약팀 일원들에게는 자신들의 성과와 자리 보존을 위해 잡아들여야 할 목표로서 외에 그 어떤 절박함이나 감정적 의미도 투영될 대상이 아니라는 것이다.

다시 말해 고 반장과 마약팀 형사들이 궁극적으로 원하는 것은 거창한 정의 구현이나 자신들의 실력을 인정받는 금의환향이 아닌 단순한 '살 길'일 뿐이고, 그렇기에 그들은 더욱 쉽게 치킨집 장사에 홀려 본연의 임무를 잊어버린다. 타이틀만 거창하고 실속은 없는 남편의 '반장' 노릇에 질린 아내 은정(김지영 분)의 눈치를 보던 고 반장은 장사를 마감한 뒤 아내에게 엄청난 단위의 현금을 턱턱 안길 수 있는 '가장' 역할에 심취하고, 경찰서에서 모지리 취급을 받던 형사들 또한 치킨집의 성공에 줏대 없이 휩쓸려 버린다.

주인공을 '경찰'로 설정한 작품의 의도가 이 대목에서 잘 드러난다. 비슷한 플롯을 가진 다른 영화들에서 주인공이 범죄 행각에 이용하기 위해 차린 가게가 우연히 잘된다는 뜻밖의 상황은 단순히 유머적 요소로 사용될 뿐이지만, 이 작품의 경우엔 임무와 사명, 옳은 길에 대한 철학적 고찰로까지 이어질 수 있기 때문이다. 어떤 범법자가 잘되는 장사에 신경 쓰느라 원래 계획했던 범죄를 저지르지 못하게 되는 것은 그 인물의 바람이나 삶의 방식과는 반대될지언정 객관적으로 '잘못된' 일이 아니며, 불법을 저지르고 싶던 사람이 억지로라도 합법의 길로 들어서게 되는 것, 악에 머무르던 사람이 선으로 끌려온다는 아이러니한 전개가 이런 설정에 웃음과 의외성을 부여한다. 하지만 그와 반대로 범죄자를 쫓던 경찰들이 원래 목적을 벗어나 장사에 정신이 팔린다는 것은 직무유기에 속하는 일인 데다가 '악을 벌하는 선'으로서의 정체성을 저버리는 행위가 될 수 있다. 실제로도 이 영화의 마약반은 치킨집 장사에 몰두하느라 막상 자신들이 치킨집을 열었던 본래의 이유, 즉 이무배 패거리를 감시하는 일에 실패하고 만다.

하지만 영화 속 마약반의 행보가 한심하거나 이기적으로 보이지 않는 이유, 그들이 자신도 모르게 이무배의 범죄 작전에 가담하게 되었음에도 '악'으로 여겨지지 않는 이유는 앞서 말했듯 이들의 모든 선택과 행동들이 결국은 어떻게든 잘 살아 보려 애쓰는 노력의 일환이기 때문일 것이다. 영화는 고 반장과 부하들의 한심하고 찌질한 면모를 예리하게 포착하지만 그렇다고 이들을 비웃어 넘기진 않는다. "치킨은 서민의 음식이라더라"라며 맛있게 치킨을 먹는 당찬 딸을 바라보는 고 반장의 눈빛처럼 이 작품은 연민 어린 따스한 시선으로 마약반 팀원들의 허둥대는 실수들을 감싸 준다. 열두 번이나 칼에 찔려 죽을 고비를 넘기고도 변변한 인정이나 승진의 혜택을 얻지 못해 가족들에게 늘 미안해하는 고 반장이 돈 버느라 수사를 좀 소홀히 했다고 그것을 쉽사리 탓할 수 있을까? 객관적 판단 여부를 떠나 이 고달픈 세상을 함께 살아가는 사람 대 사람으로서 말이다.

다만 마약반 팀원들이 온통 치킨 장사에 정신이 팔린 와중에도 그나마 제정신이 박힌 김영호 형사가 "왜 최선을 다하는데?"라며 포효하는 장면은 터지는 웃음 뒤에 씁쓸한 뒷맛을 남긴다. 세상을 살아가는 진짜 이유를 잊어버린 듯 잘 먹고 잘 사는 일에만 집중하는 내 모습도 저렇게 보이지 않으려나 싶어서 말이다. 어쩌면 하나님이 예비해 주신 길에서 우리를 벗어나도록 만드는 가장 손쉬운 방법은 고난이나 핍박이 아니라 자신도 모르게 성공과 여유만을 쫓도록 그냥 방치되는 상황일지 모르겠다. 나와 내가 사랑하는 사람들이 잘 먹고 잘 살 수 있는, 악하지 않고 틀리지 않기에 누구나 공감하고 이해해 줄 만한 목표와 노력들이 어느덧 자기 삶의 가장 본질적인 목적을 집어삼킬 때까지.

다행히도 영화는 마약반 팀원들의 본모습인 경찰로서의 목표와 얼떨결에 생긴 정체성(소상공인)에 뒤따르는 목표를 통합시키는 방식으로 우리에게 위로를 준다. 고 반장은 경찰직을 떠나 치킨집 프랜차이즈를 성공시키는 일에 총력을 다하려 했었지만, 이무배가 분점들을 범죄의 수단으로 악용하기 위해 자신들에게 접근했다는 사실을 알게 되면서 정의로운 분노를 회복한다. 물론 이무배의 범죄 행위 그 자체보다는 자신들이 열과 성을 다했던 치킨집을 이런 방식으로 망쳐 놓았다는 사실에 더 열 받은 듯 보이는 면도 있다. 그러나 마약반의 본래 임무, 다시 말해 그들의 직업적, 윤리적 의무가 사업자로서의 개인적 이익과도 일치하게 되면서, 이들은 지금껏 갖지 못했던 확신으로 이무배 패거리를 소탕하겠다는 의지를 불태운다. 모두가 다 함께 잘 먹고 잘 사는 일은 본질상 '선'이나 '정의'의 실현과 직접 연결되는 것임을 시사하는 상황으로도, 또 '옳은' 일과 '마땅히 해야 할' 일을 하는 것은 그렇게 거창하고 대단한 무언가가 아님을 암시하기 위한 설정으로도 해석될 수 있는 부분이다.

그리고 영화는 재미있게도 - 또한 영리하게도 - 바로 이 시점에서 한없이 어리숙하게만 보이던 주인공들의 '진면목'을 소개하며 반전을 선사한다. 마 형사는 유도 국가대표 특채 출신, 김영호는 UDT 출신, 장 형사는 무에타이 동양 챔피언 출신이고, 고 반장은 강력계 생활 20년 동안 칼을 12번이나 맞고도 죽지 않아서 "좀비"로 불리는 데다, 어설픈 막내 재훈까지도 야구부 출신으로 엄청난 '맷집'을 자랑한다는 사실이 밝혀지는 장면은 재미있고 통쾌한 동시에 어딘가 찡하게 느껴지는 구석도 있다. 삶의 무게에 짓눌려 빛을 보지 못하는 평범한 사람들이 어떻게든 살아가기 위해 애를 쓰는 그 가운데에도 당연한 일을 하듯 옳은 길을 선택할 때, 즉 하나님이 정하신 각자의 진정한 목적을 다시 붙잡을 때 이뤄지는 유쾌하고 찬란한 회복으로도 보이고 말이다.

뭔가 꿍꿍이가 있어 보였던 후배 최 과장도, 의뭉스런 악역 연기로 쌓아온 배우(김의성)의 이미지 때문에 역시 어딘가 수상해 보였던 경찰서장까지도 결국 평범한, 적당한 선의를 가진 보통 사람들이었다는 것 또한 이 영화의 반전이라고 할 수 있다. 안 그래도 복잡하고 살기 힘든 세상에 굳이 더한 악의와 갈등을 보태지 않는 이 쿨함에서 따뜻한 다정함을 느낀다. 인간을 이해하고 사랑하며 삶 그 자체에 내재된 우스꽝스러움에서 자연스러운 재미를 찾는 이 작품은 '진짜 웃음'이란 결국 공감과 연민에서 나온다는 메시지를 전한다. 함께 울고 슬퍼하는 것이 진정한 공동체이듯 그 누구도 소외시키거나 상처 주지 않는 웃음을 되찾는 것 또한 유대와 연대의 한 부분일 듯하다. 앞으로도 이렇게 우리 서로를 연결시키는 명랑하고 사랑스런 작품들이 많이 나와 준다면 좋겠다.

제목만 들어도 웃음을 터뜨릴 분들이 적지 않을 한국 영화 "극한직업"은 "과속스캔들", "써니", "타짜: 신의 손" 등 오락성과 작품성으로 잘 알려진 영화들을 각색하며 영화계에 입문한 감독 이병헌이 연출을 맡고, 류승룡, 이하늬, 진선규, 이동휘 등 연기력으로 주목받는 배우들이 주연으로, 그리고 신하균, 오정세, 김의성 등의 거물급 배우들이 조연으로 출연해 2019년 개봉되었던 "액션 코미디"입니다. 개봉 후 단 15일 만에 관객 수 1,000만 명을 넘어섰다는 이 영화는 총 누적 관객 수 1,600만 이상으로 한국 영화 역대 관객수 순위에서 2위를, 그리고 누적 매출액 약 1,400억(제작비의 14배 이상)으로 역대 매출액 순위 1위를 차지하는 엄청난 흥행 기록을 만들어 냈다고 하지요. 이런 놀라운 기록들은 무조건 '웃기기만' 하는 일이 목적이 아닌, 억지스럽지 않고 누구나 마음 편히 즐길 수 있는 무해한 코미디를 만든다면 관객들이 알아보고 인정해 준다는 사실을 방증하는 결과가 아닐까 합니다.

잠복근무를 일상화할 만큼 열심히 일하며 나름대로 임무에 최선을 다하는데도 실적은 늘 바닥을 치고 있는 마포경찰서 마약반 반원들이 이야기의 중심인 이 영화에서, "만년 반장"의 꼬리표를 떼지 못하는 마약반 반장 "고상기"는 그나마 '한 건' 할 수 있던 기회마저 아쉽게 날려 버리며 기수가 한참 후배인 강력반 "최 반장"에게 형사과장의 승진 기회를 빼앗기는 데다, 실적 부진에 화가 머리끝까지 치솟은 서장의 결정으로 팀 자체도 해체 직전의 위기에 놓입니다. 이런 상황에서 국제 범죄 조직의 국내 마약 밀반입 정황을 포착한 최 반장이 - 이제는 "최 과장"이라고 불러야 옳겠지만 - 공조를 요청해 오며 "장연수" 형사, "마봉팔" 형사, "김영호" 형사, "김재훈" 형사 등 팀 전체가 마약계 거물 "이무배" 조직의 아지트 근처에서 잠복근무를 시작하게 됩니다. 물론 말이 좋아 공조지, 사실은 기약 없는 잠복이 부담스럽던 강력반이 귀찮은 과정을 마약반이 다 처리해 놓으면 결정적인 순간 사건 해결의 공로를 자신들이 모두 차지할 심산으로 기획한 일이기는 했지만 말이지요.

해외에서 숨어 지내던 이무배가 조직으로 돌아오기를 기다리는 동안 잠복할 곳(그리고 '식사'할 곳)이 마땅치 않아 근처 건물의 치킨집에서 지겨울 정도로 프라이드 치킨을 사 먹으며 지내야 했던 마약반 팀원들은, 기다리던 이무배가 갑작스레 출현하자 장사가 안 돼 조용한 그 치킨집이 자신들의 신분을 숨기고 은신해 감시할 수 있는 최적의 장소라 생각하고 아예 가게를 인수해 버립니다. 하지만 오직 그 조직 내 사람들만 배달 주문을 한다는 말을 믿고 부담 없이 인수했던 치킨집에 손님들이 하나둘씩 찾아오며 실제로 닭을 '튀기지' 않을 수 없는 상황이 되고 마는데, 수원에서 갈비점을 하는 가족들의 양념 비법을 사용해 만든 마 형사의 양념치킨이 뜻하지 않은 호응을 얻으면서 가게가 붐비기 시작합니다. 몰려드는 손님을 감당하느라 조직의 동향을 감시하는 일에 전념하지 못하는 팀원들이 이런저런 어려움을 겪던 차, 하필이면 서장의 호출로 잠시 자리를 비운 사이 이무배 조직이 그 건물에서 이사를 떠나 버립니다.

모든 계획이 수포로 돌아간 것에 허탈해하던 고 과장은 그나마 영업이 잘되는 점포만은 남아 있다는 사실에서 위안을 찾으려 하지만 - 본래 미리 청구해서 받은 그의 퇴직금으로 계약했던 가게이기에 - 맛집 탐방 프로그램에 "수원왕갈비통닭"을 소개하는 방송 촬영을 제의했다가 문전박대를 당한 일이 있는 방송국 PD가 보복 차원에서 악성 기사를 내보내며 가게는 파산 직전에 이를뿐더러, 설상가상으로 그 방송을 보고 마약 유통에 치킨 프랜차이즈 사업을 '접목'하면 좋겠다는 아이디어를 얻은 이무배 측이 고 과장 팀과 계약을 맺으면서 얽히고설키는 상황이 빚어집니다. 자신이 중국에서 제조한 마약을 유통해 줄 국내의 파트너로 '동종업계'에서 치열한 경쟁을 벌이던 또 다른 마약업자 "테드 창"을 끌어들이려던 이무배는 물건을 확인하는 과정에서 상대편과 난투극을 벌이고, 그러는 사이 그들을 추격하고 있던 마형사에 이어 마약반 팀원 모두가 그곳에 출동하며 양쪽 조직을 전원 체포, 소탕하는 쾌거를 이루어 내지요.

워낙 폭소를 자아내는 대사들이 많아 영화를 봤던 관객마다 기억에 남는 재미있는 대사가 각기 다를 수 있겠지만, 제 경우에는 - 그리고 다른 많은 분들도 그러리라 짐작되듯 - 목숨이 위태로울 수 있는 상황에도 포기하지 않고 악착같이 자신에게 따라붙는 고 형사를 향해 이무배가 "치킨집 하면서 왜 목숨을 걸어?"라고 소리쳤을 때 고 형사가 맞받으며 "네가 소상공인에 대해서 잘 모르나 본데 우린 다 목숨 걸고 해!"라던 대답이 가장 인상 깊게 기억에 남아 있습니다. 이 대사를 들으면서 위로받은 소상공인 분들이 실제로 많지 않을까 생각되기도 하고 말이지요. 그 단어에 "소"(小)라는 글자가 들어있어 별 대단치 않은 일을 일컫는 것처럼 들릴 수 있는 이 명칭은, 그러나 사업체 수 596만여 개, 종사자 수 955만여 명으로 대한민국 전체 기업 수의 약 95%, 전체 종사자 수 기준 36% 이상을 차지한다는, 엄청난 중요도를 자랑하는 사업자·사업 형태의 이름입니다. 그 치열한 경쟁 상황을 감안하더라도 그분들이 무슨 일에서든 "목숨 걸고" 할 수밖에 없다는 것은 엄연한 현실이 아닐 수 없겠지요.

혼자 차 안에서 잠복하며 대기하던 중 이무배 일당이 출발하는 모습을 보고 미행을 시작했던 김영호 형사가, 팀원들에게 공조를 요청하려 전화를 해도 모두들 장사에 바빠 연락이 닿지 않는 바람에 혼자 따라가다 갈림길에서 놓치고 돌아온 후 어이없어하며 했던, "범인 잡으려고 치킨집 하는 겁니까, 아니면 치킨집 하려고 범인을 잡는 겁니까?"라는 반문도 듣기에 따라서는 그 의미가 꽤 깊은, 여운 있는 일침일 수 있을 듯합니다. 처음에는 범인을 잡기 위해 닭을 잡기 시작했는데 하다 보니 자신도 모르게 닭을 잡는 일이 범인을 잡는 일보다 우선이 되어 버린 그들의 모습은, 우리 삶의 여러 다른 측면들에도 적용될 수 있는 본말이 전도되고 우선순위가 뒤바뀐 상황의 전형이기 때문이지요. 우리의 믿음 생활 가운데도 적지 않은 영역들에서 반추해 볼 수 있는 교훈이고 말입니다.

폭력이 난무하고 잔혹한 장면으로 점철되는 영화들이 오락 영화 시장의 주류를 차지하는 요즘의 세태와 비교하면 상당히 '순수한' 작품으로 평가될 수 있을 이 영화에서조차 악당 쪽 '주 종목'이 마약의 판매와 유통으로 설정되는 현실이 안타깝고 우려스럽다는 것은 부인하기 어려운 사실입니다. "마약 청정 국가"라는 자랑스러운 이름이 어느 순간 무색해지는가 싶더니 언제 그런 때가 있었나 싶을 만큼 하루가 다르게 마약 문제가 보편화(?)되어 가는 한국의 상황 때문인지 이 영화에도 등장하듯 자신들의 음식에 "마약 치킨", "마약 김밥" 등의 이름을 아무렇지 않게 - 오히려 광고 효과를 극대화하기 위한 수단으로 - 붙이곤 하는 현실에서, 이 영화가 그 같은 문제에 대한 대중의 경각심을 일깨우는 계기가 될 수 있다면 더욱 좋겠다 싶습니다. 한 초등학교 학생들이 자신들의 학교 주변에 산재한 수많은 "마약 ○○" 간판들의 철거 운동에 직접 나섰다는 기사를 접한 일이 있는데, 이 영화를 보며 실컷 웃고 난 어른들도 그런 즐거운 경험을 관련 사안에 대한 해결책을 모색하는 계기로 삼는다면 이 영화가 갖는 여러 의미 중의 하나가 될 수 있으리라는 바람을 함께 가져 봅니다.

17

어 퓨 굿 맨 (A Few Good Men)

'소수정예'의 가치가 회복될 날을 기다리며

딸 J의 시선

　롭 라이너 감독의 1992년 작 [어 퓨 굿 맨]은 2023년 여름 나라를 지키던 한 청년의 목숨이 안타깝고 어이없게 급류에 휩쓸려 간 비극과 연결되며 새롭게 주목을 받았던 작품이다. 여전히 명확한 규명이나 처벌이 이루어지지 않은 상황에서 유사한 내용의 영화를 다루는 것이 너무나 처연한 일일 수 있어 주저되는 점도 없지 않지만, 얼마 전 미국 대법원이 대통령의 면책 특권에 관해 내린 결정처럼 세계 각국에서 강자의 논리를 법적, 상식적 기준이나 원칙보다 우선시하는 행보가 목격되는 이때 한 번쯤 짚고 넘어갈 만한 작품이라는 생각에 다루어 보기로 했다.

영화는 악명 높은 관타나모 만(Guantanamo Bay)에 위치한 해병 기지에서 이등병 윌리엄 산티아고(마이클 데로렌초 분)가 동료인 해럴드 도슨 일병(볼프강 보디슨 분)과 로든 다우니 이병(제임스 마셜 분)으로부터 가혹행위를 당하다가 사망하는 사건으로 시작된다. 두 해병이 기소되자 해병대 고위 간부들은 로스쿨을 졸업한지 얼마 되지 않은 데다 지금껏 담당한 사건들을 모두 '합의'로 해결해 온, 법정 경험이 전무한 새내기 군법무관 다니엘 캐피 중위(톰 크루즈 분)에게 변호를 맡긴다. 여느 때처럼 건성건성 사건에 임한 캐피 중위는 산티아고 이병이 부대 생활에 적응하지 못하던 천덕꾸러기였다는 점, 또 그가 전출 요청을 위해 정치인, 군 감찰부 인사 등 군 내외 인물과 기관들에 여러 차례 편지를 보내는 과정에서 관타나모 기지 안의 어떤 문제에 대해 폭로하겠다고 약속한 일이 있다는 사실을 근거로 이 사건을 원한에 의한 살인이나 과실치사일 것으로 단정한다. 이에 따라 군검사 잭 로스 대위(케빈 베이컨 분)와 타협해 최대한 낮은 형량을 받아 내는 것으로 일을 마무리하려 하지만, 사건의 수상함을 감지하고 관심을 갖게 된 해군 소속 수사관 겸 내무부 특별검사 조앤 갤러웨이 소령(데미 무어)이 다우니 이병의 변호인으로 선임되면서 그의 계획에 차질이 생긴다.

모범적이고 열정에 찬 갤러웨이 소령과 껄렁하고 불성실해 보이는 캐피 중위는 사사건건 의견을 달리하며 부딪히게 되는데, 도슨 일병과 다우니 이병이 상관의 명령으로 이 사건에 휘말렸다고 확신하며 그들을 성실히 돕고자 하는 갤러웨이 소령과 달리 캐피 중위는 오직 자신이 '증명'할 수 있는 사실에만 관심을 갖는다. 하지만 수사 목적으로 관타나모 기지를 방문했던 변호팀이 사령관 네이선 제섭 대령(잭 니콜슨 분)과 어딘가 석연치 않은 만남을 가진 이후, 제섭 대령이 기지 내의 치부를 외부에 폭로하려 한 산티아고 일병의 행보에 분개해 그에 대한 코드 레드(Code Red), 즉 '버릇을 고치기 위한' 비공식적 구타와 얼차려를 명한 장본인이며, 도슨 일병과 다우니 이병은 그 명령에 따라 행동한 것이라는 사실이 포착된다.

그럼에도 별 물증은 없이 심증뿐인 상황인 데다 사건의 책임자인 제셉 대령이 백악관 국가안보위원회(NSC) 위원으로 내정된 대단한 인물이라는 점을 우려한 캐피 중위는 사건을 재판까지 끌고 가기를 주저한다. 군검사와의 합의로 가장 적은 형량을 제안받는 데 성공했음에도 자신들은 명령을 따랐을 뿐 "잘못한 것이 없다"는 주장을 이어 가는 도슨 일병과 다우니 이병의 '쉬운 길을 어렵게 돌아가려는' 모습에 캐피 중위는 답답함을 이기지 못하고, 광적일 만큼 해병대에 대한 자부심이 강하며 명예와 규율을 목숨보다 중요시하는 도슨 일병과도 마찰을 빚는다. 이기지 못할 싸움에 회의를 느끼던 그는 변호인 자리를 사임하려고까지 들지만, 마지막 순간 마음을 바꿔 갤러웨이 소령, 선배 군법무관 샘 와인버그 중위(케빈 폴릭 분)와 협력하며 도슨과 다우니의 무죄를 입증하기 위해 법정으로 향하게 된다.

제 65회 아카데미 시상식에서 작품상을 수상했고 개봉 후 30년이 지난 지금까지 회자될 만큼 객관적으로 뛰어나다는 인정을 받는 이 작품의 완성도와 작품성을 개인적으로도 높게 평가하고 있으나, 애런 소킨의 각본으로 제작되었다는 사실은 이 작품의 가장 뚜렷한 장점이자 단점으로 작용하는 측면이 있다. 정확히 말하면 애런 소킨이 쓴 동명의 연극 극본이 그 자신에 의해 영화 각본으로 각색되었다는 것인데, 그래서인지 감독인 롭 라이너보다 원작자이자 각본가인 소킨의 영향이 작품 안에서 훨씬 더 두드러지는 양상을 보인다(물론 소킨이 각본을 쓴 영화들 대부분에서 작가의 특성이 유난히 강하게 드러난다고 생각되기는 하지만 말이다). 미국 대통령과 참모들의 이야기를 다룬 드라마 [웨스트 윙]을 통해 한국 관객들에게도 익히 알려진 작가이자 프로듀서 애런 소킨은 "소킨 식" 각본·작품이라는 형용사(Sorkinesque)가 공공연하게 통용될 정도로 할리우드 영화사에 큰 획을 남긴 인물이다. 특히 언어로 이루어지는 '대사'의 중요성을 잘 아는 창작자인 그는 이 영화에서도 속사포처럼 휘몰아치는 대사, 즉 행동이나 액션이 아닌 '말'을 통해 인물들 사이의 갈등과 긴장을 최고도로 끌어올린다.

이 작품의 가장 큰 의미와 중요성은 '법'과 '힘'에 관한 깊은 성찰의 필요성을 일깨워 준다는 점에 근거한다. 이번에 영화를 다시 보며 흥미로웠던 - 동시에 약간 서글펐던 - 사실은, 영화 초반 갤러웨이 소령과 캐피 중위가 대립각을 세우는 동안 대체로 캐피의 의견에 동의하고 있는 나 자신을 발견하게 되었다는 것이다. 갤러웨이의 열정과 정의심은 훌륭하고 본받을 만하지만, 산티아고 일병의 사망을 둘러싼 '진실'이 무엇이든 법정에서 '증명'될 수 없다면 아무런 의미도 없다는 캐피의 일침이 가장 현실적인 판단이기 때문이다. 변호사라는 직업인의 입장에서 봤을 때 법적 효력을 가진 증거를 사용해 의뢰인의 무죄를 '입증'할 확률, 다시 말해 재판에서의 승소 확률이 낮을 경우 무작정 의뢰인의 무죄를 외치며 법정으로 향하는 것은 오히려 직무유기에 해당하는 일일 수 있다. 진실을 밝혀야 한다는 갤러웨이의 '순진한' 이상보다는 군검사를 반협박해서라도 최대한 가벼운 형량을 협상하는 캐피의 실용주의가 어떤 면에서는 훨씬 더 직업윤리에 부합되는 행동이라는 것이다.

그러나 영화 속에서 캐피와 변호팀은 결국 재판을 통해 싸우기를 선택하고, 이 결정이 법적인 시각에서는 그다지 현명하지 않았을지언정 윤리적, 도덕적으로는(그리고 결과적으로도) '옳은' 선택이 된다. 현직 변호사가 하기엔 불경스러운 표현일 수도 있겠지만 사실 현 사회의 법은 '진실'과 '정의'를 가리기에 적합하지 않은 도구이다. 부와 권력을 소유한 사람들만 유능한 변호인 군단을 확보할 수 있다는 실질적 불평등 외에도 증거를 채택하는 방식, 증인의 신뢰성을 평가하는 기준, 인과관계를 수립하고 상대의 죄나 법적 책임을 묻기 위해 충족시켜야 하는 요건 등등 오늘날의 법에 내재하는 한계와 부당성을 오히려 변호사가 된 이후 뼈저리게 깨닫는다. 약자를 보호하는 최소한의 장치인 법마저 결국은 강자들의 세계관과 이해관계 속에서 탄생했다는 한계가 존재하기에, 이처럼 '법적' 승리의 확률이 희박한 상황에서 '법'의 판단을 받고자 '법정'으로 향하는 변호팀의 결단은 아이러니하게도 법이 갖는 제약적 원리, 강자가 규정하는 합리성과 정당함에 대한 본질적 거부로도 이해된다.

이런 맥락으로 보면 결국 변호인단을 재판에 승리하게 하는 요인은 여러 정황 증거들을 끼워 맞추며 입증의 방식을 통해 드러내는, 캐피 중위가 중요시하던 '법적 사실'이 아니라, 갤러웨이 소령과 두 해병이 그렇게나 바랐던 '완전한 진실'이라는 설정도 의미 있게 다가온다. 반복되는 실수와 미숙함으로 자신들의 변론에 큰 구멍이 뚫린 뒤 캐피 중위는 그때까지 외면했던 최후의 수단, 즉 제셉 대령을 증인으로 세우는 초강수를 결정한다. 배심원들 앞에서 표정 하나, 손짓 하나 조심하며 '세일즈맨처럼' 행동해야 한다고 동료 변호사들을 다그치듯 전략을 세우던 그가 이번에는 제셉 대령이 진실을 말하도록 만들겠다는, 허무할 만큼 단순한 계획만을 제시하는 것이다. 실제 심문 중에도 캐피와 제셉의 대치에는 별다른 전략적 갈등이 보이지 않

으며 - '엘리트'인 자신을 향한 제섭 대령의 반감과 피해의식을 캐피 중위가
살짝 건드린 것을 제외하고는 - 결국 그들 둘의 말싸움은 '진실'을 알 권리를
앞장세워 희생자의 죽음에 관한 진실을 요구하는 캐피에게 제섭이 대응하
는 방식으로 진행될 뿐이다. 군인에게 필수적인 '군기'를 잡기 위해 마땅히
할 일을 했다고 믿는 제섭 대령은 자신에 대한 공격을 참지 못하고 본인이
코드 레드를 지시했음을 제법 당당히 시인하는데, 그 순간 그토록 원하던
결과를 얻은 캐피 중위의 얼굴에 스치는 경악, 법정 전체에 내려앉는 충격
섞인 침묵이 무척이나 인상적이다. '법적' 논리와 문법을 벗어난 순수한 '진
실'의 공개가 불러온 파장, 정의와 진실마저 지배하고 관리하던 강자의 제
도가 단번에 붕괴되는 순간이라고 묘사될 만한 장면이다.

　물론 어떤 면에서는 권력자가 스스로 죄를 시인해야만 진실이 밝혀진다
는, 힘을 가진 당사자가 '자멸'하지 않는 이상 단죄가 이루어질 수 없다는 씁
쓸한 현실을 반영하는 결말일지도 모른다. 하지만 고통과 신음은 분명히 존
재하는데 그에 대한 책임을 인정하는 사람은 아무도 없는 현실의 상황들을
생각하면 자신이 지은 죄를 인정하며 스스로 몰락하는 제섭 대령의 최후는
어딘가 '과격하게' 희망적인 면도 있다. 그것이 비록 자신의 잘못을 전혀 깨
닫지 못한, 착각과 오만에 근거한 자백일지라도, 스스로가 한 일을 인정한
권력자와 주저 없이 일어서서 그를 체포하는 군검사 로스 대위의 모습이 꽤
'낭만적'으로 보이기도 하고 말이다. 보통의 경우 법이나 권력의 구조가 가
진 자의 이해관계로 인해 약자들과 대립하게 되는 것은 어쩔 수 없는 현실
이라 하더라도, 진실과 정의의 실상이 뚜렷하게 드러났을 때만큼은 같은 목
적과 의도를 확인하며 약자들과 나란히 서기를 바라는 것이 지나치게 순진
한 생각으로 치부되어야 한다면 그것은 참 슬픈 일이다.

자신이 한 일에 대한 제셉 대령의 자백은 마침내 도슨 일병과 다우니 이병에게까지 변화를 불러온다. 제셉 대령의 극적 증언 이후 두 해병은 살인 혐의에 대해서는 무죄 판결을 받지만 군인으로서의 "직무유기"라는 죄목과 관련해선 유죄가 판결되어 불명예제대를 선고받는데, 군대 내의 규율과 상명하복 원칙을 거의 종교적으로 신봉하며 산티아고 일병의 죽음에 일말의 죄책감도 느끼지 않는 듯하던 도슨 일병이 이때 처음으로 본인의 잘못과 책임을 인정하는 모습을 보이는 것이다. 자신이 그렇게도 자랑스러워하던 해병대 정신의 본질은 규율이나 복종이 아니라 "약자를 지키기 위해 싸우는 것"이었다는 말과 함께, 산티아고 일병을 지켜 주는 일에 실패하면서 군인의 의무도 저버리게 되었다는 사실을 시인함으로써, 영화 내내 상대적 '약자'로 보이던 도슨 일병과 다우니 이병이 자신들도 누군가에게는 '강자'였으며 폭력과 억압을 휘두른 '가해자'였음을 깨닫는 순간을 맞는다.

진실을 알 권리가 있다는 약자들의 처절한 외침이 책임자의 자백과 인정으로 이어질 날을 여전히 꿈꾸며 기다린다. 법과 제도가 사회를 통제하는 도구로만 쓰이는 대신 나란히 서서 같은 곳을 바라보는 우리의 발 아래 든든한 기반이 되어 줄 순간 또한. 모두가 죄인인 세상에 천국이 도래할 수 있는 첩경은 자신의 죄를 숨기고 부인하는 대신 각자가 허물을 인정하고 책임을 자임함으로써 위에서 아래로 강제되었던, 또 서로가 서로에게 남겼던 상처들을 치유하기 위해 노력하는 일에서 시작되는 것이리라 믿는다.

1992년 개봉된 "어 퓨 굿 맨"은 "대통령의 연인"이나 "웨스트 윙"처럼 정치색 짙은 영화와 드라마의 각본을 집필해 온 애런 소킨이 실화를 바탕으로 썼던 자신의 희곡을 직접 각색하고, "프린세스 브라이드", "해리가 샐리를 만났을 때", "미저리" 등의 문제작을 연출한 롭 라이너가 감독을 맡아 제작된 법정 영화입니다. 동료 해병대(USMC) 대원을 살해한 혐의로 기소된 두 미군 해병의 군법회의 과정과 그들을 변호하는 군법무관들의 이야기를 다루고 있는 이 작품은, 1993년 아카데미 시상식에서 작품상, 편집상, 남우조연상, 음향상 부문에 후보작으로 올랐고 같은 해 MTV 영화 & TV 시상식에서 베스트 영화 작품상(대상)을 수상했습니다.

사회주의 국가이자 미국의 적국인 쿠바 섬 내에 위치한 해병 기지 "관타나모"를 지리적 배경으로 하는 이 영화에 상당수의 인물들이 - 사실상 모두 군인들이 - 등장하지만, 그중에서도 주인공 격이라 할 수 있을 대표적 인물로 "대니얼 캐피 중위", "네이선 제섭 대령", "조앤 갤러웨이 소령" 등을 들 수 있습니다. 아버지가 전직 법무장관인 군법무관 캐피 중위는 하버드 로스쿨을 졸업하고 임관한 직후 기지에 부임한 촉망 받는 법률가임에도 일에 대한 큰 열정 없이 스포츠에만 몰두하며 자기 삶을 '즐기고' 있는 인물입니다. 그런 한편, 해병대 기지 사령관인 제섭 대령은 본인의 임무에 대한 자부심으로 철저하게 무장된 권위적이고 독선적인 군인으로서, 그의 이런 특성이 애초 영화의 중심 소재인 사망 사건의 단초로 작용합니다. 이들과 달리 정의와 이상을 추구하는 법무관 갤러웨이 소령은 해군 소속 수사관이자 변호인으로 파견된 뒤 협상을 통해 사건을 적당히 마무리하려는 캐피 중위와 대립하면서, 원칙적이고 도덕적인 방식으로 문제 해결이 이루어지는 과정에 중추적인 역할을 담당하게 됩니다.

그의 죽음이 영화의 중심축이 되는 "산티아고 이병"은 지병이 있는 데다 동료 병사들로부터 따돌림을 당하던 소위 '관심 병사'입니다. 하필 해병대 내에서도 가장 군기가 세고 훈련이 힘든 관타나모 기지에 배치된 그는 부대 생활에의 적응이 어려워지자 감찰부, 상원의원 등 군 내외 조직과 인사들에 편지를 보내 전출을 요청하는데, 내부의 문제를 외부에 알리며 절차를 무시하는 듯한 그의 행동에 분노하던 사령관 제셉 대령이 소대장인 "켄드릭 중위"에게 "코드 레드"를 지시하여 '버릇'을 고쳐 놓으려 하지요. 산티아고 이병의 문제를 본인의 희망대로 전출을 통해 해결하자고 건의한(자신의 부지휘관이자 해군사관학교 동기이기도 한) "마킨슨 중령"의 의견을 묵살했던 제셉 대령은, 막강한 권력의 "국가안보회의" 위원으로의 영전이 예정된 가운데 발생한 이 사건을 은폐하기 위해 자신의 명령에 따라 코드 레드를 실행했던 켄드릭 중위 소대의 두 병사, "도슨 일병"과 "다우니 이병"에게 모든 책임이 돌아가도록 조치합니다.

자신에게 이 사건이 맡겨지자 뛰어난 '법 감각'을 물려받은 캐피 중위는 골치 아플 것이 뻔한 법적 분쟁을 피하기 위해 검사 측인 법무장교 "로스 대위"와의 타협을 시도하지만, 자신이 가진 막강한 힘으로 치밀하게 증거를 인멸하고 "전출 명령서"나 "관제탑 근무일지" 같은 공문서들도 조작한 제셉 대령의 본모습을 알게 되면서 갤러웨이 소령과 힘을 합쳐 진실을 밝히는 법정 다툼에 나서기로 결심합니다. 현실주의자에 해당할 캐피 중위와 이상주의자라고 불릴 만한 갤러웨이 소령, 그리고 그 둘 사이에서 '완급 조절'의 역할을 담당하는 "와인버그 중위"까지 포함된 변호인단의 노력으로 결국 제셉 대령과 켄드릭 중위는 구속 수감되는 운명을 맞습니다. 상관의 명령에 대한 무조건적 복종을 군인의 본분이라 여긴 결과 끔찍한 일을 저지르게 된 두 해병의 살인 혐의가 무죄로 선고되기는 함에도 명백한 불법 명령조차 거부하지 않고 어려움에 처한 동료를 죽음으로 내몬 그들의 무책임한 행위에는 불명예제대라는 퇴출 명령이 뒤따르지요.

무척 오랜만에 영화를 다시 보며 제일 먼저 든 생각은, 32년 전 미국에서 만들어졌던 영화가 대체 어떻게 지금 한국에서 '현재진행형'인 사건들을 정확히 종합해 놓은 듯한 내용을 담고 있는가, 시대와 국가를 초월하며 유사한 사건이 계속 발생될 만큼 역사는 왜 '반복'을 거듭할 뿐 '진보'하지 못하는 것인가 라는 고통스러운 확인이었습니다. 진급을 앞둔 시점 자신의 실책을 숨기고 속이며 부하들에게 책임을 떠넘기는 행태는 물론, 몸이 약하거나 정신적으로 강인하지 못한 병사에게 소위 "얼차려"라는 명목으로 가해지는 폭력 행위, 그에 더해 그 모든 가학은 군대 내에서, 군인으로서 감내해야 하는 당연한 과정인 양 일말의 책임이나 죄책감을 느끼지 않는 지휘관들의 태도를 보고 있으면 그런 생각이 저절로 들 수밖에 없으니 말이지요. 자신의 행위가 진정한 애국인 듯 착각하는 제셉 대령과 달리 양심의 가책을 피할 수 없었던, 제셉과 해사 동기이면서도 중령이자 그의 부지휘관이던(그런 사실들만으로도 그가 얼마나 해병대 문화에 약삭빠르게 '적응'하지 못했는지를 알 수 있는) 마킨스가 군사재판에서 증언을 해야 할 상황에 놓이자 해병대 내의 비리를 폭로하는 대신 사건 발생을 막지 못한 자신에게 모든 책임이 있다는 유서를 남기고 스스로 목숨을 끊는 장면에서도 여러 가지 착잡한 생각들이 꼬리를 물지 않을 수 없었습니다.

처음부터 이 변호 임무에 가담하기를 꺼리던 와인버그 중위에게 "왜 그렇게 그들(코드 레드를 실행한 두 병사)을 미워하느냐"고 갤러웨이가 묻자 와인버그는 "그들은 약한 상대를 괴롭히고 고통을 줘 죽음에 이르게 했으며 그런 짓을 했던 것도 단지 그가 '빨리 달리지 못하는' 군인이라는 이유였기 때문"이라고 대답합니다. 제섭 대령의 명령대로 코드 레드의 실행을 지시했던 켄드릭 중위가 아무렇지 않게 자신이 하나님과 예수님을 믿는다고 말하는 대목은 물론, 막상 위기에 처하자 도리어 자신들에게 책임을 떠넘기는 군 수뇌부에 환멸을 느끼며 재판 과정에서 깨닫게 된 진실('군인으로서의 명예'보다 '인간으로서의 양심'이 더 중요하다는)로 인해 점차 변화를 보이는 두 병사조차 초반에는 잘못을 시인하고 증언에 임하도록 설득하는 캐피 중위를 경멸하며 자신들의 그릇된 신념을 고수하는 모습을 보다 보면, 빗나간 신념으로 무장되는 일이 신념의 부재 못지않게 위험한 것일 수 있다는 사실을 씁쓸한 마음과 함께 인정하게 됩니다. 잘못되고 왜곡된 신앙을 가진 사람이 신앙을 갖고 있지 않은 사람보다 훨씬 위험하며 타락의 길로 더 쉽게 들어설 수 있다는 사실과도 맥이 닿아 있는 측면이겠지요.

그런 중에도 영화의 마지막 부분, 해병 대원으로서의 직무유기에 대한 죄가 인정되면서 불명예제대 처분이 두 병사에게 내려졌을 때 도슨 일병의 말을 무조건 따르던 다우니 이병이 자신들에게 무슨 잘못이 있느냐며 변호인에게 따지고 들자, 사실상 분명한 잘못이 있음을 인정한 도슨이 "스스로를 위해 싸울 수 없는 사람들을 위해 우리가 대신 싸워 주었어야 옳았다"라고 말하는 - 하나님께서 우리에게 강력히 요구하시는 자세인 - 장면에서는 작으나마 희망을 발견할 수 있었습니다. 제섭 대령이 자신의 죄를 (홧김에) 시인함으로써 다행히 '해피엔딩'으로 끝나는 영화의 결말이 그다지 기쁘지만은 않았던 것은, 우리의 실제 삶에서도 자신의 '앞길'에 대한 두려움 없이 힘 있는 상관의 죄를 소신껏 파헤칠 수 있는 법조인들이 정말로 존재할까, 우리가 마주하고 있는 현실에서 죄지은 당사자들이 권력의 비호 없이 제대로 죗값을 치르는 일이 과연 가능할까에 대한 회의와 의문을 지울 수 없었기 때문이니까요.

법정에서 계속되던 캐피 중위의 심문에 화가 치솟은 제섭 대령이 "너는 그 '진실'을 감당할 수 없고, 또 진실을 알고 싶지도 않을 것"이라고 소리치며 상대방을 "내가 제공하는 '자유'라는 담요 속에서 잠들고 깨어나는 사람"으로 규정하는 모습에서 그의 독선과 아집의 원천을 짐작할 수 있었습니다. 우리 인간은 어느 누구도 예외 없이 현재의 자신이 있기까지 보이는 곳, 보이지 않는 곳에서 도움을 베푼 타인들의 사랑과 희생을 인정하고 감사해야 합니다. 자기 생각만 옳다고 여기고 본인이 타인에게 베푼 도움만 기억하는 사람은 자신의 뿌리 자체를 부인하는 격이 되고, 그처럼 부패한 가치관, 낡은 문화가 기성세대에게 만연해 있다면 다음 세대의 희망적 미래란 결코 기대할 수 없는 꿈에 머물고 말 것입니다. 지금 한국 사회에서 다수의 희생을 불러온 사건의 피해자들이 주로 젊은 세대인 것처럼 말이지요.

영화의 제목인 "어 퓨 굿 맨"은 "소수정예"라는 뜻의 관용구적 의미도 있지만 미 해병대가 자신들을 일컫는 별칭으로도 사용하는 말입니다. 해병대의 모병 광고에 "We're looking for a few good men"이라는 문구가 포함되어 있다고 하니까요. 사실 저는 한국 해병대가 표방하는 "누구나 해병이 될 수 있다면 나는 결코 해병대를 선택하지 않았을 것이다"라는 구호를 무척이나 좋아하는데, 이 문장에서 "해병"이라는 단어가 들어가는 자리에 "진짜 기독교인"이라는 말을, 그리고 "해병대"의 자리에 "기독교"를 넣고 마음속으로 혼자 선포해 보는 경우가 종종 있기 때문입니다. 자기 자신이 귀하고 특별한 존재, 즉 "어 퓨 굿 맨" 중의 하나임을 모든 기독교인들이 잊지 않기를 바라는 동시에, 부디 한국의 해병 대원들도 "어 퓨 굿 맨"이라는 자신의 정체성을 상기하며 실추된 명예를 회복하는 날이 하루속히 올 수 있기를 또한 바라고 기대해 봅니다.

18

와이키키 브라더스

변하지 않는 것, 변해야 하는 것

엄마 C의 시선

임순례 감독이 각본과 연출을 맡은 "와이키키 브라더스"는 개인적으로 제가 무척 좋아하는 한국 영화 중 하나입니다. 2001년 개봉 당시 이 영화 덕분에 처음 알게 된 임순례 감독은 이후에도 "우리 생애 최고의 순간", "제보자", "리틀 포레스트" 등의 훌륭한 작품으로 꾸준히 관객들을 만나 온 실력 있는 연출가지만, 별점이 짜기로 잘 알려진 유명 평론가가 별점 5개를 준 몇 안되는 한국 영화에 속하는 이 작품을 객관적 기준으로도 임 감독의 연출작 중 최고의 위치에 올려 놓을 수 있지 않을까 생각합니다. 비슷한 시기 개봉되었던 다른 비상업적 영화들과 함께 "와라나고를 부탁해"라는("와이키키 브라더스", "라이방", "나비", "고양이를 부탁해" 등 각 영화 제목의 첫 글자를 조합해 만든 말인)

이름의 문화 운동에 불을 지핀 주역이었음도 이 작품의 특기할 점들 중 하나이지요.

첫 장면부터 해당 업소에서의 마지막 공연임을(자신들이 '해고'되었음을) 술손님과 관객들에게 공표하며 연주를 시작하는 그들 와이키키 브라더스는, 잘나가던 초창기엔 7인조로 시작했지만 여러 사연들을 겪는 동안 4인조로까지 축소된, 사실상 퇴물급으로 전락한 '삼류' 밴드입니다. "와이키키 브라더스"라는 촌스러우면서도 낭만적인 그룹명은 리더이자 주인공인 "성우"가 고교 시절 자신의 고향인 수안보에서 결성했던 밴드의 이름을 그대로 물려받은 것이고 말이지요. 멤버들이 다시 일할 곳을 급하게 찾아야 하는 입장임에도 가능하면 고향인 수안보 쪽으로만은 가지 않으려 했던 성우는, 노래방과 가라오케의 범람으로 철 지난 라이브 연주를 원하는 곳이 많지 않다 보니 선택의 여지없이 결국에는 그곳으로 향하게 됩니다. 그렇게 도착한 수안보에서의 그는 고교 시절 밴드 활동을 함께하던 친구들뿐 아니라 뛰어난 가창력 때문에 첫눈에 반했던 짝사랑 상대 "인희"와도 다시 만나게 되지요.

고향에 내려가 오랜만에 재회한 - 고교 시절 같은 밴드의 멤버였으나 이후 안정적 직업을 찾아 각자 흩어진 - "민수", "수철", "인기"는 삶에 찌들어 예전의 순수함은 온데간데없어진, 타인에 대한 배려는커녕 자기 삶 하나 챙기기도 힘들어 하는 모습으로 그의 앞에 나타납니다. 한편 그들과 대조되는 입장이자 수안보로 내려가며 다시 한 명이 빠져 결국 3인조로 축소된 밴드의 잔류 멤버 "정석"과 "강수"는, 자신들이 좋아하는 음악을 계속하기 위해 현실적(금전적) 조건들을 희생하며 '지조'를 지키고 있다는 표면적 자부심이 무안할 만큼, 이상과 현실의 간극이 불러오는 괴리감을 술과 여자, 도박 등으로 달래며 하루하루를 살아가고 있는 사람들입니다. 이러한 그들의 면면 때문인지, 삭막한 현실의 무게로 자신이 좋아하고 가치 있게 여기던 일을 접어야 하는 시점이 언젠가는 누구에게나 오는 것인가, 그렇다면 그 시점은 언제이고 그때를 놓치는 사람들은 인생의 낙오자가 되는 것인가, 하는 질문이 영화를 볼 때마다 머릿속을 맴돌곤 합니다.

"철밥통"이라는 공무원 신분에서 하루 아침에 실업자가 된 옛 밴드 동료 수철이 사망하기 직전 - 자살인지 사고사인지는 정확히 알 수 없으나 - 성우와 마지막으로 만나 술을 마시며 건넸던 "너 행복하니? 우리들 중에 자기 하고 싶은 일 하면서 사는 놈 너밖에 없잖아. 그렇게 좋아하는 음악 하면서 사니까 행복하냐구"라는 질문이 영화가 관객들에게 던지는 핵심적 화두일 것으로 짐작되지만, 그 질문에 대한 성우의 내면적 대답이 무엇인지 영화는 명확히 밝혀 주지 않습니다. 그럼에도 영화가 끝났을 때 주인공 성우에 대해 관객들이 갖게 되는 이미지는 여러 영화들에서 자주 사용되는 특수 기법(주인공은 중앙에서 움직임 없이 서 있고 주변 상황이나 인물들은 포물선을 그리며 옆으로 휙휙 지나치는 화면)을 연상시키는데, 아마도 이것은 주위 사람들이 이런저런 모양으로 바뀌고 변하며 분주히 움직이는 동안에도 그만은 언제나 같은 자리에 꿋꿋이 서 있는 모습으로 잔상이 남기 때문 아닐까 합니다. 마치 유랑 극단의 단원처럼 몸은 이곳저곳을 정처 없이 떠돌고 있는데도 마음만은 늘 제자리에 있는 성우의 정체성을 대변하듯 말이지요.

기독교인이라면 누구나 "흐르는 강물을 거꾸로 거슬러 오르는 연어"와 같이 세상의 가치관에 거역하는 삶을 고집함이 마땅한 사명이자 본분일 것입니다. 평생 돈벌이가 안 되는 밴드 생활만 하면서 음악에 대한 지조를 지키는 일이 돈을 벌기 위해 영혼 없는 직장 생활을 선택하는 것보다 신앙인다운 삶임을 주장하려는 것이 아니라, 돈이 사람의 가치를 결정하고 돈과 지위가 없으면 최소한의 존엄조차 보장받지 못하는 세상 속에서도 그 돈과 힘을 위해 남에게 해가 되거나 편법을 사용하는 길을 택하지 않고 흔들림 없이 자기 자리를 지켜 내는 삶이 결코 불가능한 것은 아니며, 그것이 바로 어디에 서 있든 부름받은 우리의 신조여야 한다는 말을 하고 싶을 뿐입니다. 술과 도박으로도 해결되지 않는 외로움과 열등감을 마약이나 혼외정사까지 동원해 달래려 드는 동료들과 지근 거리에 항상 있으면서도 정작 본인은 그 어떤 색깔에도 물들지 않고 - "근주자적 근묵자흑"(近朱者赤 近墨者黑)이라는 속담이 무색하게 - 사랑하는 음악과 벗하며 선한 모습으로 제자리를 지키고 있는 성우이기에 떠났던 동료들조차 절박한 상황을 맞을 때마다 그에게 돌아와 어려움을 호소하는 것일 테니까요.

와이키키 브라더스가 자신들의 마지막 무대임을(직장을 잃은 자기들의 절박한 처지를) 조용히 호소하던 첫 장면에서도, 전쟁 고아로 평생을 힘겹게 살다 알코올 중독자가 된 성우의 음악 스승이 연주 도중 갑작스레 쓰러져도, 끌어안고 추던 춤을 계속하기에 바빠 괘념조차 않는 듯한 나이트클럽 손님들도 아마 나름대로는 힘겹고 고단한 삶을 위로받고 싶어 낯모르는 사람과 부둥켜안고 있는 것일 겁니다. 하지만 막상 그 눈과 귀가 자신의 모습, 자기 목소리에만 집중하느라 주위의 누군가가 보내는 절박한 SOS조차 전혀 감지하지 못한다면, 외로움을 이기겠다는 그들의 몸부림은 오히려 더 큰 외로움으로 남겨질 수밖에 없겠지요.

남편과의 사별 후 야채 행상을 하며 억척스레 살아 온 성우의 첫사랑 인희가 무대에 올라 노래하는 마지막 장면에서 저의 안타까움과 안쓰러움의 감정은 늘 절정에 달합니다. 하지만 저의 그런 감정은 비단 인희 한 사람만을 향한 것이 아니라 어쩌면 그녀로 대표되는 우리 모두를 향한 공감과 연민일지 모르겠습니다. 사랑에 그토록 갈급하면서도 불완전한 인간 사이의 사랑을 갈구할수록 더 큰 목마름과 더 깊은 생채기로 고통받는 우리임을 잘 알기에, 그 갈급함의 해결책을 잘못된 곳에서 찾으려는 길 잃은 이들을 향한 측은지심을 그녀의 삶에 투사하게 되는 것이니까요.

알고도 모르는 체 무시했다면 죄일지언정 진정 몰라서 무지한 것이라면 결코 죄라고 할 수 없기에, 주소가 틀린 '집'을 찾아 나서는 그들 중 누구도 밉거나 한심하다고 생각되지 않습니다. 그들의 무대에서 불리는 연주곡의 제목("내게도 사랑이", "사랑, 사랑, 사랑", "사랑밖엔 난 몰라" 등)은 물론이지만 노랫말들 역시 온통 "사랑"으로 점철되어 있으면서도 실제의 삶은 사랑과 거리가 멀기만 한 그들 모두가, 또한 몸은 정작 수안보와 여수, 울릉도 등을 떠돌면서 한 번도 가 본 적 없는 "와이키키"를 자신들의 이름으로 삼은 그들의 고단한 삶이, 삭막한 현실 가운데 막연한 이상향을 그리며 실존하지 않는 곳을 찾아 헤매는 많은 이들의 모습을 상징하는 것 아닐까 생각해 보게 됩니다.

2001년, 그러니까 지금으로부터 24년 전, 이름도 기억나지 않는(광화문 소재의 독립 영화 상영관인) 극장의 문을 나서며 마주한 눈이 부시도록 밝은 바깥 세상 앞에서, 방금 떠나온 어두운 화면 속 이야기가 훨씬 더 현실처럼 여겨지던, 그래서 밝은 실제 세상에의 이질감으로 한참을 망연히 서 있게 만들던 형언하기 어려운 그 느낌은, 24년이 지난 지금도 전혀 달라지지 않은 채 영화를 볼 때마다 그 마음 그대로 그 자리에 서 있게 합니다.

딸 J의 시선

나는 [와이키키 브라더스]를 꽤 어린 나이에 처음 보았다. 정확한 시기는 기억나지 않지만 아무리 늦게 잡아도 11살 언저리였을 것이다. 아이에게는 어려울 내용이라거나, 어른들을 위한 소재라 아이에겐 적합한 작품이 아니라는 등의 제한을 어린 딸에게 적용한 적이 별로 없는 '문화적 자유주의자' 엄마 덕분에 [와이키키 브라더스]를 그 즈음 함께 감상할 수 있었다.

그 첫 만남에서의 느낌을 자세히 기억하지는 못하지만, 어린 나이에도 뭔가 '좋은' 영화임을 감지했던 막연한 직감과는 별개로 이 영화를 그리 '좋아'하지 않았던 것만은 확실히 기억난다. 나와 달리 [와이키키]에 대한 애정이 남다른 엄마에게는 내색한 적이 없었던지라 그분께선 처음 듣는 말이겠지만(엄마 미안해요) 이후 영화를 여러 번 다시 보면서도 내 감상은 처음과 크게 달라지지 않았다. 굳이 표현하자면 예술적 가치는 충분히 공감하나 일부러 찾아보게 되진 않는 작품이랄까? 그래서 영화에 나오는 대사 몇몇이 우리만의 농담이 되었을 만큼 엄마를 통해 이 작품이 내 삶에 큰 영향력을 미치게 되었음에도 엄마처럼 이 영화를 좋아하기는 쉽지 않았다. 하지만 엄마의 애정 어린 '로비' 덕분에 이 작품을 다뤄 보기로 결정하면서 영화를 다시 보는 것에 대한 기대감도 함께 생겼는데, 어렸을 때 봤던 영화를 최근 다시 접했을 때 그동안 내가 변한 만큼이나 나의 감상도, 영화를 이해하는 방식과 깊이도 변화한다는 사실을 종종 깨닫곤 하기 때문이었다.

결론부터 이야기하자면, 이 글을 준비하기 위해 다시 본 [와이키키 브라더스는 내게 예전과 사뭇 다른 영화로 느껴졌다. 아마도 10대와 20대 초반이 영화를 보며 내가 느꼈던 '불편함'의 원인을 발견하게 되었기 때문이 아닐까 싶다. 지금보다 더 어렸을 때의 나는 영화 전체에 배어 있는 어떤 패배 감성, 그러니까 "내가(혹은 우리가) 어쩌다 이렇게 됐지"라고 여러 인물들이 반복하는 대사 속에 은유된 필연성과 불가피성이 두려웠던 것 같다. 현실을 무시하고 꿈만 쫓으면 '저 꼴'이 된다는 교훈(?)을 성우가 제시하고 있는 듯하지만, 그렇다고 현실과 타협해 살고 있는 성우의 친구들도 그닥 행복해 보이지는 않는다. 영화 곳곳에서 성우는 친구들과 밴드 활동을 하며 음악을 사랑했던 순수한 학창 시절을 회상하곤 하는데, 그가 추억하는 어린 시절이 맑고 아름다울수록 영화 속 현실은 더욱 잔인해져만 간다.

아직 아무것도 이룬 것이 없던 학창 시절의 성우와 친구들은 동네 나이트 클럽에서 연주하는 밴드 선배들에게도 열등감을 느끼지만, 그러면서도 "우리는 저런 삼류 밴드가 아니라 퀸이나 롤링스톤즈 정도를 목표로 삼겠다"며 패기를 부릴 수 있었다. 그랬던 그들이 나이가 들어 결국 그 삼류 밴드가 되어 있는 모습은, 아직은 '무엇이든 될 수 있는' 나이였던 나에게 당시의 푸르른 꿈이나 가능성 같은 잠재력도 자칫하면 저렇게 빛바랜 상태로 변할 수 있다는 위협처럼 느껴졌던 모양이다. "그 무엇도 될 수 있다"는 말은 동시에 "그 어떤 것도 될 수 없다"는 가능성까지 포함한다는 생각에 선득한 마음을 갖게 되었던 건 아닐지.

지금 생각해 보면 미래에 대한 꿈, 즉 일정한 직업이나 진로로 정의되는 인생의 방향이 가장 중요한 시기였으니 어쩌면 당연한 감상이었을지 모르겠다. 어찌 되었건 나는 최근까지 이 영화를 '꿈'을 포기한 자와 포기하지 않은 자, 다시 말해 음악을 포기한 친구들과 악착같이 그것을 붙잡고 있는 성우의 대조로만 이해했었다. 그렇다 보니 자연스럽게 이 영화를 꿈을 버리지 못한, 미련을 버리지 못한, 혹은 '철이 들지 않은' 사람의 이야기로 해석할 수밖에 없었을 테다. 하지만 다시 본 성우는 사실 '변하고 싶지 않아 하는' 사람이었다. 꿈을 포기하지 못했다는 말과 비슷하게 들리겠지만 본질적으로는 같은 뜻이 아닐 수 있다. 이런저런 이유로 밴드 멤버들이 떠나는 동안 성우가 혼자 같은 자리를 지키는 이유는 소위 "밤무대를 뛰면서"라도 음악을 하고 싶은 그 꿈을 놓지 못해서라기보다, 어린 시절 친구들과 해변에서, 또 축제에서 기타를 치며 좋아하는 노래를 불렀던 '그때'와 '그때의 자신'에서 변하고 싶지 않기 때문이라는 것이다. 고향에 내려온 성우에게 과거 밴드를 같이했던 친구들은 "여전하네", "변한 게 없구나" 같은 말을 건네는데, 그것이 칭찬이든 아니든 어릴 적 꿈을 아직도 놓지 못해 변변한 직업도 없이 업소에서 공연을 하며 사는 성우이다 보니 듣는 사람에겐 남다른 의미로 여겨질 수밖에 없다. 성우 또한 오랜만에 만난 첫사랑 인희에게 "옛날이나 지금이나 대단하네", "노래 실력 여전하네"와 같은 말들을 반복한다.

그런데 변하지 않으려는, 혹은 변화를 두려워하는 성우의 이러한 행보는 이야기가 진행될수록 점점 더 난관에 부딪힌다. 음악 선생님을 좋아하느라 동급생인 성우에겐 별 관심이 없던 예전과 달리 지금의 인희가 성우와의 관계에 꽤 적극적으로 나오는 데 반해 성우에게서는 별다른 움직임이 보이지 않는 것이다. 사별한 인희의 전 남편 얘기를 들으면서도 그녀가 학창 시절 짝사랑하던 음악 선생님과 결혼했을 줄 알았다고 말한다든지, 노래방에서 혼자 노래하고 있던 인희를 발견하고 들어와선 그녀의 노래 실력이 여전하다며 칭찬하는 모습 등은, 어렸을 적 좋아했던, 노래를 잘하던 그 소녀가 삶에 지쳐 억척스러워진 어른이 되고 나서도 아직 '변하지 않은' 부분을 찾아내려는 그의 노력으로 읽혀진다. 고교 시절을 회상하며 "그때가 내 인생의 하이라이트였는데"라고 - 듣는 사람이 다 애잔해지는 - 한탄 겸 농담을 던지는 인희가 과거를 '과거'로 정리할 줄 아는 사람이라면, 성우는 여전히 그 분리를 어려워하는 듯한 모습이다. 심지어 곁에 있던 밴드 멤버들이 모두 떠나고 혼자 남은 자신을 찾아와 이것저것 챙겨 주는 인희에게 "너 예전이랑 많이 달라진 것 같다"라며 건네는 그의 말은 어쩌면 비난 같기도, 투정 같기도 하다. "원래 여자는 아이 낳으면 다 달라져"라면서 멋쩍은 표정으로 답하는 인희도 그 비난을 어렴풋이나마 감지했던 것일지 모른다.

그렇기에 '변하지 않으려는' 성우는 더욱 외로워 보인다. 모두가 좋게든 나쁘게든 변해 가고 있고, 자신을 둘러싼 환경과 세상도 바뀌어 가고 있는데 혼자만 변하지 않으려고 애를 쓰는 노력은 얼마나 외롭고 힘겨운 것일까? 세상이 무정한 이치대로 흘러가는 가운데 그처럼 강력하고 거대한 흐름을 혼자 붙잡아 두려는 사람의 고독과 소외감은, 그저 음악에 대한 꿈을 함께했던 주변인들이 하나 둘씩 곁을 떠나는 일에 대한 슬픔이나 외로움과는 색을 달리하는 것이 아닐까 싶다.

그럼에도 영화는 변하지 않으려는 그의 무의미한 노력을 따뜻하게 감싸 안는다. 사실 이런 영화에서 해피엔딩, 새드엔딩을 따지는 것은 큰 의미가 없다고 생각되지만, 영화는 변한 게 없이도 결국 변화한 상황을 통해 성우에게, 또 모두에게 그럭저럭 해피엔딩을, 해결의 실마리를 가져다 준다. 물론 크게 변한 것은 없다. 밴드를 떠난 동료 강수가 마음을 바꿔 돌아오지도 않았고, 남은 정석도 저러다가 언제 또 난봉꾼 끼가 도질지 모르며, 인희와 성우의 관계 역시 영 애매하기만 하니까. 다만 변화의 조짐은 있다. 인희가 가수로 합류한, 어쩌면 별것 없는 변화임에도 그것은 변하지 않으려던 성우에게 이 영화가, 그리고 감독의 따스한 시선이 건네는 작고도 다정한 전환점일지 모른다. 미소를 띤 채 연주하는 정석과 성우, 그 두 사람과 번갈아 가며 시선을 마주치는 인희, 뭔가 은은한 행복을 얼굴에 띠우고 있는 세 인물이 "사랑밖엔 난 몰라"를 연주하는 동안 왠지 숨통이 트이는 느낌이었다.

나는 우리 믿음의 성장이 더 많은 예배에 참석하고, 더 많은 설교 말씀을 듣고, 교회 안에서 보내는 시간을 차곡차곡 쌓는 것만으로 이루어진다고는 생각하지 않는다. 아주 개인적인 경험이지만 하나님과 첫사랑에 빠졌던 시절, 사랑에 '눈이 멀었던' 때의 나의 믿음은 아직 설익고 오만하기만 해서 남을 정죄하고 세상을 선과 악이라는 이분법으로 나누려는 수준이었기에, 교회 혹은 교리적 신앙의 테두리 안에만 계속 갇혀 있었다면 그런 태도에서 지금도 큰 변화가 없었을지 모른다. 내 믿음의 성장을 단순한 양적 증가(신앙적 지식이나 시간, 경험의 축적)가 아닌 어떤 본질적 변화로 가늠해야 한다고 생각하는 것은, 어쩌면 역설적으로 우리가 살고 있는 이 죄 많은 '세상'에 대한 이해가 더해질수록, 그리고 죄를 짓는(지을 수 밖에 없는) 인간의 본성에 대한 연민과 공감이 깊어질수록 - 다시 말해 세상을 보는 나의 눈이 '변할'수록 - 주님의 본질에, 그분의 헤아릴 수 없는 사랑에 더 가까이 가닿는 것을 느끼게 되기 때문이다.

그런 의미에서 이번 감상을 통해 한때 한심하게만, 혹은 불쌍하게만 보였던 성우와 주변 인물들, 또 그들의 삶을 보는 나의 눈이 변했음에 감사하게 된다. 저마다의 외로움을 안고 사는 그들이 이제는 애틋하고 사랑스럽게 느껴진다. 설령 감독의 의도는 그것이 아니었을지라도 등장인물들의 가장 냉혹한 현실을 숨김없이, 가차 없이 파고들면서 동시에 그런 밑바닥을 가장 따스하고 다정하게 감싸는 이 영화의 시선이, 결국은 약하고 외롭고 두려움이 많아 그저 허둥댈 수밖에 없는 우리들을 보시는 하나님의 눈빛과 크게 다르지 않을 것 같다. 어둡기만 한 듯한, 영원히 바뀌지 않을 것만 같은 현실 속에서도 어떻게든 당신의 위로와 사랑의 한 조각이 우리에게 이르게 함으로써 변화와 희망을 기약하심, 더 이상 외롭지 않은 어떤 해피엔딩에 기어코 다다르게 하심을 모두 포함해서.

마지막 장면에 흐르는 노래의 가사처럼 그들 모두가 "지나간 세월 모두 잊어 버리"고 "내일은 당신 때문에 행복"하리란 희망을 가져 본다. 무엇보다 오랫동안 변하지 않았던 이 영화를 대하는 내 마음이 '변화'된 것이 정말 기쁘다. 앞으로는 엄마처럼 이 '좋은' 영화를 진심으로 '좋아'할 수 있을 테니 말이다.

19

기쿠지로의 여름 (Kikujiro)

'네' 안에 '나' 있다

엄마 C의 시선

1999년 개봉되었던 일본 영화 "기쿠지로의 여름"은, 일본 내에선 코미디언으로 그리고 해외에서는 영화감독으로 더 이름이 알려져 있다는 기타노 다케시가 연출과 주연을 맡은 독특하고 재미있는 작품입니다. "마사오"라는 이름의 초등학생 소년과 마지막에 가서야 "기쿠지로"라는 본인의 이름이 밝혀지는 중년 남성이 주인공인 - "투톱"이라는 용어가 영 어색함에도 형식상으론 그렇게 표현할 수밖에 없는 - 이 영화는, 한국 개봉 당시 포스터에 실렸던 "9살 걱정 많은 소년과 52살 철없는 아저씨의 엄마 찾아 삼천포"라는 광고 카피에 전체 내용이 잘 요약되어 있는 "로드 무비"이기도 합니다. 엄마를 찾으려 무작정 길을 떠난 소년과 그 여정에 동반한 '동네 아저씨', 그

두 사람이 길 위에서 펼치는 다양한 이야기들로 구성된 이 영화가 코믹터치 곳곳에 숨겨 둔 예술성 또한 "52회 칸 영화제 경쟁 부문 정식 출품작"이라는 타이틀에 고개를 끄덕이게 합니다.

할머니와 단둘이 도쿄에서 살고 있는 소년 마사오는 가게에 나가 일을 하며 자신을 키우는 할머니에게 한 번도 본 적 없는 - 그러나 몹시도 그리울 - 부모에 대해 가끔 물어보지만 곤란한 표정의 할머니는 "아빠는 사고로 돌아가시고 엄마는 멀리에서 너를 위해 열심히 돈 벌고 있다"는 짧은 대답만 반복합니다. 여름 방학이 시작되며 심심해진 데다가 할머니까지 일하러 나가신 집에 혼자 있기 싫은 마사오가 같이 놀 친구를 찾아 나설 때마다, 그런 그의 눈에 들어오는 것은 가족과 함께 휴가 여행을 떠나는 친구들의 행복한 모습뿐입니다. 자신이 아기일 때 함께 찍은 엄마의 사진과 엄마 집 주소가 적힌 쪽지를 우연히 발견해 배낭에 넣고 무작정 집을 나섰던 그가 동네 불량배들에게 전 재산(2천 엔)을 뺏길 뻔한 상황에서 이웃 아줌마와 그 남편인 아저씨의 도움으로 위기를 넘기게 되는데, 마사오로부터 엄마를 찾으러 "토요하시"로 가는 중이라는 말을 듣고 안쓰러운 마음이 든 아줌마는 남편에게 여비 5만 엔을 건네면서 마사오를 엄마에게 데려다주라고 당부합니다.

아내에게 "만 엔만 더" 달라고 할 때부터 심상치 않은 조짐을 보이던 아저씨는 아니나 다를까 그 돈을 가지고 경륜장으로 직행해 다 날리고는 마사오의 2천 엔까지 빼앗으며 생각나는 숫자를 불러 보라고 다그칩니다. 우연찮게 아이가 말한 숫자가 들어맞자 당첨금을 곧바로 술집에서 탕진하고 다음 날도 또 아무 숫자나 불러 보라고 종용하지요. 같은 행운이 반복되지 않는 것에 분통이 터진 아저씨는 전날 마사오에게 '포상금'으로 줬던 만 엔도 도로 빼앗아 주점에서 술을 마셔 대는 등 여전히 정신을 못 차리지만, 주점 앞에서 기다리던 마사오가 엄마에게 데려다주겠다며 꾀는 낯모를 할아버지를 따라나서는 상황까지 벌어지자 그제야 아이의 절박한 마음을 깨달았는지 엄마를 찾는 일에 본격적으로 나서기 시작합니다.

하지만 철이 없다고 해야 할지 대책이 없다고 해야 할지 아무에게나 경우 없이 대하는 그의 태도는 여전해서, 타고 가던 택시의 기사가 화장실에 간 사이 미터기가 계속 돌아가는 것에 화를 내며 차라리 자기가 운전하겠다고 무작정 차를 몰다 고장을 내고, 그렇게 고장 낸 차를 버려둔 채 걸어가다가 발견한 호텔에서도 다양한 사고들을 끝없이 일으킵니다. 다음날 아침 체크아웃을 하며 숙박비가 비싸다고 항의하던 그는 이제 돈이 없으니 자신들을 목적지까지 데려다줘야 한다고 호텔 직원에게 떼를 쓰다 토요하시까지 데려다줄 수는 없었던 직원이 중간에 내려 준 곳에서부터 이런저런 방법으로 차를 얻어 타 가며 '천신만고'라 할 여정을 이어 나갑니다. 길 한복판에 뾰족한 돌을 놓아 지나가던 차의 타이어가 터지게 하거나 맹인으로 가장해 동정심을 유발하는 등 온갖 술수를 동원하면서 결국 주소에 적힌 엄마의 집까지 찾아가게 되지요.

막상 엄마 집 가까이에 이르자 용기가 없어진 마사오가 멀리에서 바라만 보는 동안 아저씨 혼자 집 앞으로 다가가는데, 순간 문이 열리며 물놀이 가는 남편과 어린 딸을 배웅하는 그녀의 모습이 목격됩니다. 큰 충격을 받은 두 사람이 발길을 돌려 왔던 길을 되돌아가면서도 아저씨는 "주소는 맞는데 저 사람은 엄마가 아닌 것 같다"고, "아마 엄마가 이사를 간 모양"이라고 아이를 위로합니다. 사진 속 엄마의 모습이 분명함을 그들 둘 다 알고 있기에 말없이 눈물을 훔치는 아이가 안쓰러울 수밖에 없던 아저씨는, "엄마가 이사 갔는지 가서 물어보겠다"고 마사오에게 말한 뒤 다시 집 쪽을 향해 돌아서지요. 하지만 집 가까이엔 차마 가지 못한 채 멀찌감치 앉아만 있다가 마침 근처에 세워져 있던 오토바이에 달린 천사 모양의 종 장식을 발견한 그는, 오토바이 주인인 두 남성에게 무턱대고 떼를 써서 얻어 낸 종을 마사오에게 가져다주며 "엄마가 멀리 이사 가면서 네가 나중에 올지 몰라 종을 남겨 두고 갔다"고, "슬프거나 힘들 때 종을 울리면 천사가 도우러 올 거라 했다더라"고 말합니다.

실낱 같은 희망으로 종을 울려 본 마사오에게 실제로 천사가 나타나지는 않지만, 집으로 돌아가는 아저씨와 마사오의 이후 여정은 '천사 같은' 사람들과의 행복한 시간으로 가득 찹니다. 엄마 집 근처까지 차를 태워 주었던 떠돌이 시인 청년과 천사 종을 양보한 두 바이크족이 마사오를 친 동생처럼 돌보고 놀아 주며 함께 시간을 보내기 때문이지요. 영화의 러닝타임(약 2시간) 중 엄마를 만나기까지의 과정이 70분 정도이고 나머지 50분은 그들과 즐거운 시간을 보내다 집에 되돌아가는 여정으로 채워진다는 사실만으로도, 슬픔과 실망이 아닌 기쁨과 희망을 전하고자 하는 영화의 의도는 관객들에게 충분히 전달될 수 있을 것입니다. 자신을 사무치게 그리워하던 어린 아들이 고생을 무릅쓰고 그 먼 길을 온 줄은 꿈에도 모른 채 그저 자기만 행복해 보이는 엄마의 모습에서 관객들 대부분은 분노와 허탈감을 느끼겠지만, 고맙게도 영화는 보는 이들이 예상치 못하던 전혀 다른 '회복'을 계획하고 있었던 것이니까요.

"신은 모든 곳에 있을 수 없기에 어머니를 만들었다"라는 러드야드 키플

링의 잘 알려진 명구에도 불구하고, 오늘날 여러 매체를 통해 보도되는 일부 엄마들의 믿기 어려운 행태를 접하며 더 이상 '어머니'라는 존재에게만, 그리고 '모성'이라는 본능에만 우리 아이들을 맡겨 두고 속 편하게 지낼 수 있는 세상이 아니라는 사실을 절감하곤 합니다. 이 영화 속 마사오도 비록 엄마와의 행복한 만남은 이루지 못했지만 그 험난한 여정에서 아빠 노릇을 해 준 아저씨, 형 역할을 해 준 청년들과 보낸 시간이 평생 잊히지 않는 아름다운 기억으로 그의 삶을 지탱해 줄 것이라 여겨지기에, 마사오를 보살펴 주는 영화 속 인물들을 통해 다양한 형태의 천사로 아이들을 지켜 주시는 - '모든 곳'에 계시는 - 하나님의 따스한 손길을 확인하게 됩니다.

영화의 끝부분, 도쿄로 되돌아온 후 작별을 고하는 아저씨를 불러 세운 마사오가 이름을 묻자 아저씨는 "기쿠지로"라고 대답하고, 미소를 띤 채 달려가는 마사오의 뒷모습을 이번에는 아저씨가 지켜봐 줍니다. 평생 철이 들 것 같지 않던 기쿠지로가 마사오의 엄마를 찾아 다녀오는 여정에서 아이의 아빠 노릇을 부족함 없이 해낼 수 있었던 데에는 "엄마를 한 번도 본 적 없다"는 자신과의 공통점 때문에 갖게 된 안쓰러움, 엄마를 못 만나고 되돌아선 후 들렀던 축제에서 조폭들에게 실컷 얻어맞은 자신을 위해 늦은 밤 약국 문을 두드려 약을 사 온 마사오에 대한 고마움이 물론 큰 역할을 했을 것입니다. 하지만 천사 종을 건네준 뒤 "이제 갈까"하고 말하는 자신에게 뛰어와 손을 잡으며 올려다보던 마사오의 눈빛을 통해, 그리고 비 내리는 정류장에서 오지 않는 차를 기다리는 동안 다른 사람의 종이백에서 슬쩍 바꿔치기 한 음식을 마사오에게 건네주고 자신은 땅에 떨어진 음식을 아이 몰래 주워 먹으며 배운 사랑을 통해 점점 '천사'의 마음을 품을 수 있던 경험이 결정적 요인이 되지 않았을까 생각합니다.

여행 중 만난 누나가 선물한 배낭에 달린 천사 날개, 바이커들의 오토바이에 매달려 있던 천사 종 등을 통해 영화가 전하려는 메시지가 그럴 것이듯, 나누지 않는다면, 공감하지 못한다면, 우리는 어른이 될 수도, 하나님의 바람처럼 때로 누군가의 천사가 되어 줄 수도 없을 것입니다.

딸 J의 시선

　[기쿠지로의 여름]은 주인공 중 한 명으로 직접 연기를 한, 게다가 일본 유명 개그맨 출신이라는 특이한 이력도 소유한 기타노 다케시 감독의 1999년 작품이다(한국에서는 2002년 개봉되었다). 칸 영화제 본선에 진출했던 나름대로 '알아주는' 작품이지만 어쩌면 많은 이들에겐 영화의 삽입곡인 히사이시 조의 "여름"(Summer)으로 더 친근하지 않을까 싶다. 개인적으로 영화 음악 중 가장 좋아하는 곡들 가운데 하나이다.

　[기쿠지로의 여름]은 방학을 맞은 어린 소년 마사오(세키구치 유스케 분)를 비추며 시작된다. 부모 없이 할머니와 도쿄에서 살고 있는 마사오는 늘 고개를 푹 숙인 모습이 안쓰러울 정도의 소심하고 주눅든 - 그러나 귀여운 - 아이이다. 방학을 맞아 다른 친구들은 가족과 함께 여행을 가지만 손주를 키우느라 일을 해야 하는 할머니와 사는 마사오에겐 꿈 같은 얘기일 뿐이다. 부모님의 손을 잡고 바닷가로 놀러 가는 친구들을 바라보며 한 번도 본 적 없는 부모에 대해 마사오가 궁금해할 때마다 할머니는 사고로 돌아가신 아빠뿐 아니라 먼 곳에서 그를 위해 돈을 벌고 있다는 엄마에 대해서도 대충 얼버무려 버리고 만다. 그렇게 혼자 쓸쓸히 시간을 보내다 할머니에게 온 택배를 대신 받기 위해 도장을 찾던 마사오는, 서랍 한 켠에 숨겨진 엄마의 사진과 주소를 발견한 후 모아 둔 용돈과 "방학숙제장"을 챙겨 무작정 엄마 찾기의 여정에 나선다. 나가자마자 불량한 동네 형들에게 붙잡혀 용돈을 뺏길 뻔하지만 다행히도 왕년에 '좀 놀았을' 것 같은 이웃 아주머니가 마사오를 구해 준다. 멀리 떨어진 "토요하시"로 엄마를 찾아가려 한다는 아이의 사

연을 들은 그녀는 동네 한량으로 보이는 남편 기쿠지로(기타노 다케시 분)에게 여행비까지 쥐어 주며 마사오를 엄마에게 데려다주게 하고, 그렇게 하여 9살 소년 마사오와 50대 아저씨 기쿠지로의 동행이 시작된다.

말하자면 마사오의 "엄마 찾아 삼만리"라고 할 수 있을 만큼 이 영화의 줄거리는 무척 단순한 편으로, 일반적 기승전결의 방식을 따르며 갈등 고조와 문제 해결에 집중하는 대신 사건들의 연속으로 이야기를 펼치는 나름의 구조를 보여 준다. 목적지로 향하는 여정에서 만나는 사람과 사건들에 중점을 둔 로드 무비, 혹은 모험극의 형태를 띤다고도 할 수 있겠다. 큰 갈등이나 자극적 요소 없이도 잔잔하고 재치 있게 펼쳐지는 연출 방식은 이 작품의 매력 요인들 중 하나로서, 영화가 챕터 별로 진행되며 각 챕터의 제목을 알려 주는 컷신이 아예 책이나 극작품처럼 삽입되어 있다는 점도 흥미롭다. 이미 지적했듯 하나의 긴 스토리보다 여정 중의 다양한 사건들을 따라가는 구조여서 그렇기도 하겠지만 덕분에 만화나 애니메이션처럼 에피소드 별로 진행되는 듯한 아기자기한 느낌도 준다. 어떤 면으로는 감독이 이 작품에서 콩트 형식의, 웃음 포인트를 위해 줄거리가 존재하는 짧은 코너 여러 개를 한 데 꿰는 개그맨 시절의 연출법을 차용한 것으로도 보인다.

"소년 만화"스럽다는 표현이 적절할 만큼 청량하고 무해한 기운이 가득한 이 영화의 등장인물 대부분은 보는 내내 착해... 귀여워... 라는 말을 연발하게 만들 정도로 순하고 선한 사람들이다. 재미있는 사실은 막상 주인공인 기쿠지로가 지나치게 한심하고 뻔뻔한 인물인지라 그 선한 주변인들에게 잔뜩 민폐를 끼친다는 점인데, 사실 마사오가 엄마를 찾으러 가는 여정이 이렇게 다이내믹해진 것도 기쿠지로의 탓이 크다. 버스 몇 번, 기차 몇 번 탔으면 끝났을 법한 일이지만 기쿠지로는 아내가 준 여행 경비를 경륜에 탕진하지 않나, 마사오를 데리고 소위 '룸살롱'에 가지 않나, 아이를 혼자 뒀다가 이상한 할아버지에게 유괴당할 뻔하지 않나, 택시 기사가 화장실에 들른 사이 차를 절도하지 않나, 뭐 별의별 사고를 다 친다. 결국 중간에 들른 호텔에서 남은 경비를 모두 써 버린 기쿠지로 때문에 두 사람은 외진 도로의 누추한 버스 정류장에서 히치하이킹이나 시도해야 하는 신세가 되는데, 그러는 내내 옆에서 고개를 푹 숙이고만 있는 마사오가 얼마나 안쓰러운지 모른다.

하지만 제목에서도 유추할 수 있듯 이 영화의 주인공은 사실 마사오가 아닌 기쿠지로다. 영화 안에서는 거의 끝날 때가 되어서야 기쿠지로가 아저씨의 이름이라는 - 마사오의 성이 아니라 - 사실이 밝혀지며 일종의 반전이 일어나는 셈인데, 엄마를 찾는 이 여정의 주체는 마사오지만 영화를 관통하는 성장극의 중심 인물은 기쿠지로인 것이다. 그런 관점으로 영화를 다시 보며 새삼 인상 깊었던 대사는, 지나가는 차들이 태워 주지 않아 정류장에서 시간을 보내던 동안 태어나서 한 번도 엄마를 본 적 없다고 한 마사오의 말에 갑자기 진지해진 기쿠지로가, 조금 후 자기 무릎을 베고 잠든 아이를 내려다보며 "나랑 똑같구나"라고 건네는 혼잣말이다. 착하고 소심한 소년 마사오와 민폐와 주책을 탑재한 중년 기쿠지로 사이에 공통분모란 없어 보이지만 그들 둘 다 '소외된 사람들'이라는 접점이 이때 발견되는 것이다. 영화의 초반부, 할 일이 없어 평소처럼 축구 연습을 하러 학교 운동장에 온 마사오에게 코치 선생님이 나름 친절하게 "방학이니 바닷가라도 놀러 가거라"라고 말하는데, 이 말로 인해 오히려 정형화된 가족, 사회적 안전장치와 제도적 안정성에 속하지 못한 아이의 현실이 더욱 도드라진다. 누군가는 당연히 여기는 것을 이 아이는 전혀 누리지 못하고 있는 셈이니까. 영화의 초반부, 아내와 나누는 농담을 통해 기쿠지로 또한 엄마의 보살핌을 받지 못하고 자랐다는 사실이 암시된다. 전형적인 가족의, 더 정확히는 사회적으로 요구되고 인정받는 규격의 밖에서 지내 온 그가 마사오를 보며 "나랑 똑같다"고 건네는 말을 듣고 있으면 기쿠지로 안에 존재하는, 마사오 또래의 어린아이가 보이는 것도 같다.

그렇기에 기쿠지로가 점점 마사오를 진심으로 위하고 상냥하게 대하게 되는 변화는 '철없던' 어른이 어린아이를 보살피며 '철들어 가는' 식의 성장이라기보다, 자신과 비슷한 처지의 마사오를 돌봄으로써 마사오 안에 있는, 어릴 적 상처 그대로 나이만 먹어 버린 '자신'을 위로하고 치유하는 과정으로 이해하는 것이 더 맞지 않을까 싶다. 둘은 결국 토요하시의 엄마 집을 찾아내지만, 사진 속 마사오의 엄마와 똑같이 생긴 여자가 새로운 가족과 행복하게 살고 있는 모습만 먼발치에서 목격하게 될 뿐이다. 마사오는 엄마가 자신을 버렸음을, 게다가 다시 꾸린 가족과는 방학을 함께 즐기고 있음을 보면서 자신에게서 앗겨진 사회적 소속감과 안정감이 새 가족에게 주어졌다는 사실을 아프게 깨닫는다. 당황한 기쿠지로는 얼른 마사오를 근처 바닷가로 데려다 놓은 뒤 그 집에 가서 확인해 봤더니 사실 그 여자는 네 엄마가 아니었다고, 네 엄마는 멀리 이사 가셨다더라며 위로한다. 누구나 뻔히 알 수 있을 거짓말이지만 지금까지의 이기적이고 생각 없어 보이던 기쿠지로의 모습과 비교하면 장족의 발전이라고 부를 만한 변화이기에, 아이의 마음을 지켜 주려는 평범한 어른의 당연한 배려와는 결이 다르게 느껴진다. 갑자기 기쿠지로에게 어른으로서의 성숙함이 생겼다기보다 마사오를 통해 비춰진 - 마사오 안에서 그가 발견한 - '자기 자신'을 위로하는 모습일 것으로 해석하게 된다.

클라이맥스라고도 볼 수 있을, 엄마를 찾고 그녀에 대한 진실을 알게 되는 순간 곧바로 영화가 끝나는 것이 아니라, 마사오와 기쿠지로가 다시 집으로 돌아가는 여정을 꽤 긴 시간 보여 주는 것도 이 작품의 인상적인 점들 중 하나이다. 기쿠지로는 마사오의 할머니와 자신의 아내가 기다리는 도쿄로 곧장 돌아가는 대신 여정 중에 만난 사람들 몇몇을 모아 마사오와 함께 놀아 주며 며칠간 시간을 보낸다. 오는 도중 차를 태워 주었던 방랑 시인, 우락부락한 인상과 달리 순둥순둥한 폭주족 등은 일면식도 없던 아이를 위해 과감히 망가지고, 이런저런 놀이들을 가르쳐 주며 많은 것을 함께 나눈다. 냉정하게 말하면 비현실적이라고 해야 할 정도로 순하고 스윗한 인물들이다.

이 살짝 판타지스러운 상황이 그럼에도 아름답고 흐뭇하게 다가오는 것은 아이와 놀아 주는 어른들 모두가 기쿠지로처럼 사회에서 소외된, 그 규격에서 벗어난 사람들이기 때문이다. 안정된 정착지 없이 차를 타고 전국을 누비며 글을 쓰는 시인, 바보 같을 정도의 순수함에도 험악한 외모와 스타일 때문에 오해를 받는 폭주족 등의 '사회 부적응자'들이 마사오에게 보이는 호의와 다정함은 지금까지의 여정에서 아이에게 친절하게 대했던 다른 평범한 어른들의 그것과 성격이 다르다. 이 소외된 자들 모두가 마사오 안에서 어떤 형태로든 '자신'의 모습을 발견했기에, 똑같은 결핍을 공유하는 아이가 자기와는 다른 성장을 하며 본인들이 입은 상처를 피해 가기 바라는 마음을 갖게 되었던 것 아닐까 싶다.

덕분에 마사오는 자신이 처한 현실을 직시해 "아픈 만큼 성숙해진다"는 식의 실질적이지만 가슴 아픈 성장을 겪는 대신, 그 상처를 더 좋은 기억으로 덮음으로써 치유와 회복을 얻는다. 영화의 후반부까지 아이는 불쌍할 정도로 고개를 숙이고 다니지만 - 특히 자신에게 잘해 주던 어른들과 이별해야 할 때 고개를 푸욱 숙인다는 점이 의미심장하다 - 아저씨들과 놀며 꿈 같은 한때를 보낸 이후로는 그들과 차례차례 헤어지면서도 목을 꼿꼿이 세우고 밝은 표정으로 인사를 건넨다. 여행 중 만났던 누나가 준 가방을 메고 기쿠지로가 준 천사 종을 달랑이며 집으로 뛰어가는 마사오의 마지막 모습에서는, 아이가 앞으로 엄마 없이도 그동안 만났던 소중한 인연들에게서 받은 넉넉한 사랑 덕분에 행복하고 당당하게 살 수 있을 것이란 희망이 보인다.

마사오를 위로해 온 기쿠지로에게도 역시 비슷한 변화가 일어나는데, 집으로 돌아오던 길의 그가 한 요양원으로 나이 든 자신의 엄마를 만나러 가는 것이다. 마사오가 그랬듯 엄마에게 다가가지 못한 채 먼발치에서 지켜보는 모습이 안타깝긴 하지만, 지금까지 마사오의 상처를 보듬던 기쿠지로가 자신의 똑같은 결핍과 상처를 마주할 결심을 했던 것이 아닐지, 또 그로부터 나아가기 위한 첫걸음을 뗀 것은 아닐지 기대하게 된다.

지난 몇 년간 사람들 사이에서 회자되었던 "힐링"이라는 표현이 - 이제는 조금 남발되는 경향도 없지 않지만 - 영화를 보는 내내 머리에 떠올랐다. 이 영화를 설명하는 단어로는 가장 적합하다고 할 수 있을 듯한데, 보는 동안 마음이 따뜻해지고 위로를 얻게 된다는 잔잔한 "힐링 영화"의 장르적 개념으로뿐 아니라 이 작품이 그려 내는 모든 것을 결국 '치유'로 볼 수 있기 때문이다. 자신이 가진 결핍으로 상대에게 상처를 내는 대신 상대의 상처 속에서 자신의 아픔을 발견하고 공감하는 일, 자신은 받지 못했던 위로를 타인에게 건네주는 일. '남' 안에 있는 '나'를 위로하고 사랑함으로써 결국 나자신에게 일어나는 기적적인 치유 말이다.

　세상을 알게 될수록 우리를 둘러싼 여러 결핍과 상처에 더 큰 고통을 느끼게 되지만, 모든 것을 통해 선을 이루시는 주님의 은혜로 말미암아 결국은 상처 또한 사랑의 도구로 사용될 것을 믿는다. 아픔을 가진 우리 모두가 상대 안에서 자신과 같이 불안하고 상처 난, 자라지 못한 어린아이를 발견할 수 있기를, 그렇게 '네' 안에 있는 '나'를 사랑하여 결국 함께 치유에 이르기를 희망한다.

20

최종병기 활

바람은 '계산'하는 것이 아니라 '극복'하는 것

엄마 C의 시선

　　2011년 개봉된 한국 영화 "최종병기 활"은 사극 연출에 특히 능한 것으로 알려진 김한민 감독이 메가폰을 잡은, 그래서인지 역시 중요한 역사적 사건 "병자호란"을 소재로 하고 있는 사극입니다. 우연찮게도 앞에서 다루었던 사극 "남한산성"과 동일한 역사적 사건을 소재로 만들어진 이 작품은 인조 재위 14년인 1636년 겨울에 일어났던 외란의 상황을 그리고 있는데, 청나라 대군에 쫓겨 남한산성으로 피신한 후에도 주화파와 척화파로 나뉜 조정의 이견 사이에서 결단을 내리지 못하는 우유부단함을 보이다 청 황제 홍타이지에게 삼배구고두례(三拜九叩頭禮)를 - "삼전도의 굴욕"이라는 오명으로 알려진 - 바치는 수모를 겪어야 했던 무능한 왕 인조 치하에서 극심한 고통을 감내한 백성들의 실상이 극적 설정에 의해 묘사되고 있습니다.

여러 측면에서 인조 집권의 '부작용'을 기저에 두고 있다고 말할 수 있을 이 영화는, 인조반정 당시 그 내란에 반대하던 아버지가 역적으로 몰려 목숨을 잃은 뒤 어린 여동생과 함께 개성에 있는 아버지의 친구(무관 김무선) 집으로 피신해 신분을 속이고 성장한 "남이"라는 청년을 중심으로 이야기를 전개합니다. 아버지가 처단되는 장면을 직접 목격했던 데다 하루 아침에 명예로운 무신 가문의 자제에서 수치스런 역적 집안의 자식으로 전락하게 된 남이는, 어차피 노력해도 자신이 세상에 나가서 할 수 있는 일은 없다는 패배의식과 자격지심을 품은 채 아버지가 남겨 준 유일한 유품인 활로 사냥을 하거나 김무선 집안의 하인들과 어울려 술 마시고 싸움질하는 것으로 소일하는 삶을 이어 갑니다.

그런 그가 끔찍이도 소중하게 여기는 단 하나의 존재는 아버지가 숨을 거두며 자신에게 부탁한 여동생 "자인"이었는데, 김무선의 집에서 더부살이하며 눈칫밥을 먹고 자란 그로서는 함께 성장한 김무선의 아들 "서군"이 자인을 연모해 혼담이 오가는 상황조차 불안과 근심의 요소가 될 뿐입니다. 서군의 어머니이자 자신들의 양모 역할을 해 온 김무선의 아내 역시 여동생과 자신을 "역적의 자식"으로 여기고 있다는 것을, 그런 분을 시어머니로 모시고 살아야 할 동생의 마음고생을 미리 염려하지 않을 수 없었기 때문이지요. 자신의 그런 염려에도 불구하고 결국 두 사람의 혼사가 결정되었을 때 남이가 동생을 향한 속 깊은 사랑을 표현할 수 있는 유일한 방법은, 혼인 당일 자인의 방 앞 댓돌 위에 꽃신 한 켤레를 말없이 남겨 두고 가는 일뿐이었습니다.

그런데 하필이면 우여곡절 끝에 맞이한 자인의 혼례 날 청나라 군대가 쳐들어와 마을 사람들을 끌고 가면서 혼례를 치르던 서군과 자인까지 그들에게 포로로 잡혀가는 사태가 벌어집니다. 이제 여동생도 혼인을 하고 안정된 삶을 누리게 된 만큼 더 이상 그 집에 얹혀 살 이유가 없다고 생각하며 혼자 조용히 떠나던 길에서 외적의 침입을 목격한 남이가 도중에 마주친 청군과 싸우다 가까스로 집으로 돌아오지만, 자인과 서군은 이미 끌려간 상태였고 자신을 거둬 준 김무선과 그의 아내 모두 죽임을 당한 후였지요. 자신이 가진 유일한 무기이자 특출한 장기인 활을 챙겨 청나라 군대를 쫓기 시작한 남이 앞에 놓인 가장 큰 난관은 그가 대적해야 할 상대가 청나라 황실의 정예 부대인 "니루"라는 것이었습니다. 신궁이라 불릴 만한 활 솜씨로 청군의 심장부를 공격하며 적군을 하나하나 처치해 갔던 그이지만 남이의 놀라운 실력을 목격한 후 그를 주목하게 된 청군의 명장 "쥬신타"가 도리어 추격해 오기 시작하면서 활로 자웅을 겨루는 긴박감 넘치는 결투가 그들 사이에 펼쳐집니다.

온갖 위험과 난관을 극복하며 하나뿐인 여동생 자인과 그녀의 남편이 된 서군을 구하고자 압록강까지 뒤따른 남이는 청군과 맞서 싸우고 있던 서군과 합류해 자인을 찾으러 함께 나서고, 젊은 여성들을 따로 모아 자신의 시침녀(첩)로 유린하려는 황태자 "도르곤"에게 목숨을 걸고 저항 중이던 자인과도 극적으로 만나게 됩니다. 자인과 서군을 먼저 떠나보내고 인질로 잡았던 도르곤까지 살해한 후 동생 부부와의 재회를 위해 다시 압록강 쪽으로 향해 가는 남이를 쥬신타가 끝까지 뒤쫓으면서, 그 둘 사이의 마지막 대결 또한 초읽기에 들어갑니다. 그런데 하필이면 그 순간 멀리에서 오빠를 보고 반가워 달려온 자인이 그와 쥬신타의 한가운데 서는 바람에 그들 간의 대결은 한 치의 양보조차 불가능한 절대절명의 일전으로 바뀌게 되지요. 활이 날아오는 방향을 예측할 수 없다는 남이의 곡사(曲射)와 엄청난 파괴력을 자랑하는 쥬신타의 육량시(六兩矢) 사이의 대결이 남이의 승리로 끝나기는 하지만, 안타깝게도 그 역시 쥬신타의 화살에 치명상을 입고 맙니다.

예전에 이 영화를 감상할 때는 대다수 한국 역사물에서 그다지 부각되지 않던 '활'을 소재로 한 액션 사극이라는 점과 박진감 넘치는 영상, 흥미로운 스토리 등을 쫓느라 미처 깨닫지 못했다가 이번에 다시 보면서 새로이 주목하게 된 사실이 있었는데, 애초 남이와 자인이 그처럼 신산스런 삶을 살게 된 이유는 인조가 일으킨 '반정'의 과정에서 충절을 지키던 그들의 아버지가 사망하고 집안이 풍비박산되었기 때문이라는, 사건의 근본 원인과 관련한 측면이었습니다. 조선의 4대 반정 중 하나로 불리는 인조반정과 그처럼 불안정한 국내 정세의 결과로도 볼 수 있을 외란(병자호란)의 발발로 힘겹던 백성들의 삶이 더욱 피폐해지게 되었다는 역사의 교훈을 간과해서는 안 되리라는 경각심과 함께 말이지요,

한양에서 개성까지 자신을 찾아온 남이와 자인에게 아버지가 남긴 유언이 없는지를 김무선이 묻자 "사직과 백성의 안위가 바람 앞의 등불이니 어이할꼬"라 했음을 전한 남이의 말이나, 포로가 되어 청나라에 갔다가 압록강을 건너 도망쳐 온 백성들에게 왕이 도리어 죄를 묻는다더라는 하인의 말에 "나라도 백성도 버린 임금은 이미 큰 죄인"이라며 분개하는 그의 탄식이 방증하듯, 실제 역사에서도 포로나 인질이 되어 끌려갔던 50만 명의 백성 중 전쟁이 끝난 후 조정에서의 송환 노력을 통해 돌아온 사람은 사실상 전무하며 스스로의 힘으로 되돌아온 몇몇 사람들만 존재하는 것으로 기록되

어 있다고 하니 실로 참담한 일이 아닐 수 없습니다.

그럼에도 우리가 희망을 버리지 않을 수 있는 것은 "모든 상황 속에서" 어려움에 처한 이들을 불꽃 같은 눈동자로 지키시며 끝끝내 뜻을 이뤄 가실 하나님이 계시기 때문이며, 또한 이 영화를 생각하면 누구나 가장 먼저 떠올릴 "바람은 계산하는 것이 아니라 극복하는 것이다"라는 대사 때문이기도 합니다. 본래 "한국의 활쏘기"라는 정진명의 책에 수록되어 있던 "활은 바람을 타고 쏘는 것이 아니다. 극복해서 쏘는 것이다"라는 구절을 감독이 일부 변형해 사용한 것이라는데, 역사의 비극과 민족의 아픔을 극복하겠다는 비장한 선언으로 해석하는 사람도, 또한 대놓고 감동을 주려는 의도가 번연한 미사여구라는 반응을 보이는 사람도 존재한다지만, 인생의 깊은 철학을 담고 싶었다는 감독의 말처럼 양궁 선수들이 가장 좋아하며 공감하는 구절로 알려지면서 지금도 회자하는 명대사가 되었습니다.

위의 반응 중 전자의 평가와 양궁 선수들의 공감에 동조하는 저의 입장에서는 그에서 한 발 더 나아가 신앙인의 자세 역시 그래야 한다고 해석하게 됩니다. 비록 눈을 뜨고 있을 때 보이는 현실은 암담하고 큰 희망이 없는 듯 여겨지지만 눈을 감아야 보이는 미래에서는 "사람은 할 수 없는 일이라도 하실 수 있는"(슥 8:6; 눅 18:27) 그분으로 인해 마침내 현재의 난관들이 극복되리라는 믿음을 견지하는 자세 말이지요. 지금의 바람이 우리의 '계산'상으로는 순풍이 될 가능성이 전혀 없는 것일지라도 인간의 계산을 뛰어넘는 하나님의 힘과 능력에 의지해 '극복'해 나간다면 언젠가 옛말을 하며 웃을 수 있는 날이 꼭 오리라 굳게 믿기 때문입니다.

딸 J의 시선

　김한민 감독의 2011년 작 [최종병기 활]은 [명량]이라는 메가히트작을 내놓으며 "액션 사극" 장르로 입지를 다지게 될 감독 자신의 이후 행보에 대한 전조처럼 느껴지는 작품이다(개인적으로는 [최종병기 활]이 [명량]보다 더 명료한 초점을 가진 영화로 생각되지만 말이다). 장점만큼이나 단점도 뚜렷한 작품이지만 액션 영화나 오락 영화로서는 충분히 제 몫을 다했다고 본다.

　영화는 "병자호란"의 혼돈을 배경으로, 역사의 눈먼 폭력에 휩쓸려 갈가리 찢겨 나가면서도 어떻게든 서로의 손을 놓지 않으려는 한 가족의 이야기에 집중한다. 작품의 주인공 남이(박해일 분)는 정통 무신 가문에서 태어난 귀한 도련님이지만, 인조반정 시기 아버지가 역적으로 몰리며 여동생 자인(문채원 분)만을 데리고 간신히 도망쳐 아버지의 친우인 김무선(이경영 분) 집에서 숨어 자라게 된다. 역적의 자식으로 생명의 위협을 느껴 온 것은 물론 입신양명의 길 또한 영영 막힌 채 공부도 무예도 손에서 놓아 버린 남이는 하인들과 함께 들짐승 사냥이나 다니며 한량처럼 세월을 허비한다. 그처럼 자신과 동생의 불안정한 처지, 그 무엇도 본인의 이름으로 이뤄 낼 수 없는 현실에 절망하며 비탄에 빠진 남이와 달리 동생 자인은 김무선의 아들 서군(김무열 분)과의 연정을 키워 나가고, 남매를 어린 시절부터 아끼며 친자식처럼 키워 온 김무선이 서군과 자인의 혼인을 허락하면서 그들의 어정쩡한 삶에도 밝은 빛이 드리울 듯 보인다.

　하지만 자인과 서군의 혼례식 당일, 조선을 침공한 청나라 군사들이 그들이 사는 마을까지 쳐들어오며 이들의 미래는 혼돈스런 난장에 처박힌다. 김무선은 청나라 군사들에게 맞서 싸우다 살해당하고, 자인과 서군은 혼례복 차림 그대로 포로가 되어 청나라로 끌려간다. 동생의 혼례식에 참석하는 대신 그간 자신이 쏘아 두었던 화살을 거두며 산길을 돌고 있던 남이는, 청군의 침공을 목격한 뒤 급하게 마을로 돌아오다 청나라 황실 정예단 "니루"를 이끄는 장군 쥬신타(류승룡 분)와 맞닥뜨린다. 쥬신타와 그의 부하들을 상대하느라 시간을 지체한 남이는 시신들만 남아 있는 마을로 돌아와 절규하고, 아버지의 유품인 활과 화살을 챙겨 청나라 부대를 뒤따르기 시작한다.

몇몇 하인들과 함께 무방비로 끌려가던 서군도 압록강 어귀에서 청나라 군인들에 대항하다 그의 뒤를 쫓아온 남이의 도움으로 적군을 제압하는 데 성공한다. 두 사람은 함께 청군의 진지에 잠입해 포로로 잡혀 있던 자인을 구해 내지만 이 과정에서 남이가 청나라의 황자 도르곤(박기웅 분)을 불에 태워 죽이는데, 직전까지 산속에서 남이를 추격하다 막사로 급히 돌아온 쥬신타는 자신의 주군일 뿐 아니라 사랑하는 혈육이던 도르곤의 끔찍한 시신을 보며 무시무시한 분노를 내뿜는다. 직접 사냥해서 잡은 범의 가죽으로 외투를 지어 입힐 만큼 아끼던 조카의 죽음 앞에서 그의 복수심은 타오르고, 남이를 생포해 처절한 고통을 안겨 주고자 부하들과 함께 그와 일행을 뒤쫓는다.

앞서 말했듯 이 영화에는 몇 가지 단점들이 존재하며, [명량]에서도 엿보이는 김한민 감독 특유의 신파적 코드와 살짝 오글거리는 대사, 그리고 조선 백성이 적군에게 대항하는 장면에서의 연출적 엉성함 등은 감독의 여러 작품에 공통적으로 나타나는 문제이기도 하다. 그럼에도 이 작품에서는 그런 아쉬운 점이 개인적으로 크게 거슬리지 않았는데, 이는 [최종병기 활] 자체가 전반적으로 꽤 절제되고 객관적인, 그리고 서사적 군더더기 없이 상황과 액션에 집중하는 영화이기 때문일 것이다. "여동생을 구하겠다"는 남이의 목표와 "조카의 죽음에 복수하겠다"는 쥬신타의 목적은 단순하고 맹목적인 만큼이나 이해가 쉽고, '생존' 혹은 '보복'을 위한 이들의 여정도 질질 끄는 요소 없이 능률적인 속도로 클라이맥스까지 치닫는다.

대규모 전쟁 신 대신 '활'이라는 무기의 특성에만 초점을 두는 연출 또한 작품의 성공 요인으로, 후반부로 갈수록 다양한 종류의 화살들이 활용되는 이 영화 속에서 웅장한 배경음악이나 특별한 효과음 없이도 활이 팽팽히 당겨지는 소리, 화살이 공기를 가르는 소리만으로 고조되는 긴장감이 작품에의 몰입도를 충분히 높여 준다. 칼이라는 근거리 무기와 달리 일정한 거리를 두고 자신을 은폐한 채 사용할 수 있는 활의 특성상 적의 공격을 쉽게 예측할 수 없다는 공포와 불안감 또한 관객들에게 같은 강도로 전달된다.

한편 이번에 영화를 재감상하며 특히 눈에 띄었던 것은, 등장인물인 남이와 쥬신타 사이의 유사성 혹은 평행적 관련성(parallelism)으로 정의될 수 있는 대응점이다. 이들 두 사람은 동전의 양면에 비유될 수 있는 존재로, 서로 다른 나라, 다른 진영에 속해 있지만 영화 안에서 그들의 행동을 주도하는 궁극적 동기는 동일하게 가족, 혹은 아끼는 이를 향한 '마음'이다. 남이의 분투가 동생 자인을 살리려는 마음에서 비롯되었듯 쥬신타의 복수 또한 사랑하던 조카 도르곤의 죽음에 분노하는 감정을 그 뿌리에 둔다. 말하자면 이들 사이의 갈등은 조선과 청나라 간의 복잡한 정치적 관계나 힘의 논리에서 벗어난 지극히 개인적이고 사사로운 문제의 결과인 셈이다.

반면 이들을 궁극적으로 구분 짓는 것은 그들의 원동력이 되는 감정의 '성격'이라고 할 수 있다. 영화 속에서 쥬신타를 움직이는 힘은 남이에 대한 증오로, 그는 수족같이 아끼던 부하의 죽음도, 저주처럼 나타나 자신들의 앞길을 막은 호랑이의 존재도, 불길한 예감이 든다며 추적을 망설이는 부하들의 두려움도 무시한 채 아무것도 눈에 보이지 않는 사람처럼 끝을 향해 달려간다. 그 어떤 슬픔이나 두려움마저 스스로의 분노와 증오에 삼켜져 버린 듯 보이는 쥬신타는 그렇기에 처음부터 끝까지 흔들림이 없으며 어떤 면에서는 남이보다 훨씬 더 강해 보이기도 한다.

이에 반해 남이는 영화 내내 두려워하는 모습을 보이는데, 아버지를 잃고 동생과 함께 도망친 이후의 그는 사는 것도 죽는 것도 두려운 삶을 살아온 사람이다. 동생 자인이 "이럴 거면 그때 같이 죽지 그랬냐"며 화를 낼 만큼 그는 변변한 신분과 설 자리 없는 자기 처지를 인정하기조차 두려워하고, 서군과의 혼담이 오가는 동안 소중한 동생이 상처받을 것이 두려워 다시 한번 그녀를 데리고 현실로부터 도망칠 생각까지 한다. 도르곤에게 끌려가 능욕을 당할 위기에서도 용감하게 대항하며 혈육을 두고 가느니 차라리 같이 죽겠다고 소리치는 담대한 동생 자인과 달리, 오빠인 남이는 아버지의 죽음 당시 느꼈던 공포에서 여전히 벗어나지 못한 모습 그대로다.

그렇던 남이가 아버지의 마지막 당부대로 자신의 두려움을 직시하게 되는데, 그 계기는 분노도 증오도 아닌 사랑에 의해서이다. 영화의 마지막, 죽음에 이르러 피를 토하는 중에도 쥬신타를 향해 활을 겨누는 그를 지탱하는 힘은 목숨을 바쳐서라도 살리고 싶은 동생을 향한 절절한 사랑이다. 그는 두려움을 잊거나 무시하는 것이 아니라 두려움보다 더 큰 사랑을 품음으로써, 살아남기 위해 아버지를 뒤로하고 떠나야 했던 어릴 적의 트라우마를 마침내 극복한다. 증오와 독선에 시야가 가려진 쥬신타와 달리 사랑과 헌신을 통해 진정한 내면의 눈을 뜨게 된 남이는 그리하여 자신이 진심으로 원했던 목표, 기어코 모든 것을 바쳐 자인을 살리는 일에 성공하며 평안에 이른다.

　악인과 선인을 구분하는 기준이 생각보다 모호하다고 느껴질 때가 많다. 남이를 쫓던 쥬신타 역시 본인에게는 옳고 합리적인 이유가, 더욱이 남이의 목적과도 비슷한 결을 띤 동기가 있었듯, 우리 모두에게도 나름의 주관적인 입장과 처지, 자기만의 사정 등이 있을 수 있을 테니 말이다. 그런 만큼 우리가 신뢰할 수 있는 유일한 기준은 '사랑'의 유무라고 보아야 하지 않을까 싶다. 분노와 혐오로 눈이 가려진 줄도 모른 채 자신이 의롭고 바르다고 확신하는 사람들이 각자의 목적을 위해 거침없이 내달리는 혼란한 세상 가운데 오직 사랑만이 우리를 올바른 곳으로 인도할 테니까.

P.S. 이 영화 안에서 백성을 두고 도망친 나랏님을 원망하던 "남이" 역의 박해일이 몇 년 후 [남한산성]에서는 바로 그 "나랏님"(인조)을 연기했다는 사실도 의미 깊게 다가온다. 나의 옳음과 의로움을 모두가 자부하며 살지만 그런 자신도 언제든 입장이 뒤바뀌어 누군가에게 '악인'이 될 수 있는 우리의 사정과 비슷해 보인다는 점에서.

21

에린 브로코비치 (Erin Brockovich)

골리앗을 이긴 다윗

엄마 C의 시선

　2000년 개봉되었던 미국 영화의 제목 "에린 브로코비치"는 대기업인 PG&E와 1992-93년 벌인 법적 분쟁에서 피해자들이 3억 3,300만 달러의 배상금을 받으며 승소할 수 있도록 모든 과정에 관여했던 인물의 실제 이름이기도 합니다. 1960년생인 그녀는 1981년 미인 대회에서 입상한 경력에 이어 두 번의 이혼이라는 특이한 '경력'까지 보유한 세 아이의 엄마로, 생계를 위해 막무가내로 변호사 사무실에 입사해 일하던 중 한 거대 기업의 공장이 끼친 폐해가 이웃 주민들의 건강에 심각한 위협을 불러왔다는 사실을 밝혀내면서, 이 문제를 법적 중재안으로 연결시켜 미국 역사상(1993년 기준) 최고 금액을 손해배상금으로 받아 낸 기록적 사건의 주인공이 됩니다.

두 번의 결혼 생활에서 출산한 아이 셋을 혼자 키우며 일자리를 구하기 위해 이곳저곳을 찾아 헤매는 에린 브로코비치는 학력과 경력의 부족에 더한 '부적절한' 외양 때문에 마땅한 직장을 찾지 못하는데, 인터뷰에서 한 번 더 고배를 마시고 돌아가던 중 교차로에서 신호 위반 차량에 부딪히는 사고를 당합니다. 피해 보상을 요구하고자 소송을 제기했지만 역시 '교양 없는' 대응으로 패소하게 되자, 자신의 소송을 맡았던 변호사 "에드 매스리"에게 막무가내로 떼를 써 그의 회사에서 근무를 시작하지요. 연금이나 보험 혜택 등이 없는 임시직의 지위인 데다 사무직에 어울리지 않는 복장과 말투로 직장 동료들로부터 따돌림을 당하는 처지임에도, 그런 것에 크게 개의치 않는 그녀는 차근차근 성실하게 일을 배워 갑니다.

그런 에린이 1992년의 어느 날 정리하던 서류 더미 속에서 이상한 의료 기록을 발견합니다. 사실 그녀의 고용주인 에드가 법률 지식이 전무한 에린에게 서류를 맡긴 것은 애초 그 일이 사회봉사 차원에서 지역 주민의 부동산 거래 서류 작성을 도와주는 프로보노 사건(즉 '돈이 되지 않는' 일)이기 때문이었지요. 그런데도 부동산 서류에 병원 진료 기록과 청구서가 포함되어 있는 점이 이해되지 않아 나름대로 열심히 서류를 검토하던 에린이 뜻밖에 PG&E(퍼시픽 가스 앤 일렉트릭) 사와 관련된 심상치 않은 정보를 발견하게 된 것입니다. 서류를 면밀히 분석하는 가운데 PG&E 공장에서 주변 환경에 심각한 위해가 될 수 있는 크롬 성분을 상수도에 유출하고도 조직적으로 이를 은폐해 왔다는, 다시 말해 6가 크롬(hexavalent chromium)이라는 산업용 독성 물질을 배출해 놓고 지역 주민들에게는 그것이 '유익한' 크롬이라는 거짓말을 일삼았단 사실을 알게 된 에린은, 주민들의 이견과 주위의 반대, 세 아이를 대신 돌봐 주는 이웃(이자 자신을 사랑하는) "조지"와의 갈등 등 여러 난관을 돌파하고 결국 법원 조정에서 승리함으로써 손배 사상 최고 금액인 총 3억 3,300만달러의 배상금을 받아 냅니다.

이 사건의 실제 배경인 미국 캘리포니아주의 "힝클리"는 모하비 사막 한 가운데에 위치한 마을로 지역적 상황 때문에 지하수를 파서 식수로 사용하던 곳이라고 합니다. 캘리포니아 일대에 전기와 천연가스를 공급하는 에너지 회사 PG&E가 1950년대 힝클리 인근에 가스 공급을 위한 공장을 설립했는데, 냉각수 탑의 녹 제거용으로 사용한 후 땅에 묻은 크롬이 지하수를 오염시키며 암을 포함한 각종 질병이 힝클리 주민들에게 나타나기 시작한 것이지요. 이때 벌어진 미국 최대의 집단 소송 사건을 그린 영화인 만큼 내용 중에 복잡한 법률 용어나 정보들이 등장하는 것은 사실이지만, 제목에서도 알 수 있듯 감독은 이 영화를 법적 공방을 다루는 '법정 영화'로보다 에린 브로코비치라는 한 평범한 여성(전문적 법률 지식은 물론 내세울 만한 학력이나 경력도 갖추지 못한)이 뜻하지 않은 불행에 직면해 당황하는 마을 주민들과 어떻게 소통하고 공감하는지에 더 큰 초점을 두며 이야기를 풀어 나갑니다. 다양한 생각을 가진 마을 주민들 중에는 건강이나 목숨이 돈으로 환산되는 것을 탐탁지 않아 하는 이들에서부터 자신의 갑작스러운 건강 이상과 치명적 화학 물질의 연관성을 부인하고 싶어 하는 사람들, 확률상 승산 없어 보이는 법적 분쟁에 기대를 걸었다가 실망하게 될까 두려워하는 사람까지 천차만별이었지만, 각자의 드러내지 않은 속마음까지 헤아리고 보듬는 그녀의 세심한 배려가 600명 넘는 관련자들을 한마음으로 묶어 결국 손해배상 판결에서의 승리를 이뤄 내는 원동력이 되었다는 사실을 부각하면서 말이지요.

'사람'이 쉽게 '수치화'되는 통계의 문제를 다루었던 한 설교에서의, "각 숫자(number) 뒤에는 각각의 이름(name)이 있고, 그 이름 뒤에는 저마다의 이야기(story)가 있다"라는 지적에 깊이 공감했던 기억이 있습니다. 사건이 진행되며 원고의 숫자가 634명까지 이르자 힘에 부친 에드는 협업 상대로 파트너를 찾게 되고, 큰 사건의 경험이 많은 대형 로펌인 그 파트너 측에서 일류대 출신의 여성 변호사를 이 일에 합류시키지만, 법률 지식이나 실무 경험에서 에린은 비교도 되지 않을 전문가인 그녀에게 주민들은 오히려 마음을 닫고 대화하기를 꺼립니다. "감상적인 이야기(story)는 빼고 날짜와 시간(number) 등의 객관적 팩트만 말하라"라며 주민들을 다그치다 돌아온 그녀가 각 세대의 전화번호 같은 기본적 정보도 서류에 없다며 에린에게 면박을 주자, 주민들의 전화번호는 물론 그들의 구체적 신상 정보까지 모두 외워 나열하며 상대를 당황시키는 에린의 모습에서, 두 사람 간의 극적 대비를 통한 영화의 핵심 메시지가 자연스럽게 전달됩니다.

"계란으로 바위 치기" 혹은 "다윗과 골리앗의 싸움" 등으로 불릴 만큼 승률 낮은 게임에서, 또한 그렇기에 대다수 전문 변호사와 법률 회사들이 개입하기를 거부하던 위험 부담 큰 법적 분쟁에서, 주위의 만류와 회유, 협박 등을 물리치고 에린이 끝까지 소신을 굽히지 않을 수 있었던 것을 그녀의 법률 지식과 경험의 부족 때문이라고 - "무식하면 용감하다"는 세상적 표현처럼 - 폄하하는 이들도 적지 않았던 모양입니다. 하지만 패소가 두려워 참여를 꺼리던 주민을 설득하며 에린이 건넸던 "지금 중요한 것은 이기느냐 지느냐 하는 승패의 문제가 아니라 그들이 거짓말을 했고 그 거짓말에 속았음을 알게 되었기에 나서서 싸워야 한다는 사실"이라는 일갈은, 그녀의 원동력이 무지를 바탕으로 한 무모한 추진력이 아니라 '옳은 일에 대한 믿음'이었음을 방증하고 있습니다.

일과 자신 중 하나를 택하라는 '식상한 대사'를 읊조리는 조지에게 에린이 답한 "세상에 태어난 이후 처음으로 누군가로부터 존경받는 일을 하게된 만큼 절대 이 일을 포기할 수 없다"라는 단언은, 상대방의 존경이, 그리고 그 존경에 힘입어 다시 상대에게 전해지는 진심이, 어떻게 세상을 바꾸는 일에 기여할 수 있는지 가슴 뭉클하게 증언합니다. 우리의 겉모습과 관계없이 - 심지어 우리의 '본모습'과도 관계없이 - 먼저 귀하다, 의롭다 해 주신 하나님과 우리 사이에서 주고받는 존경과 사랑은 물론이거니와, 하나님께서 창조하신 우리들끼리 함께 나누는 사랑과 존중, 믿음과 신의가 그분이 원하시는 세상을 만드는 일에 어떻게 한걸음 다가갈 수 있게 하는지의 실례를 제시하는 "영상 교과서"로도 이 영화를 새로이 바라보게 됩니다.

여담이지만 로스쿨 1학년 때 동기들이 이제는 [금발이 너무해(Legally Blonde)] 같은 영화를 예전처럼 아무 생각 없이 즐길 수 없다고 푸념하는 것을 듣고 - 법을 공부하기 전엔 몰랐던 '설정적 오류'들이 이제는 다 보인다는 뜻에서 - 재미있는 말이라고 생각한 적이 있다. 아닌 게 아니라 변호사라는 직업을 갖고 보니 예전과 같은 시선으로 즐길 수 없는 영화들이 여럿 있는데, 오랜만에 다시 감상한 영화 [에린 브로코비치]도 그중의 하나라고 해야 할 듯하다.

무려 20여 년 전 개봉한 이 영화는 법률 교육이나 실무 훈련을 전혀 받지 못했음에도 거대 기업을 상대로 그들의 부정을 파헤쳐 어마어마한 승리를 이끌어 낸 에린 브로코비치라는 인물의 실제 이야기를 바탕으로 한다. 영화 속 주인공 에린(줄리아 로버츠 분)은 두 번의 이혼 뒤 세 아이를 혼자 키우는 싱글맘으로, 사무실 직원에겐 적합치 않아 보이는 화려한 화장과 옷차림 때문에 번번이 구직에 실패하는 중이다. 엎친 데 덮친 격으로 교통사고까지 당하게 된 그녀는 보상금이라도 받으려는 생각에 변호사를 고용해 사고 운전자를 고소하지만, 상대편 변호사의 심문에 답하다 욱하는 성질을 참지 못해 재판에서도 패소하고 만다. 상황이 더 절박해진 그녀는 자신이 고용했던 변호사 에드(알버트 피니 분)의 작은 로펌으로 찾아가 우격다짐식으로 고용을 요구한다.

에드의 로펌에서도 과한 화장과 옷차림으로 동료 직원들 사이를 겉돌던 에린에게 부동산 관련 사건 하나가 맡겨진다. 이 사건은 캘리포니아의 시골 마을 "힝클리"에 살며 "PG&E"라는 대규모 전력 회사로부터 자신들 소유의 땅에 대한 매도를 제안받은 가족의 토지 매각 절차를 돕는 것으로, 그냥 간단한 내용일 뿐 아니라 pro bono(무료 법률 서비스 제공)이기까지 하다. 별다른 주목을 받지 않고 조용히 처리될 일이었지만 사건 관련 서류 중 가족의 진료 기록에서 발견된 의문스런 부분을 집요하게 추적한 에린의 열성으로 PG&E가 운영하는 공장에서 배출된 화학물질이 마을의 지하수를 심각하게 오염시켰다는 증거가 발견된다.

이후 힝클리 주민들을 직접 찾아가 만난 에린은 자신의 상사인 변호사 에드와 함께 오염으로 인한 피해의 범위를 파악하는 동시에 PG&E의 부정에 관한 조사에 더욱 매진한다. 십수 개월에 걸친 꾸준한 노력을 통해 마을 사람들의 신뢰를 얻어 낸 에린 덕분에 PG&E를 상대로 634명의 원고가 포함된 집단 소송을 제기할 수 있게 되지만, 이렇게 거대한 사건을 혼자 맡기 어렵다고 판단한 에드는 에린의 반대에도 불구하고 대형 로펌을 공동 변호인으로 불러들인다.

에드나 에린과는 실력도, 경험도, 자본도 비교할 수 없는 수준의 대형 로펌 변호사들이 편견과 선입견으로 그녀를 대놓고 무시함에도 에린은 사건에 대한 자신의 열정과 이해도만은 누구에게도 뒤지지 않는다는 사실을 계속해서 증명해 나간다. 오랜 시간이 걸릴 수 있는 재판 대신 판사가 주도하는 조정(binding arbitration: 배심원이 참여하는 전통적 재판과 달리 판사 주도하에 분쟁을 중재하는 제도로, 재판보다 훨씬 빨리 결과를 얻을 수 있다는 장점과 더불어 판사의 궁극적 결정에 항소를 제기할 수 없다는 단점도 존재한다)을 추진하기로 했을 때 재판을 원하던 주민들이 이 계획을 꺼리자, 에린은 634명에 달하는 원고를 하나하나 만나서 그들 모두의 동의 서명을 받아온다. 뿐만 아니라 PG&E의 전 직원이던 내부고발자로부터 PG&E가 고의로 오염된 폐수를 방출했다는 증거까지 얻어 내면서 에린과 변호인들은 조정을 맡은 판사가 PG&E에 3억 3천 3백만 달러(약 4700억 원)의 합의금을 처분하게 만드는 쾌거를 이룬다. 영화의 말미, 피해자 가족들을 찾은 에린은 그 소식을 전해 주며 함께 기뻐하고, 전보다 훨씬 좋은 사무실로 이전한 에드의 로펌에서 당당하게 근무를 시작한다. 한 때 16달러만이 통장에 남은 재산의 전부였던 그녀가 이제는 에드로부터 2백만 달러의 보너스를 받는 장면으로 영화는 막을 내린다.

이 작품은 실화를 바탕으로 제작된 여러 영화 중에서도 특히 유명한 편에 속한다고 할 수 있는데, 개봉 후 몇십 년이 지난 지금까지 그 문화적 영향력은 여전해서 비교적 최근인 2021년에도 에린 브로코비치의 삶을 소재로 한 "Rebel"(반항아, 저항가)이라는 TV 드라마가 방영되었을 정도이다. 이번에 영화를 다시 감상하며 그녀의 이야기가 대중들에게 쉽게 어필할 수 있었던 이유는 에린의 일대기가 할리우드, 그리고 대다수 관객들이 열광할 만한 요소들로 채워져 있기 때문임을 확인하게 되었다.

첫째로는 한때 미인 대회의 우승자였을 만큼 매력적이던 주인공이 두 번의 결혼 생활에서 실패를 겪고 - 이혼이 무조건 실패라는 게 아니라 영화적 설정에서 그렇게 다뤄지고 있다는 뜻이다 - 어려움에 빠져 있다가 다시 한 번 엄청난 승리를 거두며 반전을 이룬다는 서사가 존재한다. 법률 교육을 제대로 받지 못하고 외적으로도 '교양' 있어 보이지 않는 에린이 협업하는 대형 로펌 변호사들로부터 무시당하던 현실 역시 마찬가지이다. 그렇다 보니 이 모든 편견과 역경 속에서 골리앗을 상대하는 다윗의 위치에 있는 주인공이 열정과 노력, 피해자들을 향한 진심과 배려라는 자신만의 방식으로 마침내 승리를 거뒀을 때 관객은 더욱 큰 카타르시스를 느끼게 되는 것이다. 에린 브로코비치와 에드 매스리가 주도한 소송을 통해 결정된 3억 3천 3백만 달러의 합의금이 당시 집단 소송 합의금 사상 최고 금액이었다는 사실 또한 그녀가 이룬 업적 가운데 하나이다. 이 영화의 개봉과 함께 에린 브로코비치가 미국의 "국민 영웅"이 되다시피 했던 것도 그런 의미에서 보면 충분히 이해할 만하다.

그러나 앞서 말했듯 변호사라는 직업인으로 영화를 다시 보며 예전과 다른 감상을 가질 수밖에 없었는데, 어렸을 때 영화를 보고 느꼈던 감정들을 떠올리며 비교하는 과정이 꽤 재미있었다. 조금 가벼운 부분부터 시작하자면, 예전에는 에린의 겉모습만으로 그녀의 지성과 열정을 인정하지 않는 주변인들에게 화가 났던 반면, 이번에는 에린 주변의 변호사들에게 더 깊이 공감하는 자신을 발견하게 되었다. 600명 넘는 원고들의 연락처와 개인 정보를 에린이 기록하지 않고도 모두 기억하는 장면에서는 감동을 받기보다 아니, 그래도 서류 준비는 제대로 해야지... 하고 스트레스를 받았을 만큼. 물론 편견에 사로잡힌 즈변인들의 태도는 여전히 못마땅하며, 전문직 여성들을 향한 엄격한 잣대와 검열(존중되어 '마땅한' 프로페셔널로 인정받기 위해 여성들이 지켜야 하는 자세, 말투, 옷차림 등에서)은 전보다 더 씁쓸한 느낌으로 다가온다.

예전처럼 이 사건에 대한 에린의 열정과 진심에 탄복하기보다 안타깝다는 마음이 더 크게 느껴지는 측면도 있다. 에린은 PG&E가 잘못을 시인하고 처벌을 받도록 만들기 위해, 또 화학물질로 오염된 마을에서 암을 비롯한 여러 질병으로 고통당하는 피해자들이 보상을 받을 수 있도록 돕기 위해 - 다시 말해 '정의'를 이루기 위해 - 자신의 아이들마저 뒷전으로 한 채 모든 시간과 노력, 열정을 쏟아 붓는다. 그를 통해 이뤄 낸 결과는 분명 위대하지만 '일'이 곧 '인생'이 되어 버린 그녀의 모습은 많은 생각을 불러일으킨다. 일을 '사적으로' 받아들이지 말라고 충고하는 변호사 에드에게 자신의 시간을 통째로 바친 이 일이 사적인 것이 아니면 대체 무엇이냐며 따지는 에린의 반문이나, 유방암에 걸린 한 피해자가 에린에게 괴로운 심정을 토로하면서 PG&E가 반드시 대가를 치를 것임을 약속해 달라고 부탁하는 장면 등에서 목격하게 되는 안타까운 모습이다.

나는 이런 억울한 상황에 놓인 피해자들을 돕고 싶어 변호사가 되기를 꿈꿨지만, 법을 공부하고 법적 구조를 보다 자세히 이해할수록 법의 한계를 더욱 뼈저리게 느끼게 되었다. 영화에서도 설명되었듯 '법'을 통해, 그러니까 재판과 판결을 통해 문제를 해결하려는 시도는 상당히 긴 시간과 노력을 필요로 한다. 영화 속에서 에린이 그녀를 무시하는 변호사에게 자신이 "18개월 동안이나" 이 사건을 맡아 왔다고 화를 내는 모습을 보며 가장 먼저 들었던 생각이 "겨우 그 정도밖에 안 됐어?"였을 정도로 말이다.

또한 옳고 그름이나 잘잘못 등이 비교적 쉽게, 혹은 직관적으로 확정될 수 있는 보통의 상식과 달리 법적인 판단은 '상식'보다 훨씬 명확한 인과관계와 실질적 증거들을 필요로 한다. PG&E의 공장에서 오염된 폐수가 배출되었고 그로 인해 인근 마을 주민들이 여러 가지 질병에 시달리게 되었다는 사실을 접했을 때 PG&E의 행위를 잘못되었다고 결론 내리는 것은 극히

'상식적'이고 당연한 판단이지만, 해당 기업이 폐수에 오염 물질이 포함되었음을 "알고" 있었고 그로 인해 지역 주민들이 피해를 입을 수 있다는 사실을 "인지"하면서도 "고의로" 폐수를 방출했다는 충분한 증거 없이는 법적 책임을 묻기 어렵다는 말이다.

이런 맥락에서 나는 자신의 인생 자체를 이 사건에 '갈아 넣는', 또 피해자들의 기대와 신뢰를 오롯이 감당하는 에린의 모습이 - 마냥 멋있게만 보였던 전과 달리 - 무척 안쓰럽게 느껴졌다. 영화에서는(또 다행히 실제로도) 에린의 노력이 비교적 짧은 시간에 좋은 결과를 낳았지만 대개의 경우 이런 식의 승리는 기대하기 어렵다. 사실 에린의 일화가 할리우드에서 영화로 제작되었다는 것 자체가 그녀의 경험들이 얼마나 이례적인지를 반증한다고도 볼 수 있다. 승리가, 또한 옳고 합당한 결과 도출이 불확실한 상황에서 자신의 삶을 이렇게나 쏟아붓는 것은 결코 간단치 않은 선택이다. 피해에 대한 인정이나 보상의 가능성이 불투명한 상황에서 피해자들에게 정의로운 결말을 약속하는 일, 그들의 문제를 해결해 주리라는 기대를 한 몸에 받는 일역시 마찬가지로 무거운 부담일 것이다.

에린 브로코비치가 참여했던 소송은 성공했지만 힝클리 마을 주민들은 지금도 여전히 오염된 물로 고통받고 있다는 사실이나, 2019년 개봉된 영화 "다크 워터스"에서 - 독성 폐기물(PFOA) 유출로 인류의 99%를 중독 위험에 빠뜨린 미국 화학기업 "듀폰"의 실화를 다룬 - 폭로되었듯 자신들의 이익만 쫓느라 환경을 오염시키며 걷잡을 수 없는 인명 피해를 일으킨 기업이 PG&E 하나뿐은 아니라는 사실도 씁쓸한 뒷맛을 남긴다. 세상에는 얼마나 많은, 똑같이 노력했고 진심을 다했으나 '성공'하지 못한 에린 브로코비치들이 있을까? 세상의 속성에 대해 알면 알수록 옳은 삶을 산다는 것이 얼마나 어려운 일인지 깨닫게 된다. 눈먼 자본주의가 낳은 탐욕과 이기심, 제도적 불의와 편향된 특혜, 구조화된 편견과 차별이라는 무시무시한 골리앗 앞에서 정의를 추구하며 상식적 결과를 기대하는 개개인이 얼마나 작고 힘없는 존재로 전락하는지 말이다.

그럼에도 자칭 "비관적 낙관주의자"인 나는 골리앗을 무너뜨리는 다윗이 꾸준히 등장할 것이라는 믿음에서 위로를 얻는다. 수많은 이스라엘인들 앞에서 위세를 떨치며 기세등등했던 골리앗조차 하나님께서 허락하신 시간을 넘기고 나선 다윗에게 무릎을 꿇었으니 말이다. 아무도 다윗 같은 '애송이'가 골리앗을 쓰러뜨릴 것이라 기대하지 않았고, 그 누구도 에린처럼 '배경 없는' 인물이 PG&E라는 대기업을 상대로 승리할 수 있으리라 예상하지 못했을 것처럼, 옳게 좀 살아 보고자 아등바등하는 우리 중 누가 어떤 방식으로 쓰임을 받을지는 알 수 없는 일일 테다. 거대하고 견고해 보이는 이 세상의 불의들이 언젠가 예기치 않게, 조금은 어이없이 무너지는 모습을 다시 보게 될 날을 기대한다.

22

더 테러 라이브

무너진 그 '다리'가 다시 세워질 수 있기를

영화 "더 테러 라이브"는 2013년 개봉된 감독 김병우의 상업 영화 데뷔작이자 배우 하정우의 원톱 주연 작품입니다. 데뷔작임을 믿기 어려울 정도로 감독의 뛰어난 연출력이 과시된 이 작품은, 긴박한 내용이 펼쳐지는 1시간 30여 분의 러닝타임 내내 한 공간(방송국 스튜디오) 안에서 이야기가 진행된다는 독특성과, 영화의 거의 모든 장면에 등장하는 주연 배우 한 사람의 활약으로 - 대다수 영화들이 여러 배우들 간의 '케미'에 작품성의 상당 부분을 의존하는 것과 달리 - 뛰어난 완성도를 이루어 냈다는 독창성을 자랑하고 있기도 합니다.

영화의 첫 장면은 "국민 앵커"로 불릴 만큼 능력 있고 인지도도 높은 진행자 "윤영화"가 방송사 라디오국에서 생방송을 진행하는 모습으로 시작됩니다. 국회에서 추진 중인 세금 인상안에 대해 청취자들의 의견을 전화로 연결해 듣고 있던 그는 자신을 건설 노동자 "박노규"라고 소개한 한 중년 남성의 전화를 받게 됩니다. 이런저런 불평을 늘어놓으며 전화를 끊지 않는 그에게 짜증을 내던 윤영화가, 자신이 폭탄을 가지고 있고 마포대교를 폭파시킬 수도 있다는 박노규의 위협을 허풍으로 여기면서 "한번 해 보라"고 비웃듯 말을 던진지 채 몇 분이 지나지 않아, 어마어마한 굉음과 함께 방송국 근처의 마포대교가 실제로 무너지는 믿기 어려운 장면을 직접 눈으로 보게 됩니다.

충격과 혼란으로 한동안 정신이 없던 윤영화는, 곧 이 급박한 사건을 본인이 처한 문제 해결의 수단으로 활용하기 위해 발빠르게 움직이기 시작합니다. 경찰에 신고도 하지 않은 그는 테러범과 가장 먼저 통화한 상대가 자신이라는 것과 그와의 통화 내용이 자기 휴대폰에 녹음되어 있다는 사실을 미끼 삼아 보도국 국장 "차대은"과의 협상(예전의 매인 앵커 자리로 복귀시켜 달라는)에 본격적으로 나서지요. 자신의 범행 이유를 2년 전 발생한 마포대교 공사 중의 인부 익사 사건으로 설명한 박노규는 당시 행사 준비에만 바쁘던 행정 책임자들이 사고 수습을 등한시한 것에 대해 강한 불만을 제기하는데, 그의 두 가지 협상 조건 가운데 자신의 "출연료"(사실은 사망한 인부 세 사람에 대한 보상금, 장례비 등을 합산한 금액) 부분이 방송국에 의해 곧바로 해결된 반면, 또 다른 조건인 "대통령의 공식 사과" 요구에서부터는 이야기가 꼬여 가기 시작합니다.

자신의 본래 목적이던 대통령의 공식 사과가 생각대로 진행되지 않자 추가적으로 마포대교에 폭탄 하나를 더 터뜨려 다리 위의 생존자들을 고립시킨 박노규는, 대통령의 사과는 고사하고 대신 나타난 경찰청장이 자신의 신상을 공개하며 도리어 자극하는 데에 분노해 그의 귀에 꽂혀 있던 이어폰(폭탄이 설치된)을 폭발시켜 살해하고 맙니다. 본인의 귀에 꽂힌 이어폰도 폭탄이라는 박노규의 경고를 이미 들었던 윤영화는 극심한 공포로 패닉 상태에 이르렀음에도 선택의 여지없이 방송을 이어 가는데, 이 과정에서 그가 기자인 전 아내의 취재 내용을 가로채 특종으로 발표한 일 때문에 메인 앵커직에서 밀려났다는 사실과 오랜 기간 부정한 금품을 수수해 왔다는 비리 의혹이 연이어 폭로됩니다.

　여성과 아이들의 구조에 대한 박노규의 협조에도 불구하고 갑작스런 다리 붕괴로 보도 중이던 윤영화의 전 아내("이지수" 기자)가 추락하지만, 시청률이 70%를 넘었다는 사실에 충분히 만족한 보도국장은 당혹감 속에서 어쩔 줄 모르는 윤영화를 남겨 둔 채 현장을 떠나 버립니다. 그러는 사이 방송국 옆 건물에 숨어 있는 박노규의 위치를 파악한 경찰특공대가 체포나 사살 목적의 침투 작전을 개시하면서 박노규도 그들의 침투 장소를 폭발시키고, 무너지는 건물의 잔해에 머리를 맞아 정신을 잃었다가 깨어난 윤영화는 타 방송사의 보도와 주변에 흩어져 있던 관련 서류 등을 통해 사실상 박노규는 2년 전 사고에서 이미 사망했고 테러범은 그의 아들 "박신우"라는 것을 알게 됩니다.

　스튜디오까지 잠입해 자신과 격투를 벌이던 박신우가 건물 밖으로 미끄러지며 줄에 매달리자 그의 목숨을 살리려는 윤영화는 자기가 대신 사과한다며 사력을 다해 끌어올려 보려 하지만, 경찰특공대의 저격으로 박신우가 추락 사망한 데 이어 윤영화 자신도 뇌물 수수 혐의로 구속 수사를 받게 될 것이라는, 그리고 지금도 사랑하는 전 아내 이지수 기자가 구조 중 사망했다는 보도를 접하게 됩니다. 경찰의 무전기를 통해 전해지는 "윤영화를 사살하라"는 명령까지 듣게 된 그가 자신을 향한 저격수의 총구와 스튜디오 창문 너머로 보이는 경찰특공대의 침투 장면을 응시하면서, 박신우가 추락 전 혼신의 힘을 다해 건네준 카드 폭탄의 스위치를 눌러 방송국 폭파와 함께 산화하는 것으로 영화는 대혼돈에 마침표를 찍습니다.

아버지의 억울함을 반드시 풀어 드리고 싶다는 아들의 심정은 십분 이해한다 하더라도 적지 않은 사람들의 목숨을 희생시킨 박신우의 행위를 영화가 합리화해 주고 있지 않을뿐더러, 생전의 박노규가 그의 뉴스만 봤다고 할 만큼 신뢰받던 겉모습과 달리 실상은 아내의 기사를 가로채거나 권력기관으로부터 뇌물을 받는 등의 비리를 서슴없이 저질러 온 윤영화의 본모습이 적나라하게 그려지고 있다는 점에서, 이 작품이 반드시 몰염치하고 '악한' 권력자들과 그로 인해 착취당하며 고통을 겪는 '선한' 일반 민중의 대비를 의도한 것은 아니리라 짐작합니다. 그러면서도 영화를 보는 내내 "사과"라는 하나의 단어가 계속 머릿속을 맴돌았던 이유는, 아마도 자신에게 해를 끼치거나 억울한 상황을 만들어 낸 권력자를 향해 계속 사과를 요구하는 사람들을 보며 이해하기 어렵다고 생각하던 저의 과거 기억들 때문이었을 것입니다.

상대는 전혀 사과할 의사가 없어 보이는 데다 그 사과에 의해 있던 일이 없어지는 것도 아닌데 왜 그리 부질없는 요구를 끈질기게 하나 싶어 속상함과 함께 들었던 생각이지만, "말 한마디로 천냥 빚을 갚는다"는 우리 민족의 보편적 정서를 고려하거나 끊임없이 당신을 배신하는 이스라엘 민족이 작은 참회만 해도 즉시 용서를 베푸시던 하나님의 품성을 기억할 때, 사과의 행위는 '관계' 회복의 측면에서 반드시 필요한 절차라는 사실을 인정하지 않을 수 없게 됩니다. 정치인들의 무능과 부도덕으로 빚어진 온갖 문제들이 말 한마디로 해결될 수 있는 사안이 아님에도, 포기하지 않은 채 그 사과를 기다리는 많은 국민들의 마음도 이런 사실에 비추어 이해할 수 있을 것입니다.

세상에는 대중 위에 군림해 그들을 지배하며 권력을 행사하는 '지배층'이 있고, 그런 지배층의 능력과 윤리의식 등에 따라 삶이 편안해지기도, 가시밭길이 되기도 하는 '피지배층'이 구조적으로 존재합니다. 예전처럼 명확한 계층구조는 사라졌다 해도 현사회에 여전히 엄존하며 정치, 사회, 경제적 우위를 차지하는 소수 집단이 그렇지 못한 대다수 군중의 일상을 좌지우지하고 있다는 것은 부인하기 어려운 현실이니까요. 그렇기에 비록 이 영화의 내용은 '픽션'이라 해도 억눌리고 또 억눌리다 보면 언젠간 폭발하게 되는 물리적, 사회적 원리는 '논픽션'임이 분명하며, 타인에 의해 삶이 좌우되는 다수의 피지배층보다 그런 그들에게 막강한 영향력을 행사하는 소수의 지배층에게 보다 큰 책임을 물어야 하는 것이 당연한 이치일 수밖에 없습니다. 하나님께서 "많이 받은 사람에게는 많은 것을 요구하시고 많은 일을 맡은 사람에게는 많은 것을 물으실 것이다"라고 말씀하신(눅 12:48) 이유도 그와 같을 테고 말이지요.

물론 저는 기본적으로 아무리 억울하고 답답한 상황을 맞는다 해도 그 일의 해결 방식을 자기가 직접 찾으려 하지 말라는, 즉 "스스로 원수를 갚지 말고, 그 일은 하나님의 진노하심에 맡기라"는 성경의 가르침(신 32:35; 롬 12:19; 히 10:30)에 순응하며 순종해야 한다고 믿는 입장입니다. 하지만 그와 함께, "도피성" 관련 구절들이 나열된 구약의 기사에서 '뜻하지 않은' 살인(사고)의 범행자가 도피성에 머물며 안전을 보장받을 것(민 35:25)을 권고하신 하나님임에도, '의도적' 살인(범죄)을 저지른 범인에 대하여는 그를 추적한 친족이 복수 목적의 처벌을 할 수 있다고 허용(민 35:19-21; 신 19:11-13)하셨음 또한 기억하고 있습니다. 이러한 허용의 함의는 '악의'의 결과인 범죄 행위에는 그에 따른 '귀결'이 있어야 하고 - 물론 '사적 보복'이 허용되어서는 안 되지만 - 그 같은 귀결에 대해 하나님도 불가피성을 인정하시는 것으로 해석함이 마땅하리라 여겨집니다.

"거룩한 기름 부음을 받은 대제사장이 죽기까지" 도피성에 머물러야만 의도치 않은 범죄에 대한 면죄권이 유지될 수 있다는 구절(민 35:25, 28, 32; 수 20:6) 역시 오늘날의 우리에게 시사하는 바가 있습니다. 그에 대한 신학적 분석과 관계없이 저는 이 구절들을, 살면서 범하는 '의도치 않은' 우리의 잘못과 실수가 하나님 "안에" 거함으로써 용서되고 회복될 수 있다는 의미로 이해합니다. 그러나 동시에 이런 규례는 자신의 실수와 과오를 깨달은 사람들이 피해 입은 상대측에게 본인의 잘못을 인정하고 '사과'하며 용서를 구할 수 있는 시간적, 정신적 여유를 허용하기 위한 것이라고도 추측합니다. 하나님 안에서 그분의 뜻에 따라 용서를 구하는 사람에게 진정한 용서가 주어질 수 있는 것이지, 자신의 잘못에 대한 인정도 사과도 없는 이들에게 용서라는 것이 베풀어지는 일은 '물리적'으로나 '사회적'으로 불가능한 현상일 터이니 말이지요.

딸 J의 시선

　김병우 감독의 2013년 작 [더 테러 라이브]는 '반전'이라는 개념이 무색할 정도의 휘몰아침을 반복해 보여 주는 작품이다. 영화를 보는 내내 점점 더 극단으로 치닫는 상황에 넋을 잃었다가 작품의 끝에 이르러선 어떤 감정적 탈력감까지 느꼈을 정도로 처음 볼 당시 큰 충격을 받았던 기억이 여전히 남아 있다.

　[더 테러 라이브]는 가상의 방송사 SNC에서 신생 라디오 프로그램 "데일리 토픽"을 진행 중인 앵커 윤영화(하정우 분)를 비추며 시작된다. 특정 주제에 대한 청취자들의 의견을 듣는 코너에서 그는 자신을 일용직 노동자 "박노규"라고 소개한 인물과 통화를 하게 되는데, 박노규는 프로그램의 취지와 달리 본인의 신세 한탄만 늘어놓으며 윤영화와 제작진을 곤란하게 만든다. 전화를 끊고 다른 사람과 연결해 보려 하지만 이상하게도 그와의 통화는 끊어지지 않고, 상황 수습을 위해 광고 방송을 내보내던 윤영화에게 박노규는 자신이 폭탄을 가지고 있으며 곧 마포대교를 폭파할 것이라는 '헛소리'까지 덧붙인다. 방송을 방해받아 짜증이 날 대로 난 윤영화는 상대에게 욕설을 내뱉으며 말만 하지 말고 어디 한번 폭파시켜 보라며 맞받아치는데, 이상한 해프닝이 그렇게 일단락되나 싶은 순간 마포대교에서 실제로 폭발이 일어나고 윤영화는 라디오 부스의 창문을 통해 상황을 실시간으로 목격하게 된다.

　경찰에 사건을 신고하려던 윤영화는 멈칫하며 전화를 끊은 뒤 역시 신고를 시도 중인 라디오 방송 PD도 제지하면서 자신이 독점으로 테러범 박노규와 통화하는 모습을 방송으로 내보내기 위한 물밑 작전에 돌입한다. 한때 9시 뉴스의 앵커였으나 모종의 이유로 자리에서 물러났던 윤영화는, 비밀리에 보도국장 차대은(이경영 분)에게 전화를 걸어 테러범과의 직접 통화라는 자신의 특종을 당장 속보로 방송하게 해 달라는 요구부터 시작한다. 차 국장과 유영화의 협상 끝에 라디오 부스는 별안간 TV 촬영 스튜디오로 바뀌고, 윤영화의 속셈에 당한 라디오 프로그램 PD는 방송이 폐지되었다는 어이없는 통보와 함께 부스에서 그대로 쫓겨나 버린다.

마치 이런 일이 일어나기를 기다렸다는 듯 신속히 옷을 갈아입은 윤영화가 예전 뉴스 앵커의 모습으로 스튜디오에 돌아와 속보를 시작한 뒤, 박노규는 후속 전화 연결에서 마포대교 폭파를 실행한 자신의 의도를 밝힌다. "세계선진국정상회담" 준비로 분주하던 2년 전, 마포대교를 미적으로 보수하는 과정에서 위험한 야간 작업에 투입된 인부 세 명이 한강에 빠졌으나 행사 준비 때문에 구조 조치가 즉시 이루어지지 않아 모두가 사망했다는 사실을 증언한 박노규는, 대통령이 그 세 사람의 죽음에 대해 공식적으로 사과한다면 테러 행위를 멈추고 자수하겠다고 약속한다.

윤영화가 "대통령의 사과"라는 요구를 비현실적인 것으로 치부하자, 이에 분개한 박노규는 다른 스튜디오에 있던 여성 앵커 앞의 마이크를 폭파시킨 후 윤영화의 귀에 끼워 있는 인이어에도 폭탄을 장치해 두었다고 경고한다. 스튜디오에서 나가거나 허튼 짓을 하면 폭탄을 터뜨리겠다는 그의 위협으로 라디오 부스 안에 갇힌 윤영화가 꼼짝달싹 못하는 동안, 연이은 마포대교 2차 폭발을 통해 다리 위 생존자들을 고립시킨 박노규는 다리가 완전히 무너져 시민들이 사망하기 전에 대통령이 공식적으로 사과해야 한다고 거듭

주장한다. 취재를 위해 현장에 갔던 윤영화의 전 아내 이지수 기자(김소진 분)가 다리 위에서 고립된 데다 끊어진 다리 상판에 걸려 있던 자동차가 추락하며 사망자까지 발생하자, 윤영화는 대통령이 스튜디오로 나와 사과할 것을 절박하게 요청한다. 하지만 정부에서는 분위기 파악을 전혀 못하는 경찰청장을 대신 보내거나 테러대책 위원회를 파견하는 조치에 그치며 박노규의 요구에 응하려는 노력을 전혀 보이지 않고, 각자의 이기적 목적을 위해 자신을 이용하는 차 국장과 테러대책팀장 박정민(전혜진 분) 사이에 놓인 윤영화는 어떻게든 살아남기 위해 발버둥치게 된다.

사실 이 영화를 보고 있으면 몇 개의 다른 작품들을 함께 떠올리게 되는데, 일정 조건을 맞추지 않으면 폭탄이 터지고 만다는 긴박한 설정의 1994년 작 [스피드]와 생중계되는 라이브 방송에서 테러가 벌어진다는 내용의 2016년 작 [머니 몬스터] 등을 그 예로 들 수 있다. 하지만 대다수 할리우드 영화들이 반정부적 정치 감정이나 은밀한 제도적 음모론, 또는 개인의 억울함이나 경제적 곤란 등을 테러의 동기로 삼는 것과 달리, 이 작품은 한국 사회에 '대놓고' 만연한 부패와 불평등을 동기로 사용한다는 데에서 가장 큰 차이점을 보인다. 테러라는 소재가 한국으로 온 후 현지화된 결과라고도 할 수 있겠다. 98분여 가량의 러닝타임 내내 라디오 부스라는 한정된 공간을 거의 벗어나지 않는 연극적 요소를 내재함에도, 관객의 몰입도를 흩트리지 않은 채 긴장 상태를 끊임없이 고조시킨다는 점에서 굉장한 힘을 가진 작품이라는 생각도 든다.

그런 관점에서 영화를 다시 보는 동안 두 가지 생각을 하게 되었는데, 그 중 하나는 이 작품이 '진짜 나쁜 놈'을 다룸으로써 관객들이 상대적으로 '덜 나쁜 놈'에게 이입하고 공감하게 만든다는 사실이다. 영화의 주인공인 윤영화는 오랜 기간 SNC의 간판 앵커를 맡았을 만큼 신뢰성 있는 언론인의 상징으로 자리매김해 왔지만, 영화가 진행되며 전처인 이지수 기자의 특종을 가로챈 일과 정부로부터 수년간 뇌물을 받은 것 등의 어두운 이면이 드러난다. 애초 이 사건을 곧장 신고하기는커녕 라디오 제작진의 뒤통수를 치면서까지 특종을 터뜨려 잘 나가던 앵커로서의 예전 위치로 복귀할 궁리를 하는 것만 봐도 그가 얼마나 이기적인 사람인지는 충분히 짐작된다. 자신의 억울함을 밝히기 위해 대중들이 "모두 믿는" 신뢰도 높은 사람이 필요했다는 박노규(사실은 그의 아들 박신우)는 윤영화의 비리가 알려지자 그래서 더욱 실망하며 분노한다.

하지만 객관적 기준에서 나쁜 놈인 윤영화는 영화 속 다른 나쁜 놈들에 비하면 명함도 못 내미는 수준이다. 영화 초반에는 윤영화의 속보 방송 강행을 도울 뿐 아니라 테러범이 요구한 돈까지 곧바로 송금해 줄 정도로 윤영화의 조력자로 보였던 보도국장은, 사실상 시청률 대박을 터뜨려 본부장으로 승진하고 국회로도 진출하려는 본인의 개인적 목표를 위해 쉬지 않고 움직였을 뿐이다. 그런 그는 윤영화가 박노규를 자극해 마포대교 위 인질들을 모두 죽게 만들어야 정부가 박노규를 잡을 확실한 명분이 생기고 자신들의 방송도 더 성공할 수 있다는 반인륜적 의견을 태연하게 제시하고, 그 말에 경악해 자신의 지시를 따르지 않는 윤영화의 비리 사실을 경쟁 방송사에 직접 흘리며 그를 궁지에 몰아넣기까지 한다.

이와 마찬가지로, 테러범에게 대응하는 방식을 조언하거나 박노규의 위치를 추적 중이라며 윤영화를 안심시키는 경찰청 대테러팀장 박정민 역시 테러범을 잡겠다는 자신의 목표를 위해 그를 이용하기만 할 뿐이다. 대통령이 공식 사과를 위해 옆 스튜디오에서 대기하고 있다는 거짓말을 반복하면서 윤영화를 시간 끌기의 도구로 사용하던 그녀는, 마지막엔 윤영화가 정부에 대해 부정적인 말을 흘리지 못하도록 그를 사살하라는 명령까지 내린다. 과거 그에게 뇌물을 준 일이 있는 청와대 비서실장 또한 테러에 대한 국민들의 공분을 잠재우기 위해 윤영화를 뇌물 수수 혐의로 검찰에 소환해 희생양으로 삼으려는 간계를 드러낸다.

이런 인물들과 비교하면 그래도 윤영화는 인질들의 안전을 염려하며 대통령의 사과로 사태 악화를 막으려는, 인간적 양심과 상식은 남아 있는 사람인 셈이다. 아버지 박노규의 억울함을 풀고자 했던 박신우 역시 마포대교를 폭파할 당시 직접적 인명 피해는 의도적으로 삼갔으며 궁극적인 목적도 대통령의 사과뿐이었다는 점에서, 비록 테러범이지만 앞서 소개한 인물들보다는 훨씬 인도적인 - 어떤 면에서는 순수하기까지 한 - 모습을 보여 준다고 할 수 있다(물론 테러 행위를 옹호하거나 정당화하려는 뜻으로 하는 말은 결코 아니다).

그러니까 이 영화의 비극은 '진짜 나쁜 놈들' 때문에 '덜 나쁜 놈들', 다시 말해 상대적으로 잘못과 책임이 적은 사람들끼리 서로 싸우고 상처 입히며 결국 침몰하는 데에서 비롯된다고 볼 수 있다. 부패한 윤영화가 박신우의 눈엔 악인처럼 보이겠으나 실상은 그도 거대한 타락과 비리의 '졸'일 뿐 역시 꼬리 자르기로 쉽게 내쳐질 수 있는 별 볼 일 없는 인물에 불과하다. 마포대교 테러 사건으로 윤영화의 삶은 진창으로 처박히고 박신우의 삶 또한 산산조각 나지만, 이 모든 상황의 시작인 정부의 실책과 구조적 불평등에 관해서는 그 어떤 책임 규명도 이루어지지 않는다. 수많은 범죄 사례, 특히 권력과 기득권의 이해관계에 관련된 범죄 사건들에서 상대적으로 힘이 약해 쉽게 버려지고 교체될 수 있는 '아랫사람'들이 실제 책임자인 '윗사람' 대신 처벌을 받는 현실과도 맞닿아 있는 전개이다. "원수 갚는 일이 하나님께 있으니 복수를 그분께 맡기라"는 말씀 또한 이런 맥락에서 이해할 수 있지 않을까 싶다. 우리가 경험하는 온갖 악과 부정은 그것을 행하는 한 사람 혹은 한 집단의 책임보다 훨씬 복잡하고 뿌리 깊은 문제일 수 있으며, 그 '악'에 따른 책임과 배상, 회복을 이루어 가는 것은 인간적 노력의 범주를 벗어난 일일지도 모른다는 측면에서 말이다.

영화를 보며 들었던 또 다른 생각은 마포대교라는 다리의 폭발이 우리 사회의 소통과 공감, 교감의 단절을 상징하는 듯 느껴진다는 것이다. 인터넷과 소셜미디어의 발달로 그 어느 때보다 빠르고 방대하게 정보가 유통되고 있음에도, 이것이 '통신'의 시대를 의미하는 데 그칠 뿐 진정한 '소통'은 오히려 감소하는 것이 아닌지 우려스러울 때가 많다. 영화 속 테러범이 파괴의 대상으로 가장 먼저 선택한 것이 다리라는 설정에 의미를 두게 되는 이유도 "다리를 놓는다"는 표현이 사람들 사이의 '연결'을 뜻할 만큼 다리의 이미지는 상호작용(interaction)과 긴밀히 연관되는 개념이기 때문이다. 사실상 다리는 떨어져 있는 두 개의 공간을 서로 이어 주는 장비로서, 사람이나 물건들이 "오고 갈 수 있게" 돕는 일이 그 존재의 목적인 것이다. 몇 년 전, 미국 대통령이 이민자와 사회적 약자에 대한 반감과 배타심을 부채질하며 단절과 추방, 편 가르기의 방편인 "벽을 쌓자"(Build the wall)는 슬로건을 내세웠을 때, 그에 반대하며 나온 구호가 "벽이 아닌 다리를 세우자"(Build bridges, not walls)였음도 그런 이유에서이다.

그렇기에 다리를 폭파한 테러범의 행위가 표면상 소통과 공감의 거부를 뜻하는 행동처럼 보일 수 있지만, 슬프게도 박신우가 이런 극단적 상황을 만들어 가면서까지 간절히 원했던 것은 "진정한 소통과 교감"이었을지 모른다. 테러를 통한 그의 궁극적 목표는 오직 대통령의 사과, 바꿔 말하면 자기가 겪은 아픔과 슬픔에 대한 책임자의 응답과 진심 어린 공감뿐이었으니까. 정의와 평등 같은 기본적 가치를 요구하다 지친 약자들이 이런 극단적 방법을 선택할 때 그들이 더 이상의 소통을 거부한 듯 보일 수 있지만, 실제로는 더욱더 절박하게 자신들의 고통이 누군가에게 '들리게 되길' 바라는, 즉 진정한 소통과 교감을 향한 처절한 갈구임을 깨달을 필요가 있다.

우리 사회의 다리를 본질적으로 끊으며 소통과 교감을 단절시키는 사람들이 과연 누구일까에 대해 생각해 보게 된다. 영화 속 수많은 나쁜 놈들을 보며 "burn bridges"라는 영어 표현이 자주 떠올랐는데, 이 말이 "절연하다" 혹은 "회복할 수 없을 만큼 관계를 단절시키다"라고 의역되는 의미를 갖고 있기 때문일 것이다. 말하자면 원래의 관계나 상황으로 다시는 돌아갈 수 없게 만드는 행동을 "다리를 태우는" 일에 비유한 셈인데, 영화 초반 윤영화가 라디오 방송 PD를 배신하는 장면과 차 국장이 윤영화의 비밀을 타 방송국에 넘기는 모습, 박 팀장이 그에게 거짓말을 하는 대목 등에서 저들이야말로 "다리를 불태우고 있는 것" 아닌가 라는 생각을 하게 된다. 마포대교를 폭파한 것은 테러범이었을지라도, 실제적으로 소통과 교감을 거부하고 동등한 위치에서의 대화와 설득을 차단함으로써 상징적 다리를 없애 버린 자들은 따로 있을지 모른다.

결국 파국으로 치닫는 영화의 마지막에 이르러 복잡한 생각들이 오고 간다. 모든 것이 잘 해결되고 '진짜 나쁜 놈'들이 벌을 받는 해피엔딩은 영화에서도 현실에서도 어려운 일일지 모르지만, 최소한 서로의 말에 귀 기울이면서 이해와 공감을 주고받는 다리를 부수고 태우는 일만은 하지 않았으면 하는 바람이다. 영화 속에서조차 마지막의 마지막에야 이루어지는 소통과 공감이 손쉽게 팽개쳐지고 이용당할 뿐 아니라 힘 없는 '덜 나쁜 놈'들 사이에서나 이루어지게 된다는 사실이 안타깝기만 하다. 고통과 억울함 가운데에도 엉뚱한 곳에 분노를 쏟아붓는 대신 벽이 아닌 다리를 세우려는 노력이 계속될 수 있기를 바란다. 수천, 수만 개의 다리가 서로와 서로를 연결한다면 언젠가는 비로소 '위'와 '아래'라는 개념이 사라지는 날도 올 수 있지 않을까.

23

인디애나 존스 (Raiders of the Lost Ark)

찾지 못할 뿐 잃어버린 것은 아닌 언약궤

딸 J의 시선

"인디아나 존스: 레이더스"는 안 본 사람은 있어도 한 번만 본 사람은 없(으리라 생각되)는 작품이다. 심지어 영화 자체를 본 적이 없는 사람이라도 그 유명한 주제곡은 어디에서든 한 번쯤 들어 봤으리라 생각한다. 들으면 저절로 신이 나는 명곡이기도 하다(혼자 뭔가를 찾을 때마다 흥얼거리게 된다).

해리슨 포드가 연기하는 고고학 박사이자 모험가 "인디아나 존스"의 캐릭터가 처음으로 소개된 것이 바로 이 작품을 통해서다. 세계 2차 대전이 시작되기 직전인 1930년대를 배경으로 하는 영화 안에서 고고학 교수 "인디"는 강단보다 현장을 더 선호하는, 고대 유물들을 '연구'하는 일에 그치지 않고 온갖 위험을 무릅쓴 채 그것들을 직접 '찾아'다니는 인물로 나온다. 찾아낸 유물을 악당들에게 빼앗기고 돌아와 다시 강의에 몰두하고 있던 어느 날 미국 정보국 인사들이 자문을 구하기 위해 은밀한 정보를 가지고 그를 찾아오는데, 그것은 바로 독일 나치군이 구약성경에 등장하는 언약궤, 즉 호렙산에서 모세가 가지고 내려왔던 십계명의 석판이 보관된 성궤를 찾고 있다는 사실이다.

영화 속 전설에 따르면, 기원전 980년 경 예루살렘을 침략한 이집트의 왕이 타니스라는 지역으로 언약궤를 옮겨 "영혼의 우물"로 불리는 비밀의 방에 보관하던 중 엄청난 모래 폭풍에 휘말린 타니스가 흙으로 뒤덮인 것으로 전해진다. 전 세계에 분포된 여러 종교적 문화유산들을 찾고 있는 독일 나치군 소속 고고학자들이 타니스의 위치는 알아냈으나 "영혼의 우물"이라는 방을 찾기 위해서는 이집트 태양신 "라"의 지팡이 머리 쪽 장식이 필요하다는 것이다.

나치군보다 먼저 언약궤를 찾으려는 미 정부의 지원을 받게 된 인디는 언약궤의 행방을 연구했던 그의 전 스승 레이븐우드 박사를 찾아 네팔로 향하고, 그곳에서 레이븐우드의 딸이자 전 연인인 마리온(카렌 알렌 분)과 재회한다. 그와의 관계에서 큰 상처를 입은 듯한 마리온은 - 정확한 내막은 설명되지 않지만 마리온이 '치를 떠는' 것만 봐도 상당히 안 좋게 헤어졌으리라 짐작된다 - 인디를 냉대하며 밀어내려 하지만, 그를 쫓아온 나치군과 난투극을 벌이는 동안 얼떨결에 서로 협조 관계가 된다. 사망한 레이븐우드 박사가 남긴 태양신 지팡이 장식을 가지고 이집트 카이로의 독일군 발굴 현장에 도착한 인디와 마리온은 나치 부역자이자 인디의 라이벌 고고학자인 벨로크(폴 프리만 분)와 맞닥뜨린다.

나치군을 물리치고 언약궤를 찾으려는 그들의 모험은 통쾌한 액션 활극 그 자체이다. 감독인 스티븐 스필버그가 제작자로서의 장점을 모조리 털어 넣은 느낌이랄까? 시원시원한 액션 신과 흥미로우면서도 이해하기 쉬운 스토리, 그에 더한 적절한 유머 감각 등, 흥행성이 무엇인지를 가장 잘 이해하는 감독들 중 하나로 인정받는 스필버그 특유의 crowd pleaser(관객을 즐겁게 하는 작품)라고 말할 수 있겠다. 실제로도 영화가 얼마나 성공적이었던지 이후 2, 3편이 1985년과 1989년에 각각 제작되었으며, 2008년과 2023년엔 노년(!)의 "인디"를 보여주는 4, 5편이 개봉되기도 했다. 개인적으로 3편인 "인디아나 존스: 최후의 성전"(Indiana Jones and the Last Crusade) 외의 속편들은 그닥 취향이 아니었던지라 시리즈의 모든 영화들이 다 재미있다고 말하기는 어렵지만, "인디아나 존스"라는 캐릭터 자체에 대한 애정은 여전히 깊다.

그도 그럴 것이 해리슨 포드가 연기하는 인디아나 존스는 사랑하지 않을 수 없는 캐릭터다. 가죽 자켓 차림에 특유의 모자를 쓴 채 채찍을 휘두르는 것을 보고 있자면 세상에 저런 고고학자가 어디 있을까 싶다가도, 역사적 가치를 지닌 귀한 유물들을 찾아내고 지키기 위해 너덜너덜해진 꼴로 집요하게 목표물을 향해 달려드는 모습에선 그의 순수한 학구적 열정을 저절로 인정하게 된다(물론 다른 문화권의 유물들을 발굴하고도 미국의 박물관으로 가져가려는 그의 행동은 "문화 제국주의"의 정점을 보여 주지만, 1980년대 초에 제작된, 심지어 1930-40년대를 배경으로 하는 영화임을 고려해 이 부분은 그냥 넘어가도록 하겠다).

다만 이 영화 속에서 인디가 찾고자 하는 유물이 구약의 언약궤라는 점에서는 그의 순수한 '학문적 열정'도 씁쓸하게 다가오는 측면이 있다. 영화의 초반부터 중후반까지 인디는 언약궤를 단순한 역사적 유물, 혹은 기껏해야 어떤 오컬트적 힘을 가진 성물 정도로만 여기는 듯한 태도를 보인다. 자문을 구하기 위해 찾아온 정보국 요원들에게 언약궤에 얽힌 배경을 전설 취급하면서 설명하고, 언약궤를 찾으러 가는 그의 안전을 걱정하는 동료에게 자신은 그런 미신을 믿지 않는다는 투로 코웃음 치기도 한다.

영화 자체에서도 언약궤가 어떤 "기이한 힘을 가진 물건" 이상으로는 표현되지 않는다. 나치군은 이스라엘 백성이 언약궤를 앞세웠을 때 엄청난 승리를 거두었다는 성경 속 기록을 근거로 언약궤를 전쟁 무기쯤으로 이용하려 들고, 비슷한 기조에서 언약궤는 근처에 있는 동물들을 고통스럽게 만드는 이상한 소음을 내보내거나 궤가 보관된 상자에 찍힌 나치군의 표식을 까맣게 태워 버리는 등의 '신비로운' 모습을 보인다. 하지만 그 원동력이나 이유 같은 것은 단 한 번도 설명되지 않고, 구약의 언약궤라는 설정 외에 하나님에 관한 이야기는 전무하다고 할 정도이다.

이 글을 위해 영화를 다시 감상하며 문득 "레이더스" 속 언약궤가 기복신앙으로 변질되곤 하는 우리의 믿음을 대변할지 모른다는 생각을 하게 되었다. 작품 내내 그 누구도 언약궤가 가진 힘의 진정한 원천, 다시 말해 '하나님'에 대해서는 별다른 관심이 없다. 물론 나치들의 앞잡이 노릇을 하는 고고학자 벨로크가 언약궤는 "신에게 말을 걸 수 있는 무전기" 같은 물건이라며 흥분하긴 하지만, 여기에서 벨로크가 관심을 가지는 신과의 대화조차 어떤 신적 능력이나 지식을 얻게 될지 모르는 요행을 뜻할 뿐, 진심으로 하나님과 개인적인 문답을 나누고자 하는 소망을 말하는 것은 아니다. 솔직히 하나님과 직통하는 무전기가 왜 굳이 필요한가? 하나님께선 이미 구약과 신약성경을 통해 우리가 그분과 '직접 대화'하는 관계가 될 수 있는 방법을 가르쳐 주셨는데 말이다.

벨로크와 나치군들은 언약궤를 '이해'하려 들지 않는다. 그저 어떤 신령한 힘이 깃든, 소유하는 이에게 그 힘이 전이되는 도구 정도로만 여긴다. 우리의 신앙이 기복신앙으로 변질되는 이유도 하나님을 '이해'하는 대신 '이용'만 하려 들기 때문일지 모른다. 하나님께서 전쟁에 나서는 이스라엘 백성들에게 언약궤를 앞세우라 명하신 이유, 또 블레셋 사람들과 이스라엘 사람들이 언약궤를 함부로 만졌다가 벌을 받게 된 근본적 원인 등은 전혀 이해하지 못한 채 언약궤를 앞세움으로써 나타난 현상 혹은 결과에만 집중하는 것이다.

게다가 하나님에 대한, 말씀에 대한 이해가 없다 보니 그것이 담긴 궤를 다루는 방식과 목적 또한 본질적으로 잘못된 것일 수밖에 없다. 따지고 보면 언약궤를 자신들의 전쟁 무기로 쓰려는 나치의 계획처럼 아이러니한 것이 또 있을까 싶다. 이스라엘 백성에게 사랑과 보호를 베풀기 위해 선물하신 하나님의 언약궤를 다른 나라, 특히 유태인들을 짓밟는 데 사용하려 하고 있으니 말이다. 하나님의 능력에 대한 본질적 이해 없이 원하는 것을 얻기 위해 부적 쓰듯 이용하려는 태도와도, 사랑이신 하나님의 말씀을 차별과 증오를 정당화하기 위해 자기 편의대로 인용하는 행위와도 닮은 듯하다.

그래서 영화의 후반부, 나치군과 벨로크가 기어이 열어 본 언약궤에 십계명이 적힌 석판 대신 모래만 가득했던 것을 어떤 '시적 정의'로 느끼게 된다. 그들이 실제로 쫓은 것은 하나님의 말씀이 아니라 손아귀에서 빠져나가는 모래 같은 허상이었음을 암시하는 장면으로 해석하게 된다는 것이다. 열린 언약궤에서 정체불명의 존재들이(유령같이 보이기도 하지만 사실 감독도 어떤 구체적 존재를 염두에 둔 것 같지는 않다) 뛰쳐나와 악인들을 처단한 후, 그에 대해 연구하겠다는 인디의 제안이 묵살된 채 성궤가 미국 정부에 의해 특급기밀로 분류되어 비밀 군사기지에 봉인되는 마지막 장면도 오래 기억에 남는다. 아니, 아무리 미국이라지만 저래도 되나? 싶은 생각도 들고... 하지만 한편으론 기독교인이라 주장하는 우리 역시 하나님의 본질을 이해하려는 노력 대신 그분의 사랑과 은혜의 '현상'에 불과한 부차적인 것들(물질적 풍요, 명예, 성공 등)에만 집중하느라 하나님의 말씀을 그처럼 아주 깊고 어둑한 곳에 대충 꾸겨 놓는 게 아닐까 되돌아보게도 된다.

그런 측면에선 이 영화의 원제목이 "Raiders of the Lost Ark"라는 사실도 조금 뜨끔하다. "Raiders"라는 단어의 뉘앙스와 함축된 의미를 생각하면 잃어버린 성궤의 "약탈자들", "침입자들", 혹은 "도굴꾼들"로 직역될 수 있는 말이기 때문이다. 하나님의 말씀을 쫓는 우리의 의도가 항상 순수하지는 못할지라도 말씀의 '약탈자'로 불릴 일만은 없기를 소망해 본다.

"잃어버린 성궤의 추적자들"이라는 원제를 갖고 있지만 한국에서는 "레이더스"라는 제목으로 개봉되었던 이 영화는, "스타워즈" 시리즈로 유명한 조지 루카스가 각본을 쓰고 창의성과 흥행성 모두에서 전 세계적으로 인정받는 스티븐 스필버그가 연출을 맡았던 1981년 작품입니다. 처음에는 "007 시리즈보다 재미있는 영화를 만들자"는 데에 의기투합한 두 사람이 단순히 재미있는 B급 오락물을 생각하며 기획했다고 하는데, 흥행성에서 상당한 성공을 거둔 것은 물론 다음 해 아카데미 시상식의 5개 부문에서 수상했을 만큼 예술성까지 '뜻하지 않게' 공인되면서 주인공인 "인디애나 존스"의 이름을 제목에 내세운 후속작이 시리즈로 제작되는 결과를 낳았지요. 자연스럽게 시리즈의 1편이 된 이 영화 역시 이후 제목을 "인디애나 존스와 잃어버린 성궤의 추적자들"로 길게 바꾸었다는 에피소드도 있습니다.

의외로 꽤 먼 과거인 1936년을 시대 배경으로 하는 이 영화에서, 남아메리카 열대 우림 속 고대 사원의 신전에 숨겨진 황금 여신상을 갖은 고생 끝에 찾아낸 인디애나 존스를 보여 주며 시작되는 첫 장면은, 그 귀한 유물을 프랑스 고고학자 "벨로크"(돈 때문에 악인들과 손을 잡은)에게 허무하게 빼앗긴 뒤 자신이 재직하는 미국의 대학으로 돌아와 강의에 복귀한 그의 모습으로 이어집니다. 그런 그에게 정보국 요원들이 찾아와 베를린으로 무선 송출된 암호의 해독을 의뢰하는데, 내용 분석 과정에서 잃어버린 성궤를 추적 중인 독일 정부가 이집트의 수도 카이로에 발굴 기지를 두고 있다는 사실을 알게 된 존스는 성궤 연구의 권위자인 자신의 옛 스승 "에브너 레이븐우드" 박사를 만나기 위해 그가 있는 네팔로 서둘러 떠납니다.

여기에서 말하는 "잃어버린 성궤"란 기독교인들이 잘 아는, 모세가 하나님으로부터 받은 십계명 돌판을 보관한 "언약궤"로, 가나안에 정착했던 유대인들이 예루살렘의 솔로몬 성전에 보관하다 언제인지 모르게 흔적도 없이 사라졌다고 알려진 바로 그 성궤입니다. 이에 관한 여러 가설들 중에는 예루살렘을 침략했던 이집트 왕 시삭이 자기 나라로 궤를 가져가 "영혼의 우물"이라는 비밀의 방에 감춰 두었다가 하나님께서 내리신 진노로 모래 폭풍에 매몰되었다는 주장이 있는데, 영화는 이 가설을 사실로 설정해 이야기를 풀어 가고 있는 것이지요. 나치 독일이 그 궤를 찾기 위해 혈안이 된 이유는 성궤를 손에 넣으면 자신들의 군대가 무적의 힘을 얻을 수 있다고 믿기 때문이고, 성궤를 찾기 위해서는 태양신 지팡이(the Staff of Ra) 윗부분에 부착되어야 할 메달(레이븐우드 박사가 갖고 있는)이 필요하다는 것입니다.

네팔에서 만난 존스와 레이븐우드의 딸 "마리온"이 카이로로 날아가 성궤를 손에 넣기까지의 파란만장한 여정을 그린 영화의 전개와 결말 중 가장 인상적이라고 할 수 있는 대목은, 성궤의 뚜껑이 열릴 때 눈을 감고 있던 존스와 마리온 두 사람만 살아남고 그 외 모든 사람들은 저주를 받아 목숨을 잃게 되는 장면입니다. 독사로 가득한 "영혼의 우물"에 들어갔던 존스가 힘겹게 끌어올린 성궤를 탐욕에 '눈이 멀어' 나치와 손잡은 벨로크가 다시 빼앗아 가지만, 그와 나치 일당이 성궤 뚜껑을 여는 순간 눈을 뜨고 보던 그들 모두가 죽음을 맞는 반면 애써 눈을 감은 존스와 마리온은 무사히 살아남는다는 설정을 바탕으로 한 장면인 것이지요.

영화 제목은 물론이거니와 전체 내용에서 주목하는 대상이 하나님의 언약궤인 만큼 관객의 입장에서는 영화를 보는 내내 그 대상의 '형태'와 '기능'에 대한 상상과 추측을 계속할 수밖에 없게 되는데, 영화가 개봉된 1981년 당시 하나님도 성경도 전혀 알지 못했던 제가 그 성궤라는 것을 보물 상자 비슷한 무언가로 머릿속에 그리면서 영화를 봤던 기억이 지금까지 생생합니다. 우상숭배와 토테미즘적 사고 체계가 깊이 배인 한국 문화를 장착했던 저의 입장에서는 뭔가 '영험한' 힘이 있는 물체인가 보다 정도의 짐작밖에 할 수 없었던 것이 사실이기에 지금 생각하면 부끄럽기도 한심하기도 하지만, 다른 한편으로 돌아보면 그런 경험들 '덕분에' 기독교인 아닌 수많은 관객들이 지금도 여전히 가지고 있을, 편견과 착각으로 가득한 하나님에 대한 오해, 편협하고 왜곡된 기독교에 관한 오인 등에 대처할 나름의 방법을 터득할 수 있지 않았을까 싶기도 합니다.

이 영화가 언약궤를 묘사하는 이미지도 하나님을 모르던 당시의 제가 상상하던 성궤의 그것과 크게 다르지 않습니다. 할리우드 대규모 제작사들 상당수가 유대 자본에 의해 움직인다는 사실뿐 아니라 유대인인 스필버그와 루카스가 가진 '종교적' 인식 때문에도 생겨난 현상일 것이라 추측하게 되는데, 구약성경만을 알고 믿을 그들이 언약궤를 마치 요술 램프 같은 물건으로 상정하고 있을지 모른다는 의심도 해 볼 만합니다. 이는 하나님의 법궤가 자신들의 진영에 들어오자 전쟁에 이미 승리라도 한 듯 함성을 지르던 이스라엘인들(삼상 4:5-6)이나, 오벧에돔의 집에 보관된 언약궤 때문에 하나님께서 그 가정을 축복하신다는 생각으로 질투의 염을 품은 채 궤를 옮겨 왔을 다윗(삼하 6:11-12; 대상 13:14; 15:25)의 경우에 비유될 수 있는 일일 것입니다.

하지만 궤를 보고 환호했던 이스라엘 백성들, 그리고 이 영화에서의 독일 군들이 미처 깨닫지 못한 본질적 핵심은 그들의 환호 직후 곧바로 언약궤가 블레셋에 의해 탈취되었다는 사실(삼상 4:11)과, 이후 다시 이스라엘로 반환되었을 때에도 반가운 마음에 그것을 들여다본 벧세메스 사람들이 5만 명 넘게 사망했다는 사실(삼상 6:19), 그리고 아비나답의 집에 보관되다가 다윗성으로 옮겨오려던 과정에서 움직이는 궤에 손을 댄 웃사가 죽임을 당했다는 사실(삼하 6:6-7; 대상 13:7-10)입니다. 물론 이런 사실들은 하나님께서 사랑의 주님이시기는커녕 잔인하고 무자비한 여호와라는 것을 증명하기 위해 열심히 구약을 읽는 사람들이 늘상 예로 들며 인용하는 사례이고, 이 영화가 하나님의 '진노'로 궤가 자취를 감추었다는 설정을 채택한 근거이자 성궤를 열고 만진 사람들이 끔찍하게 죽는 장면을 삽입하게 된 배경이었겠지만 말이지요.

그러나 "거룩한 물품들에 그들의 몸이 닿았다가는 죽을 것이다"라는 하나님의 경고 겸 약속(민 4:15)이 이미 있었음을 생각하면, 그토록 명확한 예고를 잊거나 무시해서 화를 자초한 책임은 문제를 야기한 당사자들에게 있는 것이지 주신 약속을 신실히 이행하신 하나님을 비난할 일은 결코 아닐 것입니다. 하나님께서는 늘 약속 이행을 통해 스스로의 신실함을 증거하시는, 번복이나 철회 등의 '변심'이 불가능한(민 23:19; 삼상 15:29) 분이시기 때문이지요. 더욱이, 주님과의 인격적 친밀함이 기독교 이념의 근간인 것은 분명하더라도 하나님의 신성하심, 인간이 범접할 수 없는 성스러우심의 본질을 잊거나 경시해서는 안 될 일이기에, 위의 사례는 그런 사실에의 환기를 위해 발생한 일들일 수도 있을 것입니다. 법궤가 자신의 집에서 3개월을 머무는 동안 그 존재에 무척 익숙해졌을 웃사는 하나님의 성스러움에 무감각해졌을지도, 혹은 자신들이 누린 은혜가 스스로의 '특별한 무언가'로 인한 축복이라고 생각하며 부지불식중 교만이 싹텄을지도 모를 일이니까요.

우리가 성경에 기록된 역사를 통해 언약궤에 대해 기억해야 할 것은, 요단 강을 건널 때 백성들에 앞서 물을 가르는 기적을 주도했고(수 3:3-17) 여리고 성 정복 당시 성벽이 무너지는 기적의 현장에 동행했던(수 6:3-20) 언약궤가 어떤 경우에는(위의 사례들처럼) 두렵고 무서운 '죽음'의 자리에도 함께했었다는 사실입니다. 다시 말하면, '궤'라는 물건 자체에 어떤 영험한 힘이나 능력이 있는 것이 아니라, "증거궤"라고도 불리는 - 하나님의 말씀(십계명)이라는 증거가 적힌 "증거판"을 포함하고 있기에 - 이 언약궤가 주님의 임재를 일깨워 주는 '매개체'에 불과함을 기억해야 한다는 것이지요. 그런 만큼 언약궤라는 대상에 대한 우리의 접근 방식은 주님께서 행하신 놀라운 일들(수 3:5)을 상기시키는 기념비로 이해한 여호수아의 자세(수 4:6-7)여야 하며, 힘들고 답답한 상황이 닥쳤을 때 점을 치는 우림이나 둠밈처럼 치부한 사울의 태도(삼상 14:18)여서는 안 될 것입니다.

하나님께서 그 언약궤를 아무도 모르는 어딘가에 숨겨 두신 이유도 어쩌면 '눈에 보이는' 물체에만 집중하는 인간들에겐 그것 역시 또 하나의 우상이 될 수 있어서였을지 모르겠습니다. 주의 궤를 자신들의 눈으로 확인하고자 들여다봤던 벧세메스 사람들과 성궤 안에 무엇이 들었는지 자기 눈으로 보고 싶어 하던 벨로크 일당이 모두 심판을 받았다는 사실에서, 가시적인 것에만 의지하며 보이지 않거나 만져지지 않는 것을 신뢰하지 못하는 우리의 영적 맹안에 대한 하나님의 책망(요 9:39-42; 20:29)을 떠올리게 됩니다. 당신의 형상을 드러내지 않으신 채 오직 음성으로만 전하신 말씀이 바로 그 성궤(언약궤) 안에 보관된 증거판(신 4:12-13)이었다는 사실을 기억하면서, 그렇기에 말씀 아닌 다른 무언가에서 해답을 찾으려는 어떠한 행위도 그리스도인들에게는 우상숭배에 지나지 않음을 늘 잊지 말아야겠습니다.

24

박하사탕

'그때'로 다시 돌아갈 수 있을까

딸 J의 시선

　"평론"이라고까지 부르기는 민망하지만 어쨌든 영화에 관한 글을 쓰기 시작한 후부터 다루기에 꽤나 버겁게 다가오는 작품들이 있다. 영화의 주제나 내용 자체가 불편하고 거북해서라기보다 작품의 깊이와 넓이를 한 폭에다 담지 못하고 겉 부분만 슬쩍 건드리는 결과물이 탄생할 것이라는 부담감과 부채감 때문일 듯싶다. 이창동 감독의 1999년 작 [박하사탕]도 그런 영화들 중 하나이다. 그동안 이 작품에 대해 이야기하는 것을 어찌어찌 미뤄 오긴 했지만 결국 영원한 회피는 불가능했던 모양이다. 어차피 이렇게 된 이상 최대한 담담하고 뻔뻔하게 글을 이어 보려 한다.

[박하사탕]은 캄캄한 어둠 속에서 저 멀리 보이는 작은 빛, 그러니까 터널의 끝으로 점점 가까이 나아가는 첫 장면으로 시작된다. 영화의 주제와 서술 방식을 처음부터 시사하는 구도인 셈인데, 잘 알려져 있듯 이 작품은 이야기의 결말에서 시작 부분으로 거슬러 올라가는 역순(reverse chronological order)의 방식으로 진행된다. 1999년 봄 중년의 나이인 주인공 김영호(설경구 분)가 자기 삶을 스스로 끝맺는 첫 챕터 [야유회]에서부터 그가 갓 스무살이던 1979년 가을의 에피소드 [소풍]에 이르기까지 대략 20년의 시간이 7개의 챕터로 나뉘어 되감긴다. 다시 말하면 이 영화는 주인공 영호가 목숨을 포기하는 끝이자 '어둠'으로부터 시작해 그가 살아온 인생을 되짚으며 아직 순수하고 밝았던 시절의 '빛'으로 되돌아가는 것이다.

이처럼 영화는 결과(effect)를 먼저 보여 준 뒤 인물의 시간과 상황을 되짚어 원인(cause)을 찾아내는 전개로 흘러가는데, 어떤 면에서는 누군가의 죽음으로 시작해 살인범의 정체와 범행 동기를 쫓는 살인 사건 추리물과도 비슷한 구성이라고 볼 수 있다. 영화의 첫 챕터 [야유회]에서의 주인공 영호는 관객들에게 아직 낯선 인물로, "가리봉 봉우회"의 야유회에 나타나 불편하고 부담스런 행태로 사람들 사이를 겉돌며 기행을 거듭하다 갑자기 근처의 철로 위에까지 올라간다. 영호를 걱정한 친구 한 명이 철로 아래에서 그를 향해 소리치며 설득하려 해 보지만 그는 기차가 경적을 울리면서 자신을 향해 돌진하는데도 "나 다시 돌아갈래!"라는 유명한 대사와 함께 자신의 목숨을 포기한다. 그렇게 챕터를 마친 후 영화는 '거꾸로' 가는 기차의 이미지를 이용해 과거로 역행하는 여정에 관객들을 참여시키고, 관객들은 '관찰자'의 입장을 넘어 영호의 죽음에 관한 미스터리, 즉 그가 삶을 포기해야만 했던 이유를 함께 추적하는 '참여자'의 위치에 서게 된다.

그 과정에서 관객은 상처와 위악투성이인 영호의 삶을 지켜보고, 그가 자신의 첫사랑 순임(문소리 분)을 밀어낸 뒤 아내 홍자(김여진 분)와의 관계도 망가뜨리는 행위들을 목격한다. 염세적이고 가식적인 '미래'의 영호로부터 순수하고 순진했던 '과거'의 영호로 되돌아가는 서사는 역설적이게도 그의 궁극적 타락과 변질을 강조하며 그 여정에 참여한 관객들을 더욱 안타깝게 만들고, 챕터가 지날수록 서서히 드러나는 그의 상처와 비극에도 깊은 연민을 느끼도록 한다.

영화의 후반부(6번째 챕터)인 [면회]에 이르면 영호가 죽음을 선택하게 된 본질적 이유가 - 어떤 면에서는 그를 살해한 '주범'이 - "1980년 5월"이라는 타이틀 카드로 대변되는 시대의 잔혹과 아픔임이 밝혀진다. 신병 시절, 아무것도 모른 채 민주화항쟁 진압군으로 동원되어 광주로의 긴급 출동 명령을 받은 영호는 기차역에서 마주친 여고생을 무사히 집으로 돌려보내려다 실수로 그녀를 사살하게 된다. 움직이지 않는 아이를 껴안고 일어나라며 울부짖는 영호의 모습은 한 사람의 영혼이 부서져 내리는 순간을 마주하듯 참담하기만 하다.

이미 언급한 것처럼 이 작품의 의미와 깊이, 역사적 · 문화적 상징성 등을 이 짧은 글에서 모두 다루는 일은 사실상 불가능하다. 논문 몇 개 혹은 책 몇 권은 쉽게 나올 내용이다 보니 여기에서는 함부로 건드릴 엄두를 내지 않는 것으로 입장 정리를 하려 한다. 물론 많은 훌륭한 평론가들과 영화학자들이 이 작품에 대해 길고 자세한 해설과 분석을 이미 내놓기도 했고 말이다. 대신 이 글을 통해서는 최근에 영화를 다시 보며 가졌던 몇 가지 단상들을 나누고 싶은데, 영화의 가장 중요한 은유로 사용된 구도, 즉 '기차'가정해진 길을 '역행'한다는 설정이 가진 양면성에 관한 부분들이다.

  '역행'은 복원 혹은 회복의 의미를 가질 수 있지만, 그와 동시에 탈선과 이탈의 뜻도 포함하는 개념이다. 해서 영화는 광주에서의 비극 이후 파국으로 치닫는 영호의 삶, 그의 필연적 몰락과 파멸의 여정을 시간 순으로 따라가며 그를 비난하는 대신, 영호의 마지막을 이해하고 설명하기 위해 '어둠'에서부터 '빛'으로 거슬러 올라가는 방식을 택한다. 자신은 빛을 누릴 자격도 없다는 듯 얼굴의 일부에만 비치는 한줌의 햇빛 아래 울분으로 씩씩대는 1999년 영호의 모습에서부터, 20년의 세월을 되감아 온몸으로 햇빛을 누리며 세상 모든 것의 아름다움에 눈물짓는 1979년의 영호로 돌아가는 영화의 전개 방식은, 죽음 앞에서 처절히 절규했을 정도로 "돌아가고" 싶어하던 그의 소망을 결국 이루어 준 셈이다. 다만 망가진 현실에서 온전한 과거로 역행하는 작품의 서술은 다정스런 연민이 가득한 만큼이나 더없이 냉정한 측면도 있다.

  이런 '냉정함'은 이 영화가 영호의 "그렇게 될 수밖에 없던" 이유를 되짚는 동시에 그가 "그렇게 되지 않을 수 있었던" 변곡점들 또한 보여 준다는 사실에 기인한다. 다시 말해서 이 영화는 정해진 길로부터 점점 벗어나는 기차의 '탈선'을 쫓으며 영호의 변질과 타락을 어쩔 수 없는 결과, 불가피한 무언가로 그리는 대신, 경로에서 이탈했던 기차의 여정을 거꾸로 따라감에 의해 탈선한 삶이 점차 본래의 궤도로 되돌아오는 모습을, 지금의 타락과 어둠이 한때는 빛과 순수함이었다는 사실을 증언한다. 그런 면에서 이 영화가 영호의 삶에서 선택되지 못한 수많은 '가능성'에 가장 큰 방점을 둔 작품으로 이해되어야 옳으리라는 것이다.

이처럼 기차의 상징성은 영화 전반에서 중요하게 사용되는데, 관객들이 함께 기차를 타고 영호의 과거로 동행하도록 만들 만큼 그의 삶 안에서 기차는 중요한 의미를 지닌다. 광주에서의 우발적 살인, 즉 이후의 그가 자신과 타인에게 상처를 입히는 삶을 살도록 만든 근원적 사건이 기차 옆에서 일어난다. 기차가 결국 그의 죽음의 직접적 도구가 된다는 점에서 영호가 처음으로 '죄'를 짓는 이 장면이 그의 삶의 '끝'과 연결된다고도 볼 수 있다. 하지만 여기에서 주목할 점은 이때의 기차가 정차된 상황, 다시 말해 '움직이지 않는' 상태라는 것으로, 이는 여고생을 죽게 한 영호의 잘못이 수동적 성격을 띠고 있음을 상징하기 위한 장치라고 추측된다. 이 참극의 궁극적 책임은 사실 영호보다 그를 이런 상황으로 몰아넣은, 젊고 순진한 청년이 실수로 무고한 민간인을 사살하는 상황을 유발한 당시의 사회와 권력에 물을 수밖에 없기 때문이다. 그래서 1980년 5월 영호가 범한 죄는 사회 전체의 죄와 비극이자 모두가 연민하며 공감할 수 있는 아픔이기도 하다.

그러나 저항할 수 없는 시대와 권력의 광풍에 휩쓸린 이후, 영호는 자신이 어찌할 수 없던 수동적 비극을 넘어 적극적, 능동적으로 스스로의 삶을 망가뜨리기 시작한다. 광주에서의 사건이 있은 뒤 그의 삶에 등장하는 기차들은 모두 '움직이는' 상태로, 영호가 다른 선택을 할 수 있던 상황, 다시 말해 어둠에서 빛으로 되돌아가는 영화의 전개처럼 경로에서 이탈한 자신의 삶을 되돌려 놓을 수 있었던 상황들에 등장한다. 1984년 가을, 신참 형사로 근무하던 영호는 자신을 찾아온 순임을 매몰차게 돌려보내고, "사진 찍는 일을 하고 싶다"던 그의 옛 꿈을 기억해 사진기를 선물한 그녀에게 기차가 '떠나는' 순간 카메라를 돌려준다. 죄책감과 자기 혐오에 갇힌 채 진정한 사랑, 한때 꿈꿨던 미래와 희망을 자기 손으로 직접 거부하며 떠나보낸 것이다. 이후 영호는 자포자기한 듯 자신을 짝사랑하는 홍자의 마음을 받아들이지만, 순진한 모습으로 그를 사랑했던 홍자가 10년 후 바람을 피우게 될 정도로 그들의 결혼 생활은 행복과 거리가 멀다.

영호는 아내와 내연남을 찾아가 폭력을 가하지만 - 여기에서도 그가 진심으로 아내의 외도에 분노했다거나 상처를 받았다는 느낌은 들지 않는다 - 자신 또한 불륜 관계를 이어 가며 상대를 기만한다. 그가 내연 관계인 여성과 차에서 만나는 중, '지나가는' 기차가 자동차의 창문에 비치는 설정 또한 영호가 능동적으로 본인의 삶을, 그리고 아내와의 관계를 파괴하고 있음을 암시한다. 스스로 목숨을 버리기 며칠 전, 죽음을 앞둔 순임이 자신에게 남긴 카메라를 전해 받은 그는 카메라 안에 있던 필름을 햇빛에 노출해 변색시키며 과거의 사랑이나 순수함과의 마지막 연결점을, 삶과 희망을 선택할 수 있었던 순간을 자기 손으로 파괴하는데, 이때 영호의 뒤로 다시 기차가 '지나간다'. 결국 영호를 죽음에 이르게 한 '달리는' 기차는 광주에서부터가 아니라 영호 스스로 자신의 삶을 진창에 처박기로 결정한 순간부터 그의 마지막을 향해 운행을 시작한 셈이다.

이 영화가 보편적 개념의 '죄'를 논하는 일에 관심을 둔다고는 생각하지 않지만, 그럼에도 이 작품의 경계 안에서 죄의 모습을 찾는다면 그것은 실망과 좌절, 혐오 속에서도 희망과 아름다움을 찾으려는 분투와 노력, 인간을 인간답게 하는 자성적 고통을 포기하는 태도라고 말할 수 있을 듯하다. 운동권 학생을 고문하는 일도 서슴지 않는 악질 형사가 된 1987년의 영호가 그 학생의 일기에서 본 "삶은 아름답다"라는 구절을 오래도록 기억하고 있는 대목이 이번에 색다른 의미로 다가왔던 것도 그 때문이다. "정말 그렇게 생각하느냐"는 질문을 고문으로 만신창이가 된 학생에게 건네는 영호의 표정에서는 경로를 이탈한 채 길을 잃은 영혼의 허무함과 고단함이 그대로 묻어 나온다.

우리가 시대와 사회의 현상에 휩쓸려 실수로, 혹은 방관적으로 죄를 지으며 살아가는 것을 이 영화는 탓하지 않는다. 동시에 "돌아가고 싶은" 온전한 과거의 한 순간, 타락의 모든 책임을 떠넘길 단 하나의 '원죄'를 내세우면서 우리를 쉽게 해방시켜 주지도 않는다. 바른 길에서 벗어난 질주를 제자리로 돌려 놓을 기회는 생각보다 자주 다가오며 곁에 있는 이들에게 상처 주지 않기 위해 택할 수 있는 행로 또한 언제나 열려 있다는 사실을 상기시킴으로 말이다. 믿는 사람이 선택해야 할 여정이란 결국 "삶은 아름답다"는 구절을 억지로라도 받아들이는 과정이 아닐까 싶다. 그때에야 비로소 우리를 태운 기차는 뒤가 아닌 앞으로 나아갈 수 있을 것이다.

엄마 C의 시선

긴 설명이 필요 없을 영화 "박하사탕"은 당시 감독으로보다 소설가로 더 알려져 있던 이창동이 각본을 쓰고 본인의 데뷔작인 "초록물고기"에 이어 두 번째로 연출을 맡았던, 또한 새 천년의 시작일인 2000년 1월 1일 개봉 이후 "공동경비구역 JSA"(2000), "봄날은 간다"(2001), "올드보이"(2003), "괴물"(2006) 등과 함께 2000년대를 대표하는 한국 영화 명작으로 손꼽혀 온 작품입니다. "대종상영화제"와 "백상예술대상", "한국영화평론가협회상" 등의 국내 영화제에서 최우수작품상, 감독상, 시나리오상, 신인남자배우상/남우주연상과 같은 주요 부문의 상들을 휩쓴 것은 물론, "칸 영화제 감독주간"에 초청되고 노르웨이 "오슬로영화제"에서도 연기 부문에서 수상했을 만큼 영화의 메시지와 작품성, 연기력 등 모두에서 확고한 인정을 받은 수작이지요.

영화의 시간적 흐름이 과거부터 현재와 미래로 이어지는 보편적 구조(선형적 구조)를 택하지 않고 현재에서 시작해 조금씩 더 과거의 시간으로 거슬러 올라가는 특이한 구조(비선형적 구조)를 채택한 - 앞서 소개한 "가족의 탄생"과도 유사하게 - 이 작품은, 거꾸로 달리는 '기차'라는 매개체를 사용해 한 단계씩 과거로 돌아가는 이야기를 7개의 챕터로 나열하며 구성상의 독특함도 보여 줍니다. 시간 순서로는 마지막에 해당하는 1999년에서 출발하여 주인공의 순수하고 풋풋한 첫사랑을 보여 주는 1979년까지 거슬러 올라가며 마무리되는 영화는, 한국 현대사의 격동기와 맞물린 그의 삶을 빌어 잔인한 공권력이 한 개인의 인생을 파멸시키는 과정을 처절한 이야기로 풀어 내고 있습니다. 많은 이들이 자신의 "인생 영화"로 꼽고 평단으로부터 꾸준히 찬사를 받아 온 뛰어난 작품임에도 이러한 요인들로 인해 볼 때마다 가슴에 통증을 느끼게 되는, 다시 보기 전 충분한 마음의 준비가 필요한 영화이기도 합니다.

"야유회"라는 제목의 "챕터 1"은 영화에서는 시작 부분이지만 시간 순서상으론 모든 사건이 마무리되는 끝부분으로, 1999년 봄 "가리봉 봉우회"의 모임에 느닷없이 나타난 주인공 영호가 오랜만에 모인 그들의 유흥을 쑥대밭으로 만드는 장면들과 영호 자신의 삶이 마침표를 찍는 장면으로 이루어져 있습니다. 노래방 기계의 마이크를 빼앗아 난동 수준으로 악을 쓰며 분위기를 망치던 그가 갑자기 기찻길 선로 위에 올라서서 "나 다시 돌아갈래!"를 절규하며 스스로 목숨을 끊는 참혹한 모습을 마주할 때, 너무도 갑작스럽고 영문을 알 수 없는 상황으로 인한 당혹감과 비통함은 영호의 친구들뿐 아니라 지켜보는 관객들의 몫이 되기도 합니다.

그 일이 일어나기 사흘 전으로 시간을 거스른 "챕터 2"는 "사진기"라는 제목이 붙은 에피소드로, IMF 사태와 함께 모든 것을 잃은 마흔 살의 영호가 단 하나 남은 소유물인 자동차를 타고 어딘가로 향하면서 라디오를 통해 흘러나오는 "가리봉 봉우회" 야유회의 안내 방송을 듣는 모습이 비춰집니다. 수중에 있던 돈을 모두 털어 어렵사리 구입한 권총으로 차 안에서 자살을 시도하다 실패한 그는, 복수 대상인 듯한 누군가를 찾아가 사살하려다 역시 실패한 후 "강아지가 보고 싶다"는 핑계로 이혼한 아내의 집을 찾았다가 문전박대까지 당하지요. 주룩주룩 비가 쏟아지는 밤, 자신의 거처인 비닐하우스 앞에서 기다리고 있던 낯선 사내로부터 그가 자신의 첫사랑 "윤순임"의 남편이며 투병 중인 그녀가 마지막으로 자신을 만나고 싶어 한다는 말을 듣고 병원까지 동행한 영호는, 순임이 보관하고 있던 - 자신의 젊은 시절 추억이 담긴 - 카메라를 받아 와 중고품으로 헐값에 팔아 버리고는 그 돈으로 **빵**과 우유를 사 먹으며 오열합니다.

"삶은 아름답다"라는 제목의 "챕터 3"은 그로부터 5년 전, 35세의 영호를 조명하며 시작됩니다. 동업으로 가구점을 운영하는 그는 주식으로도 돈을 벌면서 경제적으로 여유 있는 삶을 누리는 듯 보이지만, 아내인 "양홍자"가 운전 교습 강사와 바람 피우는 현장을 급습해 상대 남성에게 폭력을 가한 직후 본인은 자기 가구점의 여직원과 버젓이 외도를 하는 충격적인 모습 또한 보여 줍니다. 그 직원과 함께 저녁 식사를 하러 고깃집에 간 영호는 과거 형사로 근무하던 당시 자신이 심문했던 남성과 식사 중 우연히 마주치는데, 처음에는 그들이 어떤 관계인지 의아할 수밖에 없던 관객들은 화장실에서 다시 만난 영호가 무심한 듯 건네는 "삶은 아름답다... 그렇죠?"라는 말에 얼굴빛이 사색으로 변하는 남성을 보며 그들 사이의 관계가 심상치 않음을 직감하게 됩니다.

위 장면과 직접적으로 연결되는, 그리고 "고백"이라는 제목으로 소개되는 "챕터 4"에서는, 민주화운동이 한창이던 1987년 봄, 아직 신혼이자 만삭의 상태임에도 그런 아내 홍자에게 아무런 사랑의 감정이 없음을 표정에 그대로 내비치는 영호가 화면에 등장합니다. 중견 형사로 근무 중인 그는 운동권 수배자의 지인을 잡아와 폭행과 물고문을 가하며 수배자의 소재지를 알아내는데 - 이때의 지인이 바로 고깃집에서 우연히 만났던 그 남성이고 청년 시기의 그가 자신의 일기장에 적어 둔 글이 "삶은 아름답다"라는 구절이었던 것이지요 - 수배자를 잡기 위해 잠복근무를 하던 영호가 카페에서 만난 여종업원에게 첫사랑 순임에 대한 그리움을 투영시키는 모습은 보는 이의 마음을 시리도록 만듭니다.

다시 3년 전인 1984년 가을로 돌아가는 "챕터 5"의 제목은 "기도"로, 아직 풋내기 형사인 영호는 심한 고문에도 입을 닫고 있는 학생에게 가해지는 폭력을 막아 보려다가 고집을 꺾지 않는 그로 인해 도리어 더 끔찍한 폭력의 가해자가 되고 맙니다. 하필 그날 영호를 찾아와 그의 단골 식당에서 마주 앉게 된 순임이, 처음 그의 손을 봤을 때 그런 손을 가진 그가 착한 사람일 거라 생각했다는 말을 대화 중 건네자 영호는 그 '손'으로 순임 앞에서 식당 주인의 딸 홍자를 보란 듯이 성추행하지요. 눈물을 떨구면서 급히 자리를 뜨던 순임이 사진을 찍고 싶다던 그의 옛말을 상기시키며 준비해 온 사진기를 건네지만, 기차를 타고 떠나는 그녀에게 사진기를 그대로 되돌려준 영호는 스스로에 대한 자괴감을 이기지 못한 채 자신을 짝사랑하는 홍자와 하룻밤을 보내는데, 그런 그의 손을 잡고 "주기도문"을 외우는 홍자의 '기도'가 무척이나 우스꽝스런 모습으로 그려집니다.

순수하던 영호의 삶이 어긋나기 시작한 시발점을 보여 주는 "챕터 6"의 시간적 배경은 1980년 5월로, "면회"라고 붙여진 제목과는 달리 전방 보병 사단 소속의 신병 영호를 만나기 위해 부대로 찾아간 순임과 계엄령 발동으로 긴급 출동하느라 그녀를 만나지 못하는 영호의 엇갈림이 안타깝게 화면을 채웁니다. 군용 트럭에 탑승해 출동하던 도중 헛걸음을 하고 혼자 산길을 걸어가는 그녀를 먼발치에서 바라봤던 영호는, 깊은 밤 도착한 광주에서 발에 총상을 입은 뒤 부대원들로부터 뒤처지게 됩니다. 혼자 귀갓길에 올랐다가 주변을 에워싼 군인들이 무서워 어둠 속에 숨어 있던 여고생을 발견하곤 빨리 집에 가라며 재촉하느라 발포한 위협 사격이 뜻하지 않게 그녀를 맞추자, 그 자리에서 사망한 여학생을 품에 안은 영호는 "일어나... 빨리 집에 가야지"라며 울먹이다 끝내 오열하고 말지요.

갑작스런 출동 명령으로 군장을 챙기던 영호가 순임이 그동안 보내 줬던, 그래서 자신의 반합에 고이 모아 두었던 박하사탕을 떨어뜨려 사방으로 흩어지게 되는 "챕터 6"의 장면과, 순임이 입원한 병원을 찾아간 영호가 오는 길에 산 박하사탕을 그녀의 침대 맡에 두고 가는 "챕터 1"의 장면은, 1979년 구로공단의 야학에서 만난 영호와 순임, 박하사탕 공장에서 일하던 시골 처녀 순임과 사진 찍기에 관심이 있다던 순수 청년 영호의 소박하고 아름다운 삶("소풍"이라는 제목의 "챕터 7"에서 그들이 꿈꾸던)이 더 이상 존재할 수 없음을 상징하고 있는 듯합니다. 영호가 시장에서 급히 사 온 지금의 박하사탕은 순임이 정성껏 싸 보냈던 예전의 박하사탕과 어떤 방법으로도 같은 것이 될 수 없다는 부인하기 어려운 사실이, 다시 회복되는 일이 불가능해진 그들의 관계와 "다시 돌아가는" 일이 불가능하게 된 그들의 삶에 대한 상징처럼 느껴진다는 것이지요.

역사의 수레바퀴 밑에서 으깨지는 개인의 삶을 소재로 한 소설이나 영화들이 적지 않지만, 한국 현대사라는 특수 상황 속에서 무참히 짓밟히고 망가져 버린 한 인간의 삶을 이토록 절절하게 그린 작품은 드물지 않을까 싶을 만큼, 주인공 김영호와 그를 둘러싼 사람들의 삶이 철저히 부숴지는 과정을 생생하게 그려 낸 이 작품의 의미와 가치에 대해서는, 지금 이 순간 한국 국민들이 맞닥뜨리고 있는 현실은 물론 미래의 대한민국을 위해서도 반드시 반추할 역사의 한 페이지로 기억되고 평가받아야 하지 않을까 생각합니다.

　문학적 수준에서나 역사적 측면에서 큰 가치를 갖는 이 작품이 기독교인인 저에게 약간의 '불편함'을 느끼게 하는 부분으로 영화의 내용 중 두 번이나 등장하는 아내 홍자의 '기도' 장면을 들 수 있겠는데, 결혼 전 짝사랑하던 영호와 동침하면서 외는 그녀의 기도와 결혼 후 가구점 직원들을 초대해 집들이하는 자리에서 뜬금없이 혼자 시작하는 기도가 모두 어색하고 희화화된 모습으로 영화 속에 그려져 있기 때문입니다. 감독 이창동은 훗날 자신의 영화 "밀양"에서도 하나님을 향해 정면으로 '선전포고'하는 주인공의 행위를 빌어 비슷한 '도발'을 시도하고 있지만, 저만의 개인적 견해임을 전제로 할 때 기독교나 하나님에 대해 전혀 관심이 없는 - 그래서 이래도 좋고 저래도 좋다는 식으로 대충 넘어가는 - 작가나 예술가들에 비하면 이런 식의 반감을 통해서나마 진지한 관심을 방증하는 경우가 훨씬 더 희망적인 쪽에 가깝지 않을까도 생각해 봅니다. 성경의 오류를 찾아내기 위해 열심히 성경을 읽다가 회심하게 된 무신론자의 이야기는 흔히 접하지만, 성경이나 하나님에 대해 호감도 반감도 없는 이들이 회심하는 경우는 확률상 드물다는 사실을 고려하더라도 말이지요. 그의 시각에 대한 논리적 비평이나 신학적 분석으로 모순점들을 지적하고 싶은 마음도 없지 않지만, '구원'의 문제란 결국 하나님께서 담당하셔야 할, 인간의 지력으로는 불가능한 경지임을 잘 알기에, 오직 주님의 손에 맡겨 두고 기도하려 합니다.

　나이가 들어 더 이상 '젊지 않은' 사람들 중에는 자신의 청춘 시기로 돌아가고 싶다고 말하는 이들이 있는가 하면, 절대 그 시절로 다시 돌아가고 싶지 않다고 손사래 치는 사람들 역시 존재하는 듯합니다. 한국 현대사에서 가장 암울한 시기 중 하나였을 1970-80년대에 10대 후반과 20대 초반의 시절을 보냈던, 그리고 청장년기까지 하나님을 알지 못하는 '암흑'의 삶을 살았던 저이기 때문인지 결코 과거의 그 시절로는 되돌아가고 싶지 않은데, 이 영화에서의 "나 다시 돌아갈래!"라는 외침의 절박함을 생각하면 돌아가고 싶은 '그때'가 존재하지 않는다는 사실, 오히려 하나님을 알고 믿고 의지하는 '지금'이 훨씬 더 행복하고 감사하다는 사실이 엄청난 축복 아닐까 하는, 이 무거운 영화에 대한 조금 가벼운 위안감으로 영화평을 마무리해야 할 것 같습니다.

25

행복을 찾아서 (The Pursuit of Happyness)

하나님이 주신 천부의 권리

딸 J의 시선

고등학교 재학 시절, 기독교 단체에서 운영하는 무료 급식소에서 꽤 오랜 기간 봉사 활동을 했던 경험이 있다. 당시 살던 곳은 그다지 부유한 지역이 아니었으며 우리 가족 또한 경제적으로 어려운 시기를 지나던 때였는데, 급식을 받으러 온 사람들 중에서 중학교 때 같은 반이던 남자아이를 마주친 적도 있었다. 그래서인지 그곳에서 내가 목격한 가난은 남의 일처럼 느껴지지 않았고, 노숙자와 빈곤층에 관련된 사회적 문제들은 십여 년이 지난 지금까지 개인적 고통과 죄책감 비슷한 무게로 남겨져 있다. 그런 이유에서 [행복을 찾아서]는 예나 지금이나 나에겐 무척 보기 힘들게 느껴지는 영화들 중 하나로, 이 글을 준비하며 오랜만에 영화를 다시 보는 동안 영상을 멈추고 숨을 돌려야 했던 순간이 몇 번 있었을 정도이다.

크리스 가드너라는 실존 인물의 삶과 그의 성공 신화를 각색한 이 영화는 주인공 "크리스" 역을 배우 윌 스미스가 맡았다는 것과 크리스의 아들 "크리스토퍼" 역을 윌 스미스의 실제 아들 제이든 스미스가 연기하게 되었다는 사실로 당시 큰 화제를 모았다. 1981년을 시대 배경으로 하는 영화는 5살짜리 아들과 아내 린다(탠디 뉴튼 분)와 함께 샌프란시스코에 사는 의료 기기 세일즈맨 크리스를 소개하며 시작되는데, 병원을 전전하면서 의사들에게 의료 기기를 판매하는 그는 바쁜 일상 중에도 아들인 크리스토퍼에게만은 좋은 아버지가 되기 위해 노력하는 사람이다. 하지만 지금까지 저축해 둔 돈 전부를 들여 구입한 기계(골밀도를 측정하는 스캐너)는 생각처럼 잘 팔리지 않고, 호텔에서 청소부로 일하고 있는 린다가 무리하며 일을 해 봐도 월세는 여전히 밀리는 형편이다. 이런 현실적 어려움에 점점 지쳐 가는 린다로 인해 부부 간의 관계는 계속 어긋나기만 한다.

그러던 어느 날 빨간 페라리를 모는 증권 중개인을 우연히 목격한 크리스는 가난과 불행을 벗어나 '행복'에 이를 수 있는 방편으로 자신도 그 직업을 꿈꾸게 된다. 남다른 재치와 열정을 가진 그이기에 관련 경험이 없는 고졸임에도 유력한 증권 회사의 인턴으로 선발되지만 기대하던 인턴십이 무보수라는 사실을 알고는 크게 실망한다. 이에 더해 결국 한계에 다다른 린다와 헤어지며 아들 크리스토퍼를 혼자 도맡게 된 그가 밀린 월세 때문에 집주인에게 쫓겨나게까지 되면서, 이어지는 내용은 홈리스 상태의 크리스가 혼자 아들을 돌보는 한편으로 어떻게든 인턴십 과정의 치열한 경쟁에서 살아남아 정직원이 되기 위해 애쓰는 발버둥 그 자체로 요약된다. 낮 동안 미친 듯이 일한 그는 밤이면 아들과 함께 노숙자 쉼터를 전전하는데, 노숙자 숙소에서 방을 얻는 날은 그나마 다행이지만 찾아갔던 숙소에 남는 침대가 없다는 말을 듣게 되면 어린 아들과 지하철 역 화장실에서 잠을 청해야 한다. 화장실 벽에 기대앉은 채 아들을 재우던 크리스가 밖에서 누군가 화장실 문을 열려는 기척에 발을 뻗어 문을 막는 모습은 이 영화를 생각하면 제일 먼저 떠오르는 가슴 아픈 장면이다.

다행히 영화는 해피엔딩으로 마무리된다. '고행'으로 표현해야 적절할 듯한 크리스의 노력들은 마침내 그를 정직원으로 만들어 주고, 한걸음에 아들에게 달려간 그는 아이를 꼭 껴안으며 행복을 만끽한다. 사실 그 마지막 장면에서 울컥하지 않기는 힘들다. 그때까지 꼼꼼히 쌓여 온 부자의 고통과 감정적 서사가 크리스의 '성공'이란 대목에서 관객들에게 엄청난 카타르시스를 선사하기 때문이다. 영화가 실제 이야기에 기반을 두고 있다는 사실도 감동을 배가하는 요인이 된다. 물론 이야기를 각색하는 과정에서 일부 내용을 바꾸거나 과장한 부분들도 있기는 하지만 뼈를 깎는 노력으로 그가 놀라운 인생 역전을 이루어 냈다는 것만은 분명한 사실이니 말이다. 현재 그는 크게 성공한 비즈니스맨이 되어 기부와 봉사, 특히 노숙자와 실업자들을 위한 구호 활동을 활발히 벌이고 있다고 한다. 영화보다 더 영화 같은 이야기라고도 할 수 있겠다.

다만 이번에 영화를 다시 감상하며 나는 크리스 가드너의 성공이 영화적 소재로서는 완벽할지 모르나 대다수의 평범한 사람들이 현실에 적용하기는 어렵겠다는 생각이 들었다. 크리스와 비슷한 상황에 처한 많은 이들 중 그처럼 혼자만의 힘과 노력으로 본인과 자신의 자녀를 가난, 결핍, 불행으로부터 건져 낼 수 있는 사람이 과연 몇이나 될까? 영화 속 크리스는 사실 보통 사람이 아니다. 변변찮아 보이는 의료 기기 세일즈맨이었을 때부터 그가 실은 굉장히 명석한 사람이라는 암시가 넘쳐나고, 인턴십 원서를 제출한 증권 회사의 파트너를 몇 번이고 무작정 찾아갈 만큼의 끈기와 적극성을 보여 주기도 한다. 결국 크리스는 그 파트너와 함께 탄 택시 안에서 루빅 큐브를 놀랄 만큼 빠른 시간 안에 맞춤으로써 그의 호감을 사고 인턴 자리도 얻어 내게 되는데, 말하자면 그는 자신의 천재성과 배포, 그러니까 '비범함'을 통해 기회를 얻게 되는 셈이다.

마찬가지로 인턴이 되고 난 후의 그의 행보도 평범함과는 거리가 멀다. 매일 오후 아들을 돌봄방에서 데려와 늦지 않게 노숙자 숙소에 도착해야 하는 크리스는 다른 인턴들처럼 늦게까지 사무실에 남아서 일을 할 수 없지만, 그것에 절망하거나 포기하는 대신 남들은 생각지도 못하는 방법으로 효율성을 높인다. 아이를 혼자 힘으로 키워야 하는 데다 매일 밤 돌아갈 안정적인 집이 없다는 현실적 어려움 속에서도 그는 노력을 멈추지 않는다(크리스가 노숙자 숙소의 어두컴컴한 방 안에서 새벽빛을 이용해 공부하는 장면은 "형설지공"의 서구식 해석이라고도 할 수 있겠다).

하지만 우리 대부분은 크리스 가드너 같은 특별한 사람이 아니다. 하루 아침에 집에서 쫓겨난 상태에서 어린아이까지 돌봐야 하는 처지가 되었을 때 이를 악물고 노력함으로 몇 년 만에 성공한 기업인이 될 수 있는 사람은 극히 드물 것이다. 크리스의 이야기가 비슷한 어려움을 겪고 있는 사람들에게 위로와 도전이 되는 것은 좋은 일이겠지만, 동시에 이런 작품들이 개인의 치열한 노력으로 성공이, 가난에서의 탈출이 얼마든지 가능하다는 식의 메시지를 생산하는 수단으로 쓰이지는 않았으면 좋겠다. 나는 가난이나 결핍, 차별 등의 사회경제적 문제의 해결을 '개인'의 책임으로 돌려서는 안 된다고 생각한다. 봉사 활동을 하고 관련 문제들에 대한 공부를 하며 내가 깨달은 점이 있다면 아직까지도 빈곤층이나 사회적 약자들의 문제를 그들 자신의 탓, 그러니까 그들의 개인적 실패와 부족함에 기인하는 것으로 여기는 인식이 지나치게 흔하다는 사실이다. 노숙자나 실업자가 게을러서, 혹은 무언가를 잘못해서 - 흔한 예로 공부를, 혹은 노력을 하지 않아서 - 그 상황에 이르게 되었다는 식의 관점을 우리 모두가 어떤 식으로든 접해 봤으리라 생각한다.

하지만 영화에서도 묘사되듯, 개인의 가난과 결핍은 사실 구조적인 문제들에 엮여 있을 가능성이 크다. 크리스는 주차 위반 스티커가 자동차 창문에 쌓일 만큼 부지런히 병원을 돌며 의료 기기 판매를 위해 노력하지만, 레이건 대통령이 TV에 나와 직접 시인할 정도의 암울한 경제 상황에서 결코 자유로울 수가 없다. 영화 내내 정부와 공권력은 크리스를 방해하는 가장 큰 걸림돌로 작용하며, '잠'을 통한 각고의 노력 끝에 증권사 인턴 프로그램 면접을 볼 수 있게 된 그를 주차 위반 벌금이 연체되었다는 이유로 구치소에 가두기까지 한다. 이때 공권력을 대표하는 경찰관은 크리스에게 돌봐야 할 어린 아들이 있다는 사실을 알고도, 또 다음날 아침 그에게 중요한 면접이 있다는 사실을 듣고도 그를 풀어 주거나 다른 합리적 도움을 제공하지 않는다. 마찬가지로, 월세를 내지 못해 살던 집에서 쫓겨난 뒤 모텔방에서 아들과 그럭저럭 나쁘지 않은 나날을 이어 가던 크리스를 벼랑 끝까지 몰아가는 것은 세금이 밀렸다는 이유로 얼마 되지 않는 통장 잔고를 압류한 미국 국세청(IRS)이다. 빈털터리 신세가 된 크리스가 아이와 함께 노숙자 숙소를 전전할 수밖에 없던 것도 바로 그 압류 조치 때문이고 말이다.

이 상황에서 크리스에게 조금이나마 한숨 돌릴 틈을 주는 것이 교회에서 운영하는 노숙자 숙소라는 것도 조금은 씁쓸한 사실로, 물론 신앙 공동체에서 이런 구호 활동을 하는 것은 당연하고 하나님의 마음에도 합하는 일이지만, 국가가 실패한(혹은 포기한) 복지의 공백을 교회 같은 개별 단체에서 메워야 하는 것이 궁극적으로 바람직한 현상이라고 보기는 어렵다. 영화의 제목이자 크리스가 여러 번 사용하는 "the pursuit of happiness"의(영화 제목에는 일부러 "happyness"라는 오자로 표기하지만) 개념을 한국에서는 "행복을 찾아서"로 의역했으나 사실은 "행복의 추구"라는 직역이 더 정확할 것이다. 미국 "독립선언서" 서문에 사용된 이 문구는, "우리는 다음과 같은 사실을 자명한 진리로 받아들인다. 즉, 모든 사람은 평등하게 창조되었고, 창조주는 그들에게 누구도 침해할 수 없는 몇 가지 권리를 부여했으며, 그 권리들 중에는 '생명'과 '자유'와 '행복의 추구'가 포함된다"라는 내용을 담고 있다.

영화 속에서 크리스는 증권 중개인이라는 직업으로 대표되는 '성공'을, 더 정확히 말하면 물질적, 사회적 안정과 여유를 '행복'이라고 전제한다. 그러니까 증권 중개인이 되기 위해, 또한 그에 따른 안정과 여유를 얻기 위해 그가 견뎌야 하는 모든 고통은 행복의 '추구', 즉 행복을 '쫓는 과정'인 셈이다. 하지만 안정과 여유 자체가 행복이 되는 것이, 또한 행복의 추구가 그토록 괴롭고 힘들어야 하는 것이 과연 적절한지에 대해서는 여전히 의문이 남는다. 기본적인 경제적 안정과 여유를 갖는 것은 '행복'이 아니라, 자유롭게 행복을 '추구'할 수 있는 위치에 다다를 최소한의 필요조건이 되어야 옳지 않을까? 물질적, 경제적 성공이 곧 행복을 뜻하지 않음을 알고 있는 신앙인들의 경우에도 이 원리는 동일하게 적용될 것이라고 본다.

가난과 결핍에 허덕이는 이웃에게 당장의 필요만 채워 주는 단기적 구호 활동을 넘어, 우리 모두가 행복을 '쫓을' 수 있을 만큼의 사회적 · 경제적 여유와 안정이 보장되는 평등 사회를 일궈 내는 것이 믿음을 가진 사람들의 소명이자 장기적 과제일지도 모르겠다. 적어도 고통받는 이웃들이 스스로 알아서, 그저 '자력으로' 일어서기만을 기다리는 일은 없으면 좋겠다. 우리 모두는 애초부터 자기 자신을 구원할 수 없었던 사람들이니 말이다.

엄마 C의 시선

"행복을 찾아서"라는 제목으로 의역된, 그러나 원제는 "행복추구권/행복을 추구할 권리"로 직역될 수 있는 이 영화는, 볼 때마다 저의 마음을 아프게 하는 몇몇 작품들 가운데 하나입니다. 제목에 포함된 "happyness"는 주인공인 크리스 가드너가 매일 아침 아들을 맡기는 탁아 시설 벽에 낙서되어 있던 "행복"(happiness)이라는 단어의 오기(誤記)를 그대로 가져와 제목으로 사용한 것인데, "행복을 찾아서"라는 제목이 장밋빛 꿈을 찾아 떠나는 아름답고 낭만적인 여정을 연상시키는 말인 반면, 영화의 원제목이 의미하는 바는 1776년 토마스 제퍼슨이 제창했던 "미국 독립선언서"에 명시된 인간의 천부권(天賦權) 가운데 하나, 즉 "행복추구권"을 일컫는 개념입니다.

실화를 바탕으로 제작되어 2006년 개봉된 이 영화는 삶의 나락까지 이르렀던 미국의 전설적 흑인 기업가 크리스 가드너의 실제 삶을 중심 내용으로 하고 있는데, 미국 ABC TV의 시사 프로그램 "20/20"에 출연했던 그의 기적 같은 이야기가 뜨거운 반향을 일으키자 "오프라 윈프리 쇼"에서도 그를 섭외해 출연시켰고 결국 할리우드의 러브콜을 받아 영화로 만들어지게 되었다고 합니다. 이 글을 위해 작품을 다시 보는 동안 앞에서 다룬 "에린 브로코비치"와의 여러 공통 요소들이 눈에 띄기도 했지만 - 실화를 바탕으로 하는 데다 '인생 역전'을 이룬 주인공들의 삶이 영화의 소재가 되었다는 점에서 - 이전 글에서의 에린이 '타인'을 그리고 '공익'을 위해 자기 개인의 삶(자녀 양육을 포함한)을 철저히 포기해야 했던 것과 달리, 이번 편의 주인공 크리스는 절망적 상황 속에서도 사랑하는 아들을 끝까지 지켜 내며 벼랑 끝까지 몰랐던 '본인'의 삶을 희망과 축복의 길로 전환시킨 인물이라는 데에 서로 간의 본질적 차이가 있는 것 아닐까 생각합니다.

"휴대용 골밀도 검사기"라는 이름도 생소한 의료 기기를 판매하는 세일 즈맨 "크리스"는 아내 "린다"와 아들 "크리스토퍼"를 부양하는 가장으로, 가진 돈을 모두 투자해 그 기계들을 사들일 때만 해도 세상을 다 가진 듯 행복하던 그였지만, 실상 그것이 가격만 비쌀 뿐 의사들도 구입을 꺼리는 별 쓸모없는 물건임을 알게 되기까지엔 그리 오랜 시간이 필요치 않았습니다. 한 달에 두 대를 팔아야 집세와 아들의 탁아 비용을 감당할 수 있는 팍팍한 현실임에도 매월 한 대의 판매조차 그리 녹록지 않은 일이었으니까요. 이렇게 세금과 공과금, 집세 등이 계속 밀리는 힘겨운 생활 때문에 늘 짜증 가득한 아내 린다의 푸념을 들으면서도 희망의 끈을 놓지 않는 크리스는, 차이나타운 안에 위치한 아들의 데이케어 건물 벽에 낙서된 욕설을 지우는 일과 누군가 틀리게 적어 둔 "happyness"라는 단어의 오자 고치는 것까지 신경을 쓸 만큼 자녀 교육에도 열성적인 아빠입니다.

도무지 나아지지 않을 듯한 경제 사정으로 고민이 깊던 즈음, 한 건물 앞에 고급차를 주차하는 사람이 주식 중개인임을 알게 된 크리스는 자신도 그가 다니는 회사에 지원하겠다는 생각으로 꿈에 부풀지만, 지원서를 구하기 위해 회사에 들어가며 건물 앞에서 버스킹 중이던 집시 여인에게 생명줄 같은 기계를 별 의심 없이 맡겼다가 그대로 도둑을 맞게 됩니다. 설상가상, 주차 위반금 미납 때문에 인터뷰 날 아침까지 구치소에 갇혀 있기도 하고, 남아 있던 의료 기기를 가까스로 다 판 후 통장에 입금해 둔 돈 전액이 밀린 세금의 환수로 정부에 차압당하는 등의 우여곡절을 겪기도 하지요. 엎친 데

덮친 격으로 그가 그렇게 동분서주하는 사이 아내 린다는 그의 곁을 떠나 버리고, 밀린 집세조차 낼 수 없게 된 그는 자신이 키우겠다며 양육을 자청한 아들 크리스토퍼와 허름한 모텔로, 결국엔 노숙자 쉼터로까지 내몰리는 처지가 됩니다.

오후 5시 전에 도착해야 간신히 잠자리를 얻을 수 있는 노숙자 쉼터에서 하룻밤을 보내거나 그마저도 안 되는 날은 아들과 밤새 지하철을 타고 돌며 잠을 청한 뒤, 매일 아침 옷과 짐을 다 챙겨 들고 출근하는 그의 모습은 보는 이의 마음까지 착잡하게 만듭니다. 모텔에서 쫓겨나 갈 곳이 없어진 날 밤, 충격과 막막함으로 지하철 의자에 넋을 놓고 앉아 있던 크리스가 문득 생각난 '아이디어'로 아들에게 그 의료 기기가 타임머신이고 자신들은 원시 시대로 돌아갔다며 공룡이 나타났으니 동굴을 찾아 피해야 한다면서 아이를 지하철 공중화장실로 데려가 바닥에 휴지를 깔고 잠을 재우는 장면은 특히 잊히지 않는 기억으로 남습니다. 이 작품과 오버랩되곤 하는 이탈리아 영화 "인생은 아름다워"의 내용 가운데 나치 수용소에 갇힌 아버지가 어린 아들을 두려움으로부터 지켜 주기 위해 그 현실이 게임 속 상황인 것처럼 이야기하던 장면을 떠올리게 하는 이 대목에서, 화장실 문을 밖에서 두들겨 대는 소리가 아이에게 들리지 않도록 아들의 귀를 막은 채 가까스로 눈물을 참는 크리스의 표정은 똑바로 응시하기도 힘들 만큼 보는 이의 마음을 아프게 합니다.

그런 상황에서도 주일에는 늘 예배에 참석해 아들을 가슴에 안고 찬양하는 크리스는, 아이 돌보기와 잠자리 확보 등을 위해 할애해야 하는 시간 때문에 주식 중개인 수습 과정인 인턴 기간 동안 남들이 9시간 동안 할 일을 6

시간 안에 마치려고 온갖 기발한 방법을 동원해 시간을 절약합니다. 그가 흑인이기에 부당한 대우를 하는 것이 분명한 직속 상사의 커피와 도넛 심부름까지 도맡아야 했던 크리스지만 뛰어난 숫자 감각과 원만한 대인 관계, 특유의 성실성을 바탕으로 20명의 지원자 가운데 1명만을 뽑는 최종 인력에 '기적적'으로 선발됩니다. 영화 끝부분에 자막으로 간략히 설명되듯 처음 입사했던 회사에서 익힌 경험을 바탕으로 1987년 자신의 투자사를 설립했던 그가 2006년에는 아들의 이름을 딴 대기업의 CEO 자리에도 올랐다고 하지요.

의료 기기는 도난당하고 가진 돈은 전혀 없는 처참한 상황에서 아내의 떠나겠다는 일방적 통보를 공중전화로 듣게 된 크리스의 머리에 불현듯 떠오른 이 "행복추구권"은, 존 로크의 "통치론"에 규정된 인간의 자연적 권리(생명권, 자유권, 재산권)를 참고한 토마스 제퍼슨이 "재산권" 대신 "행복추구권"을 미국 독립선언서에 포함시키면서 주목받게 된 천부 인권이라고 합니다. 앞선 두 가지가 그 자체로서 권리의 역할을 하는 반면 이 조항은 '추구할 수 있는' 권리라는 면에서의 차별성 때문인지, 영화에서도 크리스의 독백 가운데 "행복이란 우리가 추구만(only pursue) 할 수 있을 뿐, 실제로는 결코 가질 수 없는(never have) 것"이라는 인상적인 대사가 등장합니다.

또한 영화에서는 28세에 처음으로 친부를 만났다고만 간단히 언급되어 있는 것에 비해, 실제 삶에서의 크리스는 미혼모의 아들로 태어났고 양부의 폭력을 피하려 집에 불을 지른 어머니가 감옥에 간 후 위탁 가정에 맡겨져 성장했다고 합니다. "사회경제적 지위"(SES)라는 개념에 의해 한마디로 대변되듯, 사회적으로 낮은 지위, 경제적으로 어려운 형편의 가정에서 태어난 자녀들은 제대로 된 교육을 받지 못해 다시 낮은 사회적 지위와 어려운 경제 상황에 놓이는 악순환의 희생자가 되고는 하지요. 그런 사실을 바탕으로 보면 크리스 가드너의 삶에 많은 사람들이 환호했던 배경에는 인간 심리의 기저에 위치한 "수퍼맨 증후군"이 한몫하지 않았을까도 추측되는데, 만화나 SF 영화에 등장하는 수퍼 히어로의 초능력에 열광하는 심리의 근간일 인간 가능성의 한계를 초월하는 '힘'과 '강함'에 대한 환상(영화 "브루스 올마이티"에서도 방증되는)이 그의 입지전적 성공 신화에 투사된 결과가 아닐까 생각해 봅니다.

하지만 모든 사람이 크리스 가드너와 같은 수퍼맨이 될 수는 없으며 또 그럴 필요도 없어야 한다고 생각합니다. 물론 실오가리 같은 확률을 뚫고 그가 그러한 기적을 이뤄 낼 수 있던 데에는 하나님을 향한 믿음과 이웃에 대한 배려, 스스로의 가치를 인정하는 자존감 등이 모여 "세 겹의 줄"이 되었기 때문이리라 짐작하지만, 그가 경험한 극적 반전은 영화의 소재로 쓰일 만큼 말 그대로 극적인(dramatic) 것이기에 쉽게 일반화시킬 수 없는 일이겠지요. 기적이 작용해야만 자신이 처한 끔찍한 현실에서 벗어날 수 있는 세상은 태초에 하나님께서 천지를 창조하며 계획하셨던 세상이 아닐 것입니다. 특정 계층만 수준 높은 교육의 혜택을 누리고 특정 국가나 지역의 사람들만 부를 과점(寡占)하며 특정 부류의 사람들만 상류 문화를 독점하는 불평등하고 부조리한 세상 말입니다. "무엇을 먹을까, 마실까, 입을까를 염려하지 말라"(마 6:25, 31; 눅 12:22, 29)는 말씀이 기본적 인권과 품위 유지를 위한 물질을 공급하시겠다는 하나님 편에서의 약속이라면, "먹을 것과 입을 것이 있으면 족한 줄 알라"(딤전 6:8)라는 권면과 "저를 가난하게도 부하게도 하지 마시고"(잠 30:8)라는 기도는 우리 편에서 갖추어야 할 마음가짐일 것입니다.

어느 쪽이든 양편의 극단은 하나님께서 계획하신, 그리고 지금도 원하시는 우리 삶의 모습이 아닐 테니까요.

　크리스 가드너의 이야기가 에린 브로코비치의 그것보다 더욱 "수퍼맨 스토리"에 가깝게 느껴지는 데에는 그들을 둘러싼 주변인들과의 관계도 영향을 미쳤을 것이라 생각합니다. 에린 역시 좋은 교육을 받지 못했고 여러 번의 이혼을 거치는 등 형편과 처지는 크게 다르지 않았음에도 자신을 믿고 지지하던 "에드"와 곁을 떠나지 않고 인내해 준 "조지"가 있었던 데 반해, 크리스의 경우 아내는 그를 끝까지 기다려 주지 않았고 가까운 친구도 그가 가장 힘들 때 오래전 빌려 갔던 푼돈조차 갚지 않은 채 외면해 버리고 말았으니까요. 우리 각자의 삶에서 BC와 AD가 나뉠 만큼의 크고 작은 기적을 경험하는 것은 하나님께서 허락하시는 은혜를 통해서만 가능한 일이고 우리의 모든 필요를 채워 주시는 하나님께서 어려운 형편에 놓인 이들의 일상을 늘 돌아보고 계신다는 믿음을 물론 갖고 있지만, 이런 저의 믿음이 그저 '순진무구한' 망상으로 끝나지 않기 위해서는 그때까지(즉, 어려움에 처한 이들이 끝끝내 희망을 버리지 않고 견뎌 내어 마침내 AD의 시점에 이르게 될 때까지) 주님의 팔과 다리의 역할을 할 주위의 돌봄과 사랑이 반드시 병행되어야만 합니다. 행복이 - 그것이 정확히 무엇이든 - 단지 "추구"만 할 수 있는 것이 아닌, 모든 인간이 실제로 "가지고" 누릴 수 있는 것이 되기 위해서는 말이지요.

26

밀정

'빛' 속에 머리를 누일 수 있기를

엄마 C의 시선

영화 "밀정"은 "황옥 경부 폭탄 사건"이라는 실화를 바탕으로, 그리고 그 사건을 배경으로 삼은 "1923 경성을 뒤흔든 사람들"이라는 소설을 원작으로 제작되어 2016년 발표된 작품입니다. 일제강점기라는 격동의 시기에 있었던 실제 사건과 실존 인물들을 소재로 하는 만큼 줄거리 또한 현실감과 박진감을 더하는 데다, '이중 간첩'이라는 소재가 주는 스릴과 긴장감, 당시의 시대 상황에 어울리는 미술과 음악 등으로 화면 전체를 우아하고 고풍스럽게 연출한 점도 이 영화의 특별한 매력이라고 할 수 있습니다. 유사한 소재와 주제를 다루고 있다는 이유로 한 해 앞서 개봉된 영화 "암살"이 이 작품과 자주 비교되기도 하는데, "암살" 역시 1932년에 실제로 일어난 "우가키 가즈시게(일본 육군 대장) 암살 작전"을 모티브로 해서 제작된 것으로 알려져 있지요.

　상당히 길고(러닝타임 2시간 20분) 복잡한 내용을 최대한 압축해 요약하자면, 애초 상해 임시정부의 통역이었으나 배신과 밀고의 공로로 조선인에게는 쉽지 않은 "경무국 경부"라는 직책에까지 오른 "이정출"(실제 인물 황옥 역)은, 부장 "히가시"의 명령으로 "의열단"과 접촉하며 단체의 리더격인 "김우진"(실제 인물 김시현 역)에게 접근했다가 의열단장 "정채산"(실제 인물 김원봉 역)으로부터 도리어 '포섭' 당하는 상황을 맞습니다. 자신도 모르는 사이 히가시의 오해를 받을 수 있는 입장에 놓인 데다 "하시모토"라는 인물(조선인임에도 일본인보다 더 악랄한 작태로 젊은 나이에 일경 고위 간부가 된)과의 충성 경쟁에서 밀릴 듯한 위기감까지 느끼던 이정출은 심한 갈등 속에서도 결국은 의열단 활동을 돕게 되고, 경성으로의 폭발물 운반 작전을 지원하던 중 하시모토와 그의 부하 두 명을 사살하는 사태에까지 휘말리게 됩니다.

　경성으로 가는 기차 안에서 조직 내 밀정이던 "조회령"(실제 인물 김재진 또는 권태일로 추정)을 색출해 처단했으나, 이후 조직원들이 하나씩 사살 또는 생포되다가 마지막엔 김우진과 이정출도 또 다른 밀정에 의해 일경에 체포됩니다. 관객들에겐 나중에야 밝혀지지만, 김우진의 부탁으로 폭탄을 대신 숨겨 두었던 이정출이 '각본'대로 자신의 무죄를 호소하고 풀려난 후 히가시와 일본 고위 간부들이 모여 있던 연회장에 그 폭탄을 터뜨려 임무를 완수하고, 자신들의 체포를 공모한 밀정("주동성"이라는 이름으로 나오는)도 찾아내 마지막 부분에 처단하지요. 연회장 폭발 장면이 허구의 설정이라고는 하지만 1920년 당시 "부산 경찰서장 폭살 사건"과 "밀양 경찰서 폭탄 투척 사건"이 실제로 일어났기에, "1923 경성을 뒤흔든 사람들"이라는 소설을 쓴 작가 김

동진이 그 사건들에서 아이디어를 빌려 온 것으로 추정된다고 합니다.

이 영화에 "이정출"이라는 이름으로 등장하는(배우 송강호가 연기한) "황옥"을 두고 마지막까지 친일파로 살았다는 의견과 독립투사로 완전히 변모했다는 의견이 학계에서 크게 갈린다고 하니, 영화의 주인공 격인 이 인물의 실제 입장이 극적 긴장과 영화적 재미에 기여하는 바는 그만큼 클 것입니다. 하지만 저 개인적으로는 이 인물의 실제 모습에 그다지 관심이 없는데, 얼마나 대단한 공로로 그렇게 높은 지위까지 올라갔던 것인지는 알 수 없으나 어떻든 마지막엔 영화의 내용처럼 자기 삶의 방향을 독립운동 쪽으로 완전히 '전환'했던 - 불안감과 위기의식으로 어쩔 수 없이 하게 된 선택일지라도 - 사람으로 믿고 싶기 때문입니다. 더불어 그의 삶도 어쩌면 엄청난 대의나 명분보다 현실과 상황에 떠밀려 지금의 위치에 이르게 된 대다수 사람들이 공유하는 토대 위에 "일제강점기"라는 특별한 시대상이 얹혀진 것뿐 아닐까 추측하게 되기 때문이기도 합니다. 생각해 보면 제가 "암살"보다 이 영화를 더 좋아하게 된 이유도 "암살"의 주인공 "염석진"이 독립운동가로 시작한 삶을 변절자로 마감했던 것에 반해, "밀정"의 주인공 "이정출"은 애초 공개적 변절자로 비난받는 입장에까지 처했었으나 결국 독립운동에 공헌한 인물로서 그 끝을 맺었기 때문일지 모르겠습니다.

이정출을 설득하기 위해 밤바다에 함께 나간 정채산은 "모든 사람들은 자신의 이름을 어디에 올려야 할지 정해야 할 때가 옵니다. 이 동지는 어느 역사 위에 이름을 올리겠습니까"라는 질문으로 그에게 도전장을 내밉니다. 마음의 중심을 잡지 못하고 흔들리던 이정출도 아마 그의 이 말에 나름의 결단을 내릴 수 있었겠지만, 오늘을 사는 우리 모두도 자신이 "마땅히 해야 할

바", "마땅히 속해야 할 곳"에 대해 결단해야 하는 순간을 언젠가는 반드시 맞게 되지요. 이 영화 속의 이정출처럼 비록 지난 삶이 실수로 얼룩진 사람이더라도 - 그리고 비록 '회심'의 동기가 순수하지만은 않았더라도 - 끝끝내 돌이켜 삶의 방향을 전환함으로써 주님의 명부 위에 이름을 올리는 결단을 할 수 있다면 좋겠습니다.

최근에 보았던 한국 영화 "헌트"를 통해서도 인간의 제도나 이념이 목숨을 걸 만한 '가치'가 되지 못한다는 사실을 재차 확인했지만, 인간이 고안해 내는 관념과 이상은 그 어떤 것도 완벽할 수 없는 데다 또 다른 모순과 갈등까지 유발한다는 점에서, 그것을 위해 자신의 모두를 바칠 만한 진정한 세상적 가치를 찾아내는 일은 사실상 불가능합니다. 오직 단 하나의 불변의 진리, 주님께서 가르쳐 주시고 눈뜨이게 해 주신 영원한 진리만이 우리가 목숨 바쳐 지킬 만한 의미 있는 목적임을, 영화를 보며 또 정채산의 대사를 곱씹으며 다시 한 번 확신할 수 있었습니다. "그것을 위해 죽을 가치가 없는 무언가라면 그것을 위해 살 가치도 없다"라는, 평소 좋아하던 문구도 문득 생각나더군요.

3. 1절이나 광복절이 다가올 즈음 다시 꺼내 보게 되는 영화들 가운데 하나가 [밀정]이다. 늘 흥미로운 도전을 시도하는 김지운 감독이 "독립운동"을 소재로 만들었다는 점, 개인적으로 무척 좋아하는 두 배우, 송강호와 공유의 예기치 않은 조합을 볼 수 있다는 점에서 개봉 전부터 큰 기대를 하게 된 작품이었다. 역시 독립운동이라는 같은 소재로 상당한 성공을 거두었던 영화 [암살]을 고동치는 맥박이 그대로 느껴지는 뜨겁고 열정적인 액션이라고 한다면 이 작품 [밀정]은 차갑고 냉철한 느와르 혹은 스파이물의 장르에 속하는 영화로 구분해 볼 수도 있을 듯하다.

[밀정]은 일제강점기인 1920년대에 발발했던 역사적 사건("황옥 경부 폭탄 사건")에 얽힌 여러 상황들을 극화한 영화다. 이 작품의 두 주인공은 조선인 출신 일본 경찰 이정출(송강호 분)과 무장 독립운동 단체 "의열단"의 실질적 리더 김우진(공유 분)으로, 완벽한 대립 구도에 있는 이 둘은 일제의 주요 시설 공격을 위해 경성으로 폭탄을 들여오려는 의열단에게 이정출이 감시의 눈길을 보내면서 아슬아슬한 인연을 시작한다. 의열단의 뒤를 캐려는 이정출과 그의 눈을 피해 작전을 성공시키려는 김우진은 상대로부터 정보를 얻고 이용하는 과정에서 서로 복잡하게 얽히게 되고, 이정출을 회유하던 의열단의 전략에 의해 그는 일본 편도 조선 편도 아닌, 김우진을 돕는 '밀정' 비슷한 위치에 서게 된다. 같은 조선인 출신 일본 경찰이지만 이정출과는 비교도 되지 않을 정도의 맹목성을 보이는 하시모토(엄태구 분)의 지휘 아래 일본 경찰들은 의열단을 턱밑까지 추격해 오고, 결국 의열단 단원들과 일본 경

찰, 그리고 김우진과 이정출은 각자의 비밀을 안은 채 폭탄이 실린 경성행 열차에서 마주하게 된다.

앞서 말했듯 나는 상당한 기대를 가지고 이 영화를 감상했었는데, 영화를 보는 동안 약간 당황스러웠던 기억이 있다. 김지운 감독을 떠올리면 생각나는 감각적 연출과 영상미가 이 영화(특히 초반부)에선 조금 지나치게 느껴졌달까? 다음 장면으로 넘어가는 트랜지션에서의 튄다고 느껴질 정도로 부각된 기법들, 영화의 세트나 인물들의 의상, 대사 등이 드러내는 세심한 조형과 의도된 연출미가 오히려 몰입을 방해한 측면도 있었다. 그런데 이번에 영화를 다시 보기 전 작품의 영어 제목인 "The Age of Shadows"(그림자의 시대)를 우연히 발견하면서 한글 원제인 [밀정]과 전혀 다른 어감의 제목이 주는 어떤 울림이 전해져 왔고, 그 영어 표현의 뉘앙스를 곱씹으며 다시 영화를 보게 되었다. 누가 밀정이고 적에게 정보를 흘리는 배신자인가 하는 스파이 영화의 기본적 관심 대신 "명암"으로 나뉠 수밖에 없던 시대상에 초점을 맞추고 감상하니 이 영화가 조금 다른 깊이로 다가오는 것을 느낄 수 있었다.

일단 영화가 굉장히 - 좀 과하다 싶을 정도로 - 스타일리스틱, 다시 말해 감각적인 것은 사실이다. 앞서 말했듯 이 영화는 자연스러운, 혹은 신선하고 기발한 촬영법을 추구하는 요즘의 트렌드와 달리 노골적으로 '연출'을 드러내는 기법들을 자주 사용한다. 또한 인물들이 위치하는 장소의 전체가 아니라 극히 일부만 비추는 장면이 대부분이다 보니 영화 내내 프레임 안에서의 공간감 역시 무척이나 타이트하다. 시원하게 터지는 소수의 액션 신 외에는 영화 안의 모든 사건과 갈등이 인물들 사이의 대사나 표정, 구도 등을 통해 전달됨으로써 영화를 보는 동안 제한된 공간 안에서 오직 연기력과 연출력만으로 관객의 몰입감을 높여야 하는 연극 무대가 떠오르는데, 이것을 등장인물들의 연출된 삶, 즉 진실을 감추고 보호하기 위해 '거짓'을 꾸며 내고 '연기'해야 하는 그들의 입장과 시대의 비극을 묘사하기 위한 방안으로 이해하게 된다.

진실과 거짓의 대비는 영화의 영어 제목에 쓰인 '그림자'의 연출을 통해 더욱 두드러진다. 이번의 재감상에서 가장 흥미롭게 다가왔던 부분은 작품 안에서 빛과 조명이 단순한 미장센이나 영상미를 위해서뿐 아니라 인물들의 심리를 나타내는 도구로도 사용되었다는 점이다. 빛은 진실을, 어둠은 거짓을 상징하는 일반적 은유 방식과 달리, 재미있게도 이 영화 안에선 등장인물들이 '빛' 속에서 거짓을 논하고 어둠 속('그림자' 안)에서만 진실된 모습을 보인다. 한 예로, 김우진과 이정출의 첫 만남 중 환하게 밝혀진 방 안에서의 그들은 속내를 감추고 '연기'를 하는데, 이미 서로의 정체를 거의 파악한 상태임에도 모르는 척 능청을 떨던 김우진이 무언가를 가져오겠다며 옆방으로 향한 후 그림자가 깔린 그 어두컴컴한 방 안에서야 - 쓰고 있던 가면을 벗은 채 - 초조하고 복잡한 표정으로 자신의 속내를 드러낸다. 비슷한 결로, 이후 김우진과 이정출은 환하게 불 밝혀진 술집에서 술을 마시고 대화를 나누며 가까워진 척 연기를 하지만, 술자리를 떠난 뒤엔 그림자 속에 숨어 - 표정을 바꾸고 상대를 탐색하면서 - 다시 진실된 모습으로 돌아간다.

서로 '간'을 보던 김우진과 이정출의 관계가 크게 변화하는 계기 또한 그림자 안에서 이루어진다. 상해에 숨어 활동하는 의열단 단장이자 이정출을 회유하자고 처음 제안했던 정채산(이병헌 분)은 어슴푸레한 새벽 빛이나 밝은 낮의 햇빛 아래에선 "동포끼리 술이나 한 잔 하자"는 핑계로 이정출을 탐색하다가, 적절한 때 자리를 비우며 기획해 둔 '무대'에서 김우진이 이정출에게 준비한 '대사'를 읊고 설득하도록 연출한다. 하지만 낚시를 구실로 함께 간 밤바다에서 모닥불의 희미한 빛만이 드리운 그림자 속의 정태산은 이정출에게 진심을 내보인다. 그는 자신이 "반드시 해야 할 일, 사람이 마땅히 해야 할 일"을 하고 있다는 신념을 드러내며 이정출에게 당신은 어느 역사 위에 이름을 올리겠느냐는 질문을 던진다. 그의 이 질문은 이정출이라는 인물을 단번에 까발리는, 말하자면 이정출이 더 이상 마음 깊은 곳의 진심을 외면할 수 없게 만드는 직구이자 도전으로 전달된다.

영화의 제목이 [밀정]이긴 하지만 이 영화에서 누가 밀정이냐는 어쩌면 크게 중요한 문제가 아닐 수 있는데, 이는 김우진과 이정출이라는 인물들의 차이점이 단순히 일본군이냐, 독립군이냐, 혹은 밀정이냐로 나뉘는 문제가 아닌 것으로 보이기 때문이다. 전략상 빛을 피해야 하는 김우진은 본시 진실과 거짓이 명확하게 구분된 사람이다. 의심을 사지 않기 위해 끊임없이 거짓을 연기하면서도 진실된 모습을 잃지 않으며, 독립을 바라는 진심 때문에 극한의 위험에 처해지는 중에도 자신의 중심과 정체성을 지켜 내는 일에는 흔들림이 없다. 동료의 배신으로 작전이 실패해 체포와 고문을 눈앞에 두었던 그는 이정출에게 폭탄을 숨겨 달라고 부탁하며 그래야만 자신들의 죽음에 의미가 있을 것이라 말한다. 영화 속 정채산의 대사로도 표현되듯 "비록 실패하고 실패할지언정 그를 딛고 더 높은 곳으로 올라갈 수 있다"고 믿는, "어느 역사 위에 이름을 올릴지"에 대한 스스로의 결단에 의미를 둔 확신이 아닐까 싶다. 그런 확고한 신념 덕분에 끝까지 흔들리지 않을 수 있었을 테니 말이다.

그리고 일본 경찰에게 체포된 김우진은 그림자로 가득한, 인간의 진짜 모습이 드러날 수밖에 없는 곳인 고문실에서 혀를 깨문다. 아무리 자신을 고문해도 의열단의 작전에 대해 토설하지 않겠다는 의지의 표현이기도, 그럴 가능성 자체를 없애려는 결단의 행위이기도 하겠지만, 나는 이 모습을 김우진이 자신에게서 "말"이라는 '연기'의 수단을 제거함으로써 더 이상 '거짓'을 취하지 않겠다는 선택의 표출로 이해했다. 다시 말해, 어떤 고난과 고통이 뒤따르더라도 이제 자신에게는 독립운동가라는 '진짜' 모습 밖에 남아 있지 않음을 선포한 행위라는 것이다.

그에 비해 이정출은 진짜와 가짜를 명확히 분리하기조차 어려운 인물이다. 자신을 '알아주고' 경찰로 만들어 준 히가시 부장에게 나름의 감사와 충성심은 가지고 있는 듯하지만, 의열단을 돕는 그를 "변절자"라 비난하며 죽어 간 하시모토의 말이 무색하게 일본에 대해 진심으로 충성하는 마음은 애초부터 없었다. 그렇다고 김우진과 단원들처럼 모든 것을 희생하며 조국의 독립을 위해 싸울 준비가 되어 있는 것도 아니고 말이다. 그런 면에서 일본 경찰이 되기 전의 이정출이 일본인과 조선인을 오가는 '통역' 일을 했다는 설정도 꽤 의미심장하다. 그 자신조차 무엇이 자기의 진심이고 거짓인지를 구별할 수 없으니 스스로의 마음을, 행보를, 확정하지 못하고, 또한 그렇기에 도움을 요청하는 김우진을 뿌리치지도, 그렇다고 적극적으로 돕지도 못한 채 갈등하는 것이다. 이렇다 보니 영화 내용의 대부분에서 이정출은 그야말로 '그림자' 같은, 진실과 거짓의 경계 자체가 모호한 인물로 그려질 수밖에 없다.

그렇게 볼 때 영화의 마지막, 이정출이 마침내 조국을 선택하게 되는 계기, 즉 거짓이 진실로 변하는 계기는 어떤 특별한 정의감이나 죄책감은 아닌 듯하다. 하나의 계기라기보다 여러 요소들이 함께 작용한 결과라고 보는 것이 더 정확할 수도 있겠다. 김우진을 도왔을 때도 독립을 열망하는 의열단의 대의에 진심으로 동감했다기보다 인간적으로 거절하기 어려워서, 조선인으로서 피하기 힘든 마음의 빚이 있어서, 한때 친구였으나 자신이 그 죽음에 일조하게 된 독립군 김장옥에 대한 죄책감이 남아서였듯. 상식적인 인간이라면 가질 법한 수준의 얕은 죄책감, 체포된 의열단 단원들에 대한 인간적 연민, 히가시 부장이 자신을 끝까지 '조선인'으로 보리라는 체념 섞인 자각, 일제의 식민 통치 아래에서 겪어 왔던 잔인함과 잔혹성에 대한 염증 등등이 주춤대는 이정출을 떠밀었던 것 아닐까 싶다. 사실 독립군을 위해 일하는 '진짜' 밀정이 된 후조차 이정출은 독립에 대한 확신이 없다. 그가 처단하러 간 친일파 영감의 "너 같은 놈들이 있으니 독립이 되긴 하겠지"라는 대사를 통해 오히려 매국노가 독립군보다 더 광복에 대한 확신을 보이는 아이러니한 상황이 연출되기도 하니 말이다(암살의 유명한 대사, "해방될 줄 몰랐다"와 흥미롭게 비교된다).

어찌 보면 이정출은 어어, 하다가 얼떨결에 독립운동의 길로 들어섰다고 할 수 있을지 모른다. 해서 확신에 찬 김우진과 전혀 다른 행보와 서사를 갖게 되지만, 그럼에도 그의 거짓이 결국 진실이 되었다면 그것으로 족하지 않을까 싶다. 어둠과 야만의 시절, 상황에 휩쓸려 어어 하다가 못 이긴 척 매국을 한 사람들이 있었다면, 어어 하다가 얼결에 애국을 한 사람도 있어야 옳을 테니. 사실 믿음도 그렇지 않나 생각한다. 김우진 같은 인물의 굳건한 신념이나 혹독한 고난도 이겨 낼 만한 확신은 없을지라도, "어어…" 하고 휩쓸려 가며 어쩔 수 없게 되어서라도, 결국 마지막엔 '정의'와 '진실'의 편에서는 일. 실수와 실패를 거듭하고 가끔은 의심과 회의에 빠지면서도 관성적으로나마 옳은 길을 떠나지 않는 일. 대단한 무언가를 이뤄 내지 못하더라도 우리를 휩쓸어 가시는 주님께 덩달아 휩쓸리며 그분의 발걸음을 따라가는 일 말이다.

영화의 마지막, 어슴프레한 빛 속에서 멀어지는 이정출은 김우진이 그랬듯 여전히 '연기'하고 있지만 이제는 적어도 진실과 거짓이 명확하게 나뉜 삶을 살고 있는 모습이다. 그리고 마침내 '진짜' 모습만이 남겨진 김우진을 통해 이 영화의 가장 아름다운 장면이 제시된다. 스스로 언어를 잃고 독방에 앉아 있던 김우진은 의열단이 계획하던 거사가 이정출에 의해 실행되었다는 소식을 호의적인 간수로부터 전해 들은 뒤, 그제서야 몸에 힘을 빼고 감옥 바닥에 조용히 눕는다. 사방이 캄캄한 독방 안에서 실낱 같은 빛이 한 뼘쯤 비추이는 바닥에 그는 머리를 누인다. 온몸이 어둠에 잠겨 있음에도 머리는 금빛으로 빛나는 공간에 둔 김우진이 눈을 감고 웃는 얼굴로 영화는 막을 내린다. 독방의 벽에 그가 새겼을 "단원들, 이곳에 다녀가다"라는 글귀와 함께, 이 감옥에서 그와 동료들이 어떤 끝을 맞이하든 그것은 진짜 '끝'이 아니라는 암시이자 다짐을 그렇게 머리 위에 둔 채로. 그의 그런 모습은 한때 김우진 자신이 피하고 두려워했던, 모든 것을 드러내는 빛과 진리가 드디어 그를 '자유케' 했음을 상징하는 듯하다. 그가 앞으로 마주하게 될 현실이 죽음, 혹은 그보다 더한 고통일지라도 그것이야말로 진실된 항거이자 승리가 아니었을지.

진실과 정의를 위해 거짓을 덧입어야 했던, 빛을 마다해야만 했던 그림자의 시대를 생각한다. 여전히 너무 많은 이들이 어둠 속에서 고통받는 세상이지만 적어도 우리는 빛 속에 머리를 누일 수 있는 엄청난 특권을 누리며 살고 있다. 그런 우리가 "어느 역사에 이름을 올릴지"에 대해서만은 추호의 의심도 망설임도 없기를 바란다. 손에 잡히지 않는 이상을 위해, 존재하지 않던 나라와 후손을 위해 연극 무대 위의 삶을 살며 가면 뒤에 가리어 잊혀져야 했던 수많은 의인들을 기억한다. 자유로운 조국에서 누리는 우리의 삶의 빛이 그들의 희생 아래에 드리웠던 모든 그림자를 걷어 낼 수 있기를.

끝맺는 글

김희진

2021년 봄, '에세이' 형식을 빌어 성경 구절들을 분석, 종합하는 글을 실으며 시작했던 블로그 공간에 딸과 함께 "기독교적 영화 읽기"라는 부제의 글 "영상이몽"을 올리기 시작한지도 어느새 3년 6개월의 시간이 흘렀습니다. 벌써 그렇게 긴 시간이 흘렀다는 것, 그리고 블로그 시작 1년 반만에 딸이 합류해 주었다는 사실 등을 이 글을 쓰며 새삼 깨닫기는 하지만, 그처럼 저의 문서 사역이 '문화 사역'으로 확장될 수 있던 데에는 기꺼이 동역자로 참여해 준 딸의 수고가 절대적 역할로 기여했음을 인정하지 않을 수 없습니다. 하나님을 인격적으로 만나 거듭나게 된 40대 초반 이후 제 삶에서 가장 의미 있고 가치 있는 영역은 신앙이고 가장 존귀한 대상은 하나님이시지만, 그 이전 저의 삶에서 큰 부분을 차지했던, 그리고 제가 가장 사랑했다고 할 수 있는 분야가 영화였기 때문인지, 거듭난 이후 영화를 보는 일은 저에게 하나님을 이런저런 방식으로 '다시' 만나는 값진 경험으로 바뀌었습니다.

영화 사랑과 관련한 저의 '개인사'는 초등학교 2학년 무렵으로 거슬러 올라가는데, 엄마께서 데리고 가 주신 극장에서 제일 처음으로 본 "사운드 오브 뮤직" 이후 "벤허", "쿼바디스" 등의 영화를 연이어 관람했던 일이 지금도 생생한 기억으로 남겨져 있습니다. 당시에는 "극장 구경"이라는 말이 있었을 만큼 '극장'에 직접 가서 영화를 보는 일이 흔치 않은 이벤트였고, 더욱이 초등학생 정도의 아이들을 극장까지 데리고 간 - 나름대로 상당히 배려심 깊은 - 부모들이라도 자녀에게 '구경'시켜 주던 영화는 "홍길동", "호피와 차돌바위", "흥부와 놀부" 같은 만화영화였던 것을 생각하면, 그때 보았던 수준 높은(!) 영화들을 일찍부터 알게 해 주신 엄마께는 지금도 여전히 감사함을 느낍니다. 덕분에 저는 로마 시대를 배경으로 하는 기독교 영화들을 무척이나 좋아하게 되었고 - 물론 불교 신자이던 엄마가 의도하신 바는 결코 아닐 테고 당시에는 저도 그 영화들이 기독교적 이념을 바탕에 둔 작품이라는 사실을 전혀 알지 못했지만 - 그런 기회들은 결국 영화와 하나님에 대한 사랑을 제 딸에게 '대물림'할 수 있는 소중한 경험이 되어 주었습니다.

"영상이몽"(映像異夢)이라는 책의 제목처럼 '같은' 영화를 각기 '다른' 시선으로 - 속한 세대와 성장한 문화권이 서로 다른 딸과 제가 각자의 관점에서 - 바라본 감상과 비평을 기록한 이 책이, 읽는 분들에게도 그동안 '재미'로만 소비했던 문화 콘텐츠를 새로운 시각과 분석적(비판적, 기독교적) 관점에서 접근하도록 방향 전환을 하는 일에 촉매제가 될 수 있다면 좋겠습니다. 본서의 글 "투 윅스 노티스"(3편)에서도 언급했듯 영화 "제리 맥과이어"에 등장하는 "당신이 나를 완성시킵니다. 당신 없는 나는 나일 수 없습니다"(You complete me. I'm not what I'm without you)라는 대사를 저는 하나님께 바치는 사랑 고백으로 사용하곤 하는데, 딸과 제가 "영화평"이라는 형식을 빌어 하나님께 올려 드리는 사랑 고백인 이 글들이 책을 읽는 독자들의 마음에도 동일한 사랑으로 읽힐 수 있기를, 또한 하나님의 마음 깊은 곳까지 뜨거운 연모와 찬양으로 가닿을 수 있기를, 진심으로 바라며 소망합니다.

영상이몽
映像異夢

초판 1쇄 발행일 2026. 03. 03.

지은이   김승은, 김희진

펴낸이   방주석
펴낸곳   베드로서원
주 소   경기도 고양시 일산동구 고봉로 776-92
전 화   031)976-8970
팩 스   031)976-8971
이메일   peterhouse@daum.net
등 록   (제59호)2010년 1월 18일 / 창립일 : 1988년 6월 3일

ISBN 979-11-91921-42-7 03230
책값은 뒷 표지에 있습니다.

베드로서원은 말씀과 성령 안에서 기도로 시작하며
영혼과 삶이 풍요로워지는 책을 만드는 데 힘쓰고 있으며,
문서선교 사역의 현장에서 최선을 다하겠습니다.